Die Fernsehserie als Agent des Wandels

Medien ' Welten
Braunschweiger Schriften zur Medienkultur,
herausgegeben von Rolf F. Nohr
Band 18
Lit Verlag Münster/Hamburg/Berlin/London

LIT

Benjamin Beil
Lorenz Engell
Dominik Maeder
Jens Schröter
Herbert Schwaab
Daniela Wentz

DIE FERNSEHSERIE ALS AGENT DES WANDELS

LIT

Bucheinbandgestaltung: Tonia Wiatrowski / Nina Adams
Buchgestaltung: © Roberta Bergmann, Anne-Luise Janßen, Tonia Wiatrowski
http://www.tatendrang-design.de
Satz: Nina Adams
Lektorat: Rosemarie Klein
© Lit Verlag Münster 2016
Grevener Straße / Fresnostraße 2 D-48159 Münster
Tel. 0251-23 50 91 Fax 0251-23 19 72
e-Mail: lit@lit-verlag.de http://www.lit-verlag.de
Chausseestr. 128 / 129 D-10115 Berlin
Tel. 030-280 40 880 Fax 030-280 40 882
e-Mail: berlin@lit-verlag.de http://www.lit-verlag.de/berlin/

Bibliografische Information der Deutschen Bibliothek
Die Deutsche Bibliothek verzeichnet diese Publikation in der Deutschen
Nationalbibliografie; detaillierte bibliografische Daten sind im Internet über
http://dnb.ddb.de abrufbar.
ISBN 978-3-643-11612-3
Printed in Germany

Inhaltsverzeichnis

1. Die Fernsehserie als Agent des Wandels: Einleitung 7

2. Folge-Handlungen. »Kobra, übernehmen Sie!«
   – oder die Modernisierung des Fernsehens als Agentenserie 31

3. »I think it's a medium.«
   Agenten medialer Verunsicherung in The X-Files 55

4. Rück-Projektionen. Retromedialität und die (scheinbare) Vermeidung eines digitalen Medienwandels in der Science-Fiction-Serie 89

5. Zirkulation, Adaption, Regress.
   Medienwandel als serielle Transgression 113

6. »It's your world, I only live in it.«
   Der indifferente Medienwandel der Sitcom 149

   Anmerkungen 197

   Bibliographie 209

   Autorenverzeichnis 235

1. Die Fernsehserie als Agent des Wandels: Einleitung

Fernsehserien haben seit Jahren eine unerhörte Hochkonjunktur. Noch nie haben TV-Serien im kulturellen Diskurs und sogar in der Wissenschaft so viel Aufmerksamkeit und Ansehen auf sich gezogen wie in der letzten Dekade. Den neuen Serien wird sogar, wie etwa im Fall von THE WIRE (HBO, 2002-2008), LOST (ABC, 2004-2010) oder THE WEST WING (NBC, 1999-2006) zugestanden, wesentlichen Anteil am öffentlichen Problemdiskurs der Gegenwart zu haben (vgl. Schröter 2012; Krause 2014; Eschkötter 2012; Rothöhler 2012; Beil/Schwaab/Wentz 2016). Dies gilt jedoch bezeichnenderweise umso mehr, je weiter sie sich aus dem medialen Rahmen des Fernsehens entfernen. Der Slogan, der die Ablösung der Serie aus dem Broadcast-Fernsehen auf den Punkt bringen wollte, lautet: »It's not television, it's HBO«, und hat im Zuge dieses Prozesses selbst schon ein wenig Staub angesetzt (Leverette/Ott/Buckley 2007). Die Konjunktur der Serie scheint jedenfalls auf eigenwillige Weise an das Verschwinden ihres ursprünglichen Trägermediums, des Fernsehens, gebunden zu sein: je weniger Fernsehen, desto mehr Serie.

Man kann darin den Schlussstein im Bogen der Abwertung und Unterkonzeptionalisierung des Fernsehens sehen: Mit wenigen Ausnahmen (vgl. Eco 1989) blieben Fernsehserien sechzig Jahre lang in der Theoriebildung nahezu unbeachtet. Jetzt, wo sie aufhören, Fernsehserien zu sein, erfahren sie Anerkennung. Der intellektuelle Hochmut gegenüber der Tatsache des Fernsehens ist als Grundfigur seit Langem bekannt und hat bei Stanley Cavell (2001) selbst Anlass zu einer der prägendsten Theoriefiguren des Fernsehens gegeben. In der aktuellen Situation jedoch, in der sich das Serienformat vom Fernsehen bisher bekannten Zuschnitts ablöst, tritt das Fernsehen mit den anderen, neuen Träger und Verbreitungsmedien des Seriellen in ein neues, komplexes und transmediales Verhältnis ein, in dem sie vielfach aufeinander einwirken und einander ein- und umformen (vgl. Jenkins 2006; Mittell 2009). Die Television Studies haben schon seit geraumer Zeit gleich eine ganze Reihe neuer Begrifflichkeiten entwickelt, um die massiven Änderungen zu beschreiben, denen das Fernsehen (sowie seine wissenschaftliche Bearbeitung) im Digitalzeitalter unterliegt: *Television 2.0* (Askwith 2007), *Transmedia Television* (Evans 2011), *Conver-

gence Television (Caldwell 2004; Hilmes 2011), *schlicht Neues Fernsehen* (Stauff 2005), *Television after TV* (Spigel/Olsson 2004) bzw. *Television Studies after TV* (Turner/Tay 2009) oder *Post-Television* (Nicholas 2006; Pearson 2007; Leverette/Ott/Buckley 2007). Das gleiche Vokabular dient zur Ausrufung neuer Epochen der Fernsehgeschichte, etwa der *Post-Network Era* (Lotz 2007) oder auch des *TV III* (Rogers/Epstein/Reeves 2002; Creeber/Hills 2007).
Diesem für die technologische, ästhetische und gesellschaftliche Entwicklung der Medien zentralen Prozess der Transmediatisierung des Fernsehens, der sich offenkundig mit Hilfe der Serie, durch das Serielle hindurch und sogar als Serie vollzieht, gilt im Folgenden unsere Aufmerksamkeit.

Der Medienwandel des Fernsehens

Beide Aspekte des aktuellen Serienbooms, der Erfolg der Formate bei gleichzeitiger Ablösung vom Fernsehen oder gar Auflösung des Fernsehens, hängen, so die Überzeugung der vorliegenden Studien, miteinander eng zusammen. Denn die akuten Probleme, zu deren Diskussion die neuen Serien so viel beisteuern, hängen ihrerseits mit dem Medienwandel zusammen. Sie sind ihrerseits direkt oder indirekt induziert von den Prozessen der Mediatisierung und der Digitalisierung, von den überwiegend selbst mediengestützten Umbrüchen der Ökonomie und von der Globalisierung aller Lebenszusammenhänge. Die These des vorliegenden Bandes ist deshalb, dass der gegenwärtige Medienumbruch in besonderer Weise von Strukturen und Formaten des Seriellen und der Serie geprägt wird.
Erstens, so die Annahme, ist die Ausweitung des seriellen Erzählens und Zeigens über das ehemalige Leitmedium Fernsehen hinaus in andere Träger und Verbreitungsmedien – wie die DVD, das World Wide Web und die Sozialen Netzwerke – eine wichtige Komponente des Medienwandels. Das »digitale Fernsehen« (Bennett/Strange 2011) wird geprägt durch die Multiplizierung und Ausdifferenzierung der Sendekanäle, d. h. durch die bereits in den 8oer Jahren begonnene Entwicklung vom *Broad*- zum sogenannten *Narrowcasting*, die Durchsetzung des High-Definition-Standards (Schröter/Stiglegger 2011) und die zunehmende Verbreitung digitaler Recorder-Technologien, die Sendungen aus dem Programmfluss, dem *Flow*, herauslösen. Gerade Serien nun sind es, die auf anderen medialen Plattformen, etwa DVD-Box-Sets, rezipiert, in ihren Narrationen durch inter und transmediale Erweiterungen (DVD-Extras, *Webisodes/Mobisodes*, Online-Spiele, Wikis, Fan-Fiction) ergänzt (vgl. Askwith 2003) oder sogar wie im Falle von HOUSE OF CARDS (Netflix, 2013-; vgl. Kap.

5) gänzlich außerhalb des etablierten Fernsehsystems produziert und vertrieben werden. Auch die Endgeräte des Fernsehens als technische Sets differenzieren sich aus (Marshall 2009; Uricchio 2004): Fernsehen findet mittlerweile auf tragbaren Bildschirmen wie Smartphones, Tablets, Phablets oder iPods statt (Dawson 2007; Parks 2004) und (über den Computermonitor) im Internet auf Plattformen wie *Netflix, YouTube, Hulu*, dem *iTunes-Store* oder auch in den sendereigenen Mediatheken (Stipp 2009; Brooker 2009). Für diese Migration der Television über diverse Plattformen nun sind – wie sich besonders an der zunehmenden Zahl von stark auf TV-Serien abgestellten Online-Videotheken (etwa *SkySnap, Watchever, Maxdome, Netflix*) ablesen lässt – gerade Fernsehserien nicht nur ein Format unter anderen, sondern die treibende Kraft.
Zweitens spiegeln rezente (Fernseh-)Serien diesen Vorgang zurück in die Serien selbst, in ihre Bilder, ihre zeitliche Rhythmisierung, in die Art und Weise, wie Serien immer neue Folgen aus den bisherigen Folgen hervortreiben, kurz: in ihre Serialität. Um nämlich derart migrieren zu können, müssen nicht nur die Serienformate, sondern muss die Serialität sich selbst als Format transformieren. Dies geschieht auf so frappante Weise, dass die Transformation der Serie geradezu als Paradigma des medienspezifischen Wandels gelten kann. Die zeitgenössische Fernsehserie versteht und präsentiert sich nämlich selbst zunehmend als ein transmediales Phänomen und vollzieht im Zuge des digitalen Medienwandels eine stete Überschreitung der eigenen medialen Grenzen.
Fernsehserien reflektieren damit den Wandel, dem sie einerseits als Fernsehen ausgesetzt sind und den sie andererseits als transmediale Formate selbst vorantreiben. Ablesbar ist dies u. a. am formativen Wandel der Serie selbst, der aus dem Episoden- und dem Fortsetzungsprinzip, wie sie im geläufigen Begriffsraster von *series* und *serial* gefasst werden, neue Hybridformen hervorbringt. Gerade durch den Wandel von Serienformen thematisieren Serien mithin Wandelbarkeit. Sie bilden neue Ästhetiken der Zeitlichkeit aus (vgl. Meteling/Otto/Schabacher 2010) und verdichten sie zu plastischen Bildern von Transformation, Metamorphose, Alteration und schließlich Endlichkeit. Diese Doppelbewegung aus Reflexion und Projektion von Wandel (Beil et al. 2012) ließe sich mithin als Rekursionsmoment zwischen Beobachtung *von* und Vollzug *des* medialen Wandels begreifen (Maeder/Wentz 2013b, 10).
Drittens ist auch die Auswanderungsbewegung, die Wucherung der Serie über ihr Herkunftsmedium hinaus, als eine Serie beschreibbar. Der Wandel, dem die Serie ausgesetzt ist und den sie zugleich gestaltet, vollzieht sich als eine Serie zweiter Ordnung. Wenn aktuelle Serien also mit ihrer Serialität experimentieren, dann tun sie dies auch als Probelauf auf ihre eigene Transformation, als Auslotung der Möglichkeit, mitten in flagrantem Umbruch Metastabili-

tät zu erlangen und so ein Kernformat des Fernsehens von Anfang an, nämlich eben die Serie, über das Zeitalter des Fernsehens hinaus zu erhalten. Möglicherweise bis zur Unkenntlichkeit verändert, überlebt darin Fernsehen jenseits des Fernsehens.

Dem durch den digitalen Medienwandel unter Veränderungsdruck geratenen Mediensystem Fernsehen zugehörig, sind TV-Serien also *erstens* einem Wandel ausgesetzt, den sie im gleichen Zuge durch ihre eigene Transmediatisierung vorantreiben, wandeln sich *zweitens* selbst in den Mechanismen und Prozeduren ihrer Serialisierung und machen *drittens* in dieser Reflexion und Projektion von Wandel Medienumbrüche als Serialisierungsprozesse beschreibbar, für die paradoxerweise gerade das Fernsehen als *das* serielle Medium des 20. Jahrhunderts ein adäquates Formrepertoire parat hält.

Die Serie als Agent

Dieser durchaus komplexe Zusammenhang beansprucht die Serie zugleich auf der Subjekt- und der Objekt-Seite des Medienwandels, auf der passiven wie der aktiven, der reflexiven und der projektiven. Um dies terminologisch zu fassen, schlagen wir den Begriff des *Agenten* vor. Dieser ermöglicht es, die *agency* der Serie als Gleichzeitigkeit und Verschränkung von Autonomie und Heteronomie und in Abgrenzung von klassischen Akteursbegriffen zu denken (vgl. Engell et al. 2014, 159 f.): Als Agenten und Werkzeuge im Auftrag des Medienwandels wirken Serien also *erstens* auf das Fernsehen ein, gestalten es um oder bringen es sogar zum Verschwinden. Dabei jedoch setzen sie sich *zweitens* aktiv als ein kulturelles Hoch- und Hegemonieformat durch. Als Doppelagenten des Fernsehens sorgen sie *drittens* zugleich für dessen Überleben in anderer Gestalt (vgl. Engell 2013b).

Inwiefern lässt sich vom Fernsehen oder gar vom Format der Fernsehserie in diesem Sinne als *Agent* sprechen? Dass zunächst ›das Fernsehen‹ als Institution Wirkungen zeitigt, dass es etwas bewirkt und ausrichtet und darin eine eigene Handlungsmacht besitzt, gehört zu den Gemeinplätzen der – auch und gerade kritischen – Mediensoziologie. ›Das Fernsehen‹ (wie gerne auch ›die Medien‹) ist demnach ein gesellschaftlicher Akteur, es übt z. B. ›Einfluss‹ aus und veranlasst Individuen sowie andere Institutionen zu bestimmten Handlungsweisen, etwa motiviert es Konsumenten zum Kauf und Wähler zur Stimmabgabe oder prägt genderspezifisches Verhalten aus. Von derlei Annahmen geht z. B. die gesamte Phalanx der Medienwirkungsforschung schon seit ihren Anfängen aus, seit der berüchtigten »Injektionsnadel«-These (Katz/Lazarsfeld 1955, 309).

Diese Handlungsmacht ›des Fernsehens‹ ist dabei eine agglomerierte, zusammengesetzte Handlungsmacht; sie fällt nicht zusammen mit derjenigen der in der Institution entscheidungstragenden und handlungsmächtigen Personen, auch nicht in ihrer Summe. Sie leitet sich aber dennoch, so die gängige Auffassung, aus derjenigen der Personen ab, denn Intentionalität und Handlungsfähigkeit kommen traditionell ausschließlich Personen zu, die Bewusstsein aufweisen. Der Akteurstatus ›des Fernsehens‹ kommt demnach als supervenierender Effekt, emergent über der verstreuten Intentionalität der Personen, die es tragen und produzieren und kontrollieren, zustande (vgl. Luhmann 1984, 43-44; 196-197). In diesem Sinne lässt ›das Fernsehen‹ sich dann mit einem Begriff von Jo Reichertz auch als *korporierter Akteur* beschreiben (Reichertz 2006; Engell et al. 2014). In einem weiteren Sinne kann in einen solchen Akteurstatus auch die Mitwirkung nicht-personaler und nicht bewusstseinsbegabter Beteiligter mit einbegriffen werden. Dazu zählen etwa die Techniken und Werkzeuge, mit denen Fernsehen produziert wird, oder ökonomische Randbedingungen. Im Sinne des »Kollektiv«-Begriffs Latours, der u. a. auch die Dinge mit einbezieht, könnte man dann vom Fernsehen auch als einem *kollektiven Akteur* sprechen (Latour 2008; Seier 2013, 162-163).

Etwas schwieriger ist jedoch der Status zu bestimmen, den hinsichtlich ihrer Handlungsmächtigkeit die Bilder (und die Töne) einnehmen, die ausgestrahlt werden, und die sich zu den Sendungen, Formaten und Serien strukturieren. Zweifellos erzielt das Fernsehen seine Wirkungen über seine formatierten und angeordneten Bilder, die wichtigsten Instrumente seiner Handlungsintentionen. Sie sind zudem unstreitig die Hauptprodukte der *korporierten* oder eben *kollektiven* Handlungsweise der beteiligten Personen (und Dinge), also Objekte der Handlungsmacht. Sie sind damit passive Wirkungsempfänger und Werkzeuge derjenigen, die sie herstellen. Die Frage ist jedoch, ob sie darin dennoch über eine eigene Handlungsmacht oder zumindest einen eigenen Beitrag zur kollektiven Handlungsmacht des Fernsehens verfügen, eine eigene Intentionalstruktur und damit eine Art Quasi-Bewusstsein aufweisen. Bildtheoretisch (Mitchell 2004), wissenschaftsgeschichtlich (Breidbach 2005) wie medienphilosophisch (Engell 2013a) ist diese Frage verschiedentlich bejaht worden. Zur Debatte steht, ob sie diese Handlungsmacht lediglich von den menschlichen Subjekten oder den zusammengesetzten Kollektiven verliehen bekommen, oder ob sie darin auch eigenständig und eigensinnig sein oder werden können. Und darin wiederum spiegelt sich genau die Situation wider, in der sich die Fernsehserie hinsichtlich des Medienwandels befindet: Sie ist ihm ausgesetzt und sein Produkt, zugleich jedoch sein (Mit-)Verursacher – und in all dem, wie wir noch genauer sehen werden, selbstbehauptend und sogar selbstverstärkend.

Auf diese Verschränkung von Aktivität und Passivität, von Akteur- und Objektstatus antwortet die Denkfigur des *Agenten*. Sie kann im Anschluss an die anthropologischen Thesen Alfred Gells (1998, 25-40) entfaltet werden. Anders als ein *Akteur* ist ein *Agent* nämlich überhaupt nur unter zwei Bedingungen handlungsfähig. Zum einen benötigt er einen fremden Auftrag und muss sich unter die Intention eines anderen stellen. Zum anderen jedoch kann er den Auftrag nur ausführen, sofern er in der Lage ist, ihn auch nicht, oder anders, oder mit veränderter Zielrichtung, zum eigenen Vorteil oder zum Vorteil Dritter, auszuführen. Anders als das beim Akteur der Fall ist, steht seine Abhängigkeit von Auftrag und Absicht anderer nicht im Kontrast zu seiner eigensinnigen Handlungsfähigkeit, sondern ist ihre Bedingung, und umgekehrt. Das Fernsehen hat sich durch das Format der Agentenserie ausgiebig mit dieser Figur und ihrem handlungstheoretischen Status befasst und durch diese Reflexion hindurch seinen eigenen Status sowohl betrachtet und bedacht als auch bearbeitet (vgl. Kap. 2). Diese Befassung der Serie mit der Figur des Agenten und ihren handlungstheoretischen Ausfaltungen geschah ebenfalls in einer Phase des Umbruchs, dem das Fernsehen bereits in den 60er und 70er Jahren ausgesetzt war und den es zugleich gerade in der und durch die Agentenserie massiv vorangetrieben hat. Schon damals stand die Handlungsmacht des Mediums zur Debatte.

Serialität und Modernisierung

Dies gibt Anlass, den gegenwärtigen Medienwandel, der so stark mit dem Serienformat verwoben ist, auch in einem etwas erweiterten medienhistorischen Blickwinkel zu fassen. Denn zumindest der frühere fernsehhistorische Umbruch der 60er und 70er Jahre, dem sich die Agentenserie als spezifische Selbstbeschreibung des Fernsehens im Wandel verdankt, trägt die Züge eines Modernisierungsprozesses und ist als solcher auch beschrieben worden (Buxton 1990, 96-101, 117-119). Serialisierung geht gerade mit Modernisierungsprozessen in besonderer Weise einher. Die Logik der Modernisierung ist auch noch da, wo sie für sich selbst opak bleibt (Latour 2008), eine serielle Logik. Die Moderne als Produktionsregime ist nämlich untrennbar verbunden mit Prozessen der Serialisierung und mit dem Phänomen der Serie. Die Industrieproduktion ist, neben ihren zahlreichen anderen Merkmalen, gekennzeichnet durch den Prozess der Herstellung zahlloser untereinander formidentischer Exemplare oder Tokens eines einzigen Typs (Wetzel 2005). Genau darin liegt einer der wichtigen Unterschiede, der das industriell gefertigte Objekt von einem traditionellen Artefakt unterscheidet. Das handwerklich hergestellte Objekt behauptet von sich, ein je individuell angefertigtes Einzelding zu sein. Die seriellen Tokens dagegen sind nur numerisch distinkt, jedes Exemplar gleicht jedoch dem anderen und ist grundsätzlich gegen ein beliebiges anderes desselben Typs austauschbar. Die kulturelle Zumutung in diesem Übergang auf die seriengefertigte Ware besteht darin, dass zugleich damit die Individuierung des Konsum*subjekts* als Programm eingesetzt wird (Veblen 2011; Bourdieu 1979; vgl. a. Engell 2007): Durch Erwerb und Besitz eines Objekts, das als eines von Abertausenden erscheinungsgleichen Serienobjekten fungiert, soll, zunehmend in der Spätmoderne seit Mitte des 20. Jahrhunderts, dennoch zugleich der Ausweis des je individuellen Geschmacks, der je eigenen Kaufkraft, der Unverwechselbarkeit des Konsumsubjekts erfolgen. Um diese Lücke zu schließen, gibt es zahlreiche Möglichkeiten. Fernsehen ist in der Mitte des 20. Jahrhunderts die effizienteste, über die Fernsehwerbung, die Produktplatzierung, die Vorbildfunktion und die Konsumunterweisung (Engell 2004).

Als kulturelle und als ökonomische Technik geht die Serialisierung jedoch weit hinter die industrielle Moderne zurück. Der Buchdruck etwa wäre ein weit früheres Beispiel, der ebenfalls viele erscheinungsgleiche Exemplare eines einzigen identischen Textes liefert, wobei die endgültige Realisierung textidentischer Reproduktion das Resultat einer langen drucktechnischen Stabilisierungsarbeit darstellt (vgl. Johns 1998). In der Warenproduktion wird erst die Industrialisierung nach dem Muster Fords und Taylors im 20. Jahrhundert dazu führen, dass die Einzelexemplare wirklich ununterscheidbar werden und damit eine Serie ergeben. Mit der Serienfertigung explodiert im Übrigen auch die Zahl der gefertigten Objekte oder Exemplare insgesamt. Die Typisierung erfordert dabei eine Standardisierung und Serialisierung auch der restlichen von Menschen durchzuführenden Arbeiten und Handgriffe. Deshalb ist die Automatisierung auch der Arbeitsgesten, wie sie in der Fließbandarbeit erfolgt, Kernstück der Serienfertigung. Zu diesem Zweck wird die Arbeit in winzige und möglichst gleichförmige Verrichtungen zerlegt, die dann in einem großen Automatismus ineinandergreifen. Daher erfordert eine Serienfertigung im engeren Sinn höchst leistungsfähige Werkzeuge und vor allem, anthropologisch relevant, eine an die Werkzeuge angepasste menschliche Körper und Lebensdisziplin.

Im 19. Jahrhundert erreicht die Serialisierung dann auch den Prozess der Bilderproduktion. Die Photographie erlaubt die Herstellung von Kopien in unbegrenzter Zahl, ausgehend von einem einzigen Original, dem Negativ; aber sie ist darin nicht allein. Lithographie, Serigraphie und andere Techniken stellen die quantitative Leistung traditionellerer Druckgraphikverfahren weit in den Schatten.

Aber die identische Reproduktion erscheinungsgleicher Exemplare eines einzigen Typs, Originals oder Modells ist nur die eine Seite der Serialisierung. Auf der anderen Seite steht nämlich die Serienbildung auch für einen anderen, z. B. künstlerischen oder wissenschaftlichen Prozess, in dem nicht die Vervielfältigung desselben, sondern die Erzeugung des Neuen im Vordergrund steht (vgl. Blättler 2010; Eco 1989; Bippus 2003; Sykora 1983). Sie ist gerade nicht der noch mangelnden, vormechanischen Perfektion in der Übereinstimmung aller Kopien untereinander geschuldet, sondern ist ganz im Gegenteil eine Kreativtechnik der allmählichen Fortentwicklung eines ästhetischen Gedankens oder Programms oder einer wissenschaftlichen Hypothese, die in Serien von Experimenten verfolgt wird. Man kann hier etwa an die barocke Musik denken, oder, im selben Zeitraum, an Franz Xaver Messerschmitts Skulpturen menschlicher Köpfe in allen möglichen Varianten des Grimassierens, die bereits Züge der viel späteren ReihenPhotographien vorwegzunehmen scheinen (Schmid 2004). Oder man denke, nun schon im Industriezeitalter, an die diversen Serien Claude Monets und an die allmähliche, kleinschrittige Herausbildung der Abstraktion aus Motiven der figuralen und dekorativen russischen Volkskunst bei Wassily Kandinsky in der Zeit um 1910. Hier haben wir es offensichtlich nicht mit der identischen Reproduktion des Selben, sondern mit der allmählichen, verschiebenden Verfertigung des Anderen zu tun, aber in beiden Fällen handelt es sich um Serien und serielle Prozesse. Der eine Prozess scheint technisch-mechanischen Ursprungs zu sein und seinen Schwerpunkt in der industriellen Warenproduktion zu haben, der andere aber auf künstlerische und wissenschaftliche Kreativität in ihrem unhintergehbar handwerklichen und eigenhändigen Vortrag beschränkt zu bleiben.

Diese einigermaßen klare Trennung zweier Verlaufsformen der Serialisierung, einer identischen und einer differentiellen, beginnt jedoch zu verschwinden, wenn wir es, kurz vor 1900, mit dem bewegten Bild zu tun bekommen. Denn das Prinzip der Serie als kontinuierlicher Abweichung und kreativer Fortschreibung wird das technische, mechanisierte Prinzip des Films. Ein Einzelbild des Zelluloidstreifens, in einer 24stel Sekunde aufgenommen, weicht von seinem Vorgänger- wie von seinem Nachfolgerbild in einer minimalen Weise ab und ermöglicht so die Nachbildung einer fortfließenden Bewegung im wahrgenommenen Leinwandbild. Hier ist es also der generative Aspekt der Serienbildung aufgrund von Abweichung, der eine technisch-mechanische Ausformung erfährt. Aber auch die Fließbandproduktion enthält diesen Aspekt des Kontinuierlichen, wenn ein Werkstück über unzählige kleine Schritte und eben in kontinuierlichem Fluss heranwächst. Zugleich jedoch kann auch von einem Film, einem Negativ, eine unbegrenzte Zahl von Kopien gezogen werden, die dann untereinander vollkommen erscheinungsgleich sind und beispielsweise einen Markt zu einem einzigen Datum flächendeckend durchdringen können.

Diese beiden Grundmodelle der Serie, die identische und die differentielle, artikulieren Zeit in unterscheidbarer Weise. Die identische Serie produziert Synchronizität oder Gegenwart. Das einzelne Exemplar der Serie ist allenfalls in seiner Ausfertigung zeitverschieden von anderen, aber da alle Exemplare auf einen einzigen Typ, das Modell, verweisen, das stets gleich bleibt, markiert das Erscheinen des Exemplars keinen Fortgang in der Zeit und damit überhaupt keinen Zeitpunkt. Im Idealfall ist aber sogar dem einzelnen Exemplar der Zeitpunkt seiner Ausfertigung oder Herstellung nicht anzusehen. Um zeitliche Abfolge, Fortgang oder Fortschritt in der Zeit zu markieren, Staffeln beispielsweise, oder auch Aktualität, muss eine Serie unterbrochen werden. Dieser Vorgang kann detailliert abgelesen werden, etwa an der amerikanischen Autoindustrie der 40er, 50er und 60er Jahre, als jedes Jahr neue Modelle herausgebracht wurden, technisch nahezu völlig baugleich, aber stilistisch überarbeitet; oder in der Modeindustrie mit ihren Frühjahrs- und Herbstkollektionen jeden Jahres. Die identische Serie kann als ein Regime in der räumlichen Ordnung des Koexistierenden angesehen werden, in das zeitliche Sukzession nur akzidentiell, durch Schnitte und Brüche, eingetragen wird.

Die differentielle Serie auf der anderen Seite erzeugt, wie beim Leinwandbild als extremem Beispiel, einen einzigen, zusammenhängenden, in der Zeit und mit der Zeit abfließenden Strom der allmählichen Veränderung. In die differentielle Serie muss der Schnitt, die Unterbrechung oder Pause, oder auch der Riss ebenfalls eigens eingeführt werden, diesmal aber nicht, um Fortgang in der Zeit, sondern um Synchronisierung zu erreichen und eine einigermaßen stabile Zuständlichkeit, eine andauernde Gegenwart, anzuzeigen. Die Unterbrechung einer Serie hat also, je nachdem in welchem Typ der Serie sie eingeführt wird, gänzlich gegensätzliche Funktionen, indem sie einmal Fortgang in der Zeit, einmal andauernde Gegenwart oder Synchronizität schafft.

Die Serialität des Fernsehens: Das Episodenprinzip

In der Mitte des 20. Jahrhunderts kommt mit dem Fernsehen ein neues Massenmedium auf, das als ein Experimentierraum angesehen werden kann für die Erprobung der Serie und der Möglichkeiten des Seriellen. Nicht nur basiert, wie Stanley Cavell feststellt, Fernsehen schlechthin auf dem Prinzip der Serialisierung (Cavell 2001, 132 ff.). Vielmehr hat Fernsehen auch mit der als solche ausgewiesenen Serie ein Format geschaffen, das in besonderer Weise dem kontrollierten Experiment und mithin der Reflexion und Fortentwicklung der Serienform selbst gewidmet ist und also der Ort ist, an dem das Fernsehen sein eigenes Grundprinzip erforscht.

Die Position des Fernsehens im Bezug zu Serie und Serialisierung unterscheidet sich dabei in ihrem ontologischen Ausgangspunkt von den Verhältnissen in der Industrieproduktion. Denn das Fernsehen, mindestens in seinen frühen und seinen klassischen Formen von Ende der 40er bis Ende der 60er Jahre, liefert, ontologisch gesehen, überhaupt nichts, was der gegenstandsfesten Fabrikware entspräche, nichts zeitlich Stabiles oder Dingfestes. Fernsehbilder sind als klassische Röhrenbilder technisch gesehen niemals ›vorhanden‹. Sie werden schon mikrotechnisch im zeitlichen Nacheinander auf die Bildröhrenoberfläche geschrieben, so dass sie nie, anders als alle anderen Bildtypen, im zeitlichen Zugleich als Bildfläche, gleichsam objektiv, gegeben oder gegenwärtig sind (Abramson 2001; Barnouw 1990, 135 ff.) Phänomenologisch ist dieser Umstand insofern einholbar, als die Wahrnehmung die Fernsehbilder, auch wenn sie sie selbst erst aufgrund des Trägheitseffekts zustande bringt wie dies für die Bewegung beim Filmbild zutrifft, dennoch außerhalb ihrer selbst, nämlich auf der Bildschirmoberfläche, lokalisiert und erscheinen lässt. Dort jedoch ›sind‹ sie nie; was technisch und bildontologisch eine Differenz zum Filmbild mit seinen immerhin noch vorhandenen einzelnen Bildkadern, Photogrammen oder Standbildern ausmacht. Fernsehbilder sind zudem instabil und volatil, denn sie können in der Frühzeit bis 1952 sowohl aus technischen wie aus rechtlichen Gründen – die Bildaufzeichnung auf Zelluloid ist zumindest dem amerikanischen Fernsehen bis 1954 nicht erlaubt – weder kopiert noch aufbewahrt werden. Sie müssen sofort im Moment ihrer Anfertigung auf den Sender gehen und vergehen dabei im selben Zug wieder. Auch nach der Einführung der magnetischen Bildaufzeichnung mit Hilfe der AMPEX-Maschine setzt sich die Bildaufzeichnung aus Praktikabilitäts- und Kostengründen erst ganz langsam durch. Bis weit in die 60er Jahre hinein ist Fernsehen im Grundmodus des ›live‹ verfasst.

Die Fernsehserien der frühen Zeit sind deshalb ausnahmslos ›live‹ gesendete und vor laufender Kamera im Studio ›live‹ produzierte Formate. Dies stellte höchste Anforderungen an Improvisation und Zeitregime der Vorführung (Barnouw 1990, 130 ff.) Damit ist die Zeitherrschaft des Fernsehens eine gegenüber der oben beschriebenen Serienzeit der Industrieproduktion, aber auch gegenüber der Zeit des Films, deutlich verschobene. Weder beruht sie auf der technisch-automatischen Reproduktion eines einzigen, festgeschriebenen Modells noch auf der ebenfalls maschinisierten Variation. Die Serialität des frühen Fernsehens basiert im Gegensatz zur Reproduktion und Variation eines Objekts im Raum auf der Wiederholung eines Ereignisses oder Ablaufs in der Zeit, wie Theater- oder Musikaufführungen. In der Wiederholung der Aufführungen gibt es, anders als in der Reproduktion und der Variation, kein Urmodell mehr, keinen Urtyp und keine Matrix, die reproduziert oder variiert werden könnten. Einmal aufgeführt und gesendet, geht das Original verloren, und die neue Ausfertigung wandelt sich in ein neues Modell eigenen Rechts, welches ebenfalls zugunsten eines anderen verloren geht usw.

Genau nach dieser Logik funktioniert das sogenannte ›Episodic Drama‹ um 1950. Diese Zeitstruktur, bei der jede Folge einer Serie als ein eigenes Original fungiert, wird auch dann beibehalten, wenn, nach Klärung der rechtlichen Streitigkeiten, der Übergang zu Serien erfolgt, die auf Zelluloidfilm produziert werden und dann im Abtastverfahren zur Ausstrahlung gelangen. Die Produktion auf reproduktionsfähigem Material allein ändert noch nichts daran, dass die Rezeption als ereignisförmiger Einmalvorgang erfolgt. Dieselbe Folge einer Serie kann nur ein einziges Mal gesehen werden, wenn sie nicht ein weiteres Mal ausgestrahlt wird. Das ändert sich erst im Verlauf der 80er Jahre mit der Einführung des Videorecorders, der, zusammen mit anderen technologischen Veränderungen, zu einem tiefen Formenwandel des Fernsehens führen wird. Bis dahin jedoch dominiert die Serienform, die auf der Basis der Wiederholung basiert, die wiederum aus der Irreproduzierbarkeit des einmal Gesendeten resultiert.

Diese Struktur der Wiederholung ist es auch, die in den klassischen episodischen Fernsehserien eine eigene, charakteristische Semantik produziert. Die erzählte Welt der klassischen Fernsehserie kann als Ausfertigung oder gar Reflexion ihrer Zeitstruktur gelesen werden. Klassiker wie Bonanza (NBC, 1959-1973), THE FBI (ABC, 1965-1974) oder auch STAR TREK (NBC, 1966-1969) weisen allesamt eine geschlossene Episodenstruktur auf. Alles, was in der erzählten Welt geschieht, ereignet sich, charakteristisch für die Wiederholung, grundsätzlich zum ersten Mal, denn alle Figuren verhalten sich so, als ob dies der Fall wäre (Barnouw 1990, 229 ff.). Die wesentlichen Informationen, die wir benötigen, um die Handlung einer Episode zu verstehen – etwa wo die Ponderosa Ranch liegt, oder was ein Warp-Antrieb ist – werden uns und den handelnden Figuren in jeder Episode eigens gegeben. Die handelnden Figuren haben kein Bewusstsein dafür, dass sie in der Vorwoche ein strukturell exakt gleiches Abenteuer bereits bestanden haben, und die in der Vorwoche gemachten Erfahrungen nützen ihnen nichts, genauer: Sie scheinen sie nicht gemacht zu haben. Sie lernen nichts. Genauer betrachtet besitzen sie zwar ein Gedächtnis, das sie jedoch absichtsvoll unterdrücken, genauso wie wir, die Zuschauer(innen), dies tun, um die Serie genießen zu können (Engell 2011).

Es ist nicht schwierig, für die Hochkonjunktur der klassischen Episodenserie mit ihrem Stagnations- und Vergessenszwang das Zeitalter des Kalten Kriegs mit seinen Motiven des Verharrens und der Erstarrung, mit seinem Versuch zur Aussetzung auch der historischen Zeit als zeithistorischem Rahmen zu sistieren (Engell 2004). In all dem ist die Episodenserie auf Unendlichkeit angelegt, auf die Unendlichkeit des andauernden Stillstands und des schlichten So-Seins der Welt.

Die Serialität des Fernsehens: Das Fortsetzungsprinzip

Etwas ganz anderes und der Gegenentwurf zur Episodenserie ist die Daily Soap Opera. Hier ist jede Folge offen in Richtung auf ihre Vorgängerin und ihre Nachfolgerin. Sie enthält wenigstens drei verschiedene Handlungsstränge, von denen einer mit der Folge beginnt, aber nicht endet, einer endet, der aber früher begonnen hat, und einer sich in vollem Lauf zwischen Anfang und Ende, die jenseits der einzelnen Folge liegen, bewegt. Die Zeit ist hier als weitgehend ungegliederter Fluss erschlossen. In diesem Fluss kehrt nichts wieder, aber alles, was geschieht, ist der Effekt von etwas, das früher geschehen ist oder könnte Effekte in kommenden Folgen zeitigen. Wo die Helden der Episodenserie handelten, aber nichts lernten, da lernen und reifen die Figuren in Soap Operas, aber sie handeln kaum. Scheint in der Episodenserie das Vertrauteste als immer wieder befremdlich, so ist es in der Soap Opera umgekehrt: Was immer auch geschehen mag, es erscheint letztlich als vertraut, als familiarisiert (Cantor/Pingree 1983), als »verbiedert« (Anders 1956, 116 ff.).

Familiarisierung heißt in zeitlicher Hinsicht, dass ein Ereignis aus einer früheren Erfahrung hervorgeht, die die Serienfiguren wie die Zuschauer nicht notwendigerweise kennen müssen, und seinerseits spätere Entwicklungen erwarten lässt, auch wenn sie dann vielleicht nie eintreten. Die Ereignisse der Soap werden als Aufeinanderfolge gelesen, also als Folge meist auch im Sinne einer kausalen Anordnung. Die Figuren der Soap haben, in scharfem Kontrast zu denjenigen der Episodenserie, ein Gedächtnis und auch Erwartungen jenseits der Episodengrenzen. Die Gegenstruktur von Handlung und Reaktion, von Stimulus und Response, wird in Erinnerung und Erwartung umgelegt und zudem verteilt auf die drei Handlungsstränge. So verschmilzt die in die abgegrenzten Einstellungen und Einzelfolgen gegliederte Struktur der Soap mit dem kohärenten, weitgehend ungegliederten Zeitfluss.

Die Semantik der Soap reflektiert diese formale Zeitstruktur. Betraf dies im Fall der Episodenserie die Funktion der Wiederholung, so ist es hier die televisive Funktion des »Flow« (Williams 1974; Wulff 1995). »Flow« ist die Fähigkeit des Fernsehens, den Eindruck eines kohärenten und kontinuierlich verfließenden Stroms der Bilder, Töne und Ereignisse sowie der Zeit hervorzurufen. Dieser Strom entsteht über einem extrem gegliederten, hoch und offenbar willkürlich fragmentierten sowie semantisch völlig unzusammenhängenden Grundtext des Programmablaufs im Fernsehen, im Durcheinander aus eigentlicher Sendung, Zwischeneinblendung, Werbung, Eigenwerbung, Nachrichtenblöcken, Vorschau und Rückschau usw. In ihrer Weise, indem sie die heterogenen Wechsel- und Unglücksfälle des Lebens in einen kohärenten Fluss möglicher Erinnerung und Erwartung ummünzen und so familiarisieren, spiegeln die Soap Operas diese »Flow«-Qualität des Fernsehens in das einzelne Serienformat hinein. Man könnte diesen Zug schließlich sogar als Reflexion auf den kontinuierlichen Strom der ausgestrahlten Radiosignale und des Strahls der Kathodenröhre, auf denen das Fernsehen technologisch beruht, verstehen. Informationstheoretisch ist jedes einzelne Signal einer Signalkette unabhängig von seinen Vorgängern oder Nachfolgern, trotzdem sind sie miteinander durch bedingte Wahrscheinlichkeit ihres Auftretens verbunden und spannen einen gemeinsamen Möglichkeitsraum auf. Auch die Unendlichkeit der Fortsetzungsserie ist eine ganz andere als diejenige der Episodenserie. An die Stelle der Unendlichkeit des Stillstands ist nunmehr die Unendlichkeit des Zeitflusses selbst getreten, in dem zwar alles, dieser selbst aber nicht vergeht.

Die Philosophie des Fernsehens hat zwischen der auf Wiederholung und Fluss basierten, streng temporalen Serialität des Fernsehens auf der einen Seite und der im Verhältnis zum Raum begründeten industriellen Serialität der Reproduktion und Variation auf der anderen Seite lange keine genaue Notiz genommen, sondern Erstere unter Letztere subsummiert. Günther Anders beispielsweise fasst das Fernsehen als ein Seitenstück der industriellen Serienfertigung im Rahmen einer von ihm sogenannten »ökonomischen Ontologie« (1956, 180 ff.). Für ihn ist das Fernsehen eine »Matrix«, deren Funktion es sei, Denk- und Verhaltensmuster in der Art eines Prägestocks auf die derart stereotypisierten Zuschauer herabzudrücken. Die ökonomische Logik der »Matrix« verlange, so Anders, endlos identische und endlos zahlreiche Kopien ein- und desselben Verhaltensmodells und Objektschemas, bis schließlich die gesamte Welt mit den Vorgaben der »Matrix« identisch werde und so ihrer Widerständigkeit gegen sie beraubt. Dies führt Anders direkt auf die Serienstruktur des Fernsehens zurück. Offensichtlich denkt Anders dabei an das Episodenformat: Ein Grundplot, ein invarianter Handlungsort, ein stereotypisierter Charakter werde endlos durch die zahlreichen Einzelfolgen der Serie hindurchkopiert. Die Folgen sind damit für Anders im strengen Sinne keine Folgen. Sie markieren keine Veränderung in der Zeit, auch wenn sie nacheinander ausgestrahlt werden. Ontologisch gesehen spannen sie einen einzigen Simultanraum auf. Erneut, so Anders, wird Zeit damit in Raum verwandelt und stillgestellt.

Dieses Argument, das wir auch im Kontext der Kritischen Theorie wiederfinden können, taucht einflussreich noch bei Stanley Cavell (2001, 144) auf. Auch Cavell geht es darum, die strikte Beschränkung des seriellen Verfahrens auf die Herstellung identischer Serialität deutlich zu machen, die auf dem Mechanismus von Reproduktion und Variation statt auf demjenigen der Wiederholung beruht, und die damit vom Raum, nicht aber von der Zeit aus operiert. Die temporale und objektlose Serialität des Fernsehens wird auf die dingfeste und raumgreifende Serialität des Industrieprozesses umgelegt.

Dieser Rückführung des Zeitlichen auf das Räumliche, der Sukzession auf die Synchronizität, des Flusses auf das Feste und der Differenz auf die Identität wird aber in der Fernsehtheorie nicht nur das Episodenprinzip der Fernsehserie, sondern auch das Prinzip des Flusses, wie wir es in der Soap Opera angetroffen haben, unterworfen. Auch das Flow-Prinzip ist in den 80er und 90er Jahren auf die Produktion statischer Identität des ewig Selben zurückgeführt worden (vgl. Feuer 1983; Wulff 1995). Die Unendlichkeit der Zeit, wie sie die Fortsetzungsserie kennzeichnet, wird dabei konvertiert zur Unendlichkeit des Stillstands wie in der Episodenserie. Demnach ist auch Flow nichts anderes als Redundanz. Alle möglichen Widersprüche und Paradoxien, die zwischen den untereinander inkompatiblen Ausgangselementen bestehen, werden im Flow demnach entgliedert und schließlich stillgestellt. Der Flow stellt die Heterogenität in einen homogen über alles hinwegziehenden Sinn- und Zeitfluss ein, der alles nur Mögliche in einen einzigen Zusammenhang integriert. Etwas wirklich Neues kann sich im Flow nicht ereignen. So wirkt dieser Kritik zufolge auch die strömende Zeitform der Serie als gesellschaftliche Versöhnungs- und Stabilisierungsagentur. Wie für das Prinzip der Serialisierung durch Aufreihung gedächtnisloser geschlossener Episoden wird demnach auch für das Prinzip des unendlichen Zeitflusses eine Rückführung des Differentiellen auf das Identische und der Zeit auf den Raum vorgenommen.

Endlich werden

An diesen Grunddiagnosen der Serientheorie ändern auch die seit den 80er Jahren aufgekommenen zahlreichen und raffinierten Mischformen zwischen dem Episoden- und dem Flussprinzip der Soap Opera nicht viel, obwohl es hier zu einer einschneidenden Veränderung im Leben der Serie und in der Geschichte der Serialität kommt, nämlich zu einer Hybridisierung der beiden Serienprinzipien. DALLAS (CBS, 1978-1991) und die damit konkurrierende Serie DYNASTY (ABC, 1981-1989; dt.: Der Denver-Clan), die einflussreichsten Produkte der kommerziellen Populärkultur in den frühen 80er Jahren, stehen für einen solchen Kreuzungsversuch zwischen Episoden- und Flussprinzip. Ausweis dieser Vermischung ist insbesondere der Ausbau des ›Cliffhangers‹ zum herausragenden formalen Merkmal in DALLAS (vgl. Fröhlich 2015). ›Cliffhanger‹ sind in vollem Lauf abgebrochene Sequenzen oder Handlungsstränge am Schluss einer Episode. Sie öffnen die Abgeschlossenheit der Episode zu einer zu erwartenden nächsten Episode hin und bringen so eine Zeitrichtung in die Synchronisierung der Episode ein. Sie wurden früher nur am Ende einer Staffel eingesetzt, um einen Spannungsbogen zur Ausstrahlung der nächsten Staffel einige Monate später aufzubauen. Bei DALLAS jedoch schließt jede einzelne Folge mit einem ›Cliffhanger‹ ab, der plakativ als ›Freeze Frame‹ ausgeführt wird. Fröhlich (2015, 241 ff.; 665) kann sogar zeigen, dass die Soap Opera das ›Cliffhanger‹-Prinzip innerhalb der einzelnen Episode, beim Wechsel der Erzählstränge, anwendet. Durch den aufgebauten Erwartungsdruck (der auch immer als ein Enttäuschungsdruck erfahren wird, darüber, dass die Episode bzw. die Sequenz zu Ende ist) wird die Linearisierung und Kontinuität des Zeitflusses deutlich verstärkt.
Diese gespannte Erwartung löst sich bei DALLAS allerdings in geradezu nichts auf, denn die neue Folge beginnt anders und an anderer Stelle, etwa mit einem anderen, neuen Handlungsstrang. Erinnern und Vergessen, Kontinuität und Bruch werden also gleichermaßen im Spiel gehalten. Episoden- und Flussprinzip gehen hier eine unauflösliche Verbindung ein, die zugleich synchron und sukzessiv operiert. In diesen Kreuzungs- und Vermischungsformaten überlagern sich folglich auch die beiden Formen der Unendlichkeit.
In jüngerer Zeit jedoch, namentlich in den letzten 20 Jahren, hat sich ein neuer Serientyp entwickelt, der der Polarität von Episode und Fluss entkommt. Mit

diesem neuen Typ zieht das Moment der Endlichkeit in das Fernsehen, zumindest in das Format der Serie, ein und verändert den Zuschnitt dessen, was Serialität ist, auf grundlegende Weise (vgl. Engell 2006; Grampp/Ruchatz 2014). Die Serie kann nun auch nicht mehr, wie die beiden früheren Formen und ihre Mischverhältnisse, auf Stillstellungs- und Raumverhältnisse und damit auf das ältere Verständnis der Serie und des Seriellen reduziert werden, wie es für die industrielle Serienproduktion kennzeichnend war.

So wie für TWIN PEAKS (ABC, 1990-1991), besonders in der ersten Staffel, für 24 (Fox, 2001-2010), oder für BREAKING BAD (AMC, 2008-2013) beobachtbar, laufen diese neuen Serien zunächst diegetisch auf ein Ende in der Zeit hinaus, implizit oder explizit, in der erzählten Welt und als Fernsehformat. In den amerikanischen Markt ist diese Form aus Südamerika importiert worden, nach dem Muster der brasilianischen Telenovela oder des mexikanischen Fernsehromans. In den klassischen Serien wurden und werden Merkmale des Mediums, wie der kontinuierliche Signal- und Bilderfluss, oder solche des Formats, wie die Kohäsion in der Zeit, in die Handlung einzelner Episoden und Folgen hineinkondensiert. Nun jedoch kehrt sich das um: die im Programmschema des Fernsehens notwendig begrenzte Ausdehnung einer Episode oder Folge in der Zeit wird auf das Format im Ganzen ausgedehnt. Und die Konsequenz der zeitlichen Begrenzung wird nun in die erzählte Welt in jeder einzelnen Folge reintegriert, und zwar als Zeitdruck, unter den die Figuren gesetzt werden wie in 24; oder, genau im Gegenteil, als Verlangsamung in der Annäherung an das vorgegebene Ziel, wie in TWIN PEAKS. Beide Verfahren, Beschleunigung und Verzögerung, beruhen auf einer Änderung des Zeitflusses selbst, der nun nicht mehr gleichförmig, sondern in seiner Geschwindigkeit wandelbar wird. Genau dadurch aber bringt er sich selbst als Zeit ausdrücklich zur Geltung. Selbst unter Zeitdruck gesetzt, wirkt die Serie auf das, was diesen Druck verursacht, ihrerseits zurück: sie handelt als Agent.

In 24 ist das offensichtlich, denn die immer wieder eingeblendete Uhr zeigt die zunehmende Knappheit der verbleibenden Zeit explizit an. In TWIN PEAKS dagegen ist die Endlichkeit eher implizit, vermittelt über den Kontrast zwischen der langsamen Vorgehensweise sowohl des Ermittlers als auch der Kleinstadtleute einerseits und der gewalttätigen Verbrechensabläufe andererseits. Ein anderer Effekt der Zeitbeschränkung kann in der Struktur des Formats im Ganzen angetroffen werden. Wird die Endlichkeit Teil der erzählten Welt, dann kann doch das Format als Ganzes seine Unendlichkeit beibehalten, indem immer mehr und immer neue Folgen zwischen den erreichten Stand und das vorgegebene Ende eingerückt werden. Die zweite Staffel von TWIN PEAKS steht als Beispiel dafür, aber auch ALLY MCBEAL (Fox, 1997-2002), wo einerseits die Folgen

in kontinuierlicher und kohärenter Nachfolge zueinander stehen, andererseits die Annäherung an das angestrebte Ende, die Entscheidung der Heldin für einen Partner, immer weiter verlangsamt wird. Die Beschränkung der äußeren Handlungszeit führt zu einer Art innerer Unendlichkeit. Auch BREAKING BAD steht dafür in Walter Whites Wettlauf mit dem scheinbar sicher bevorstehenden Tod (vgl. Arp/Koepsell 2012; Koch 2015, 15 ff.).
Eine Konsequenz dieses neuen Zeitdrucks ist auch die Vervielfältigung und Vermehrung der Bilder. Entweder wird die Schnittfrequenz und folglich die Zahl der Einstellungen erheblich erhöht, oder es treten immer mehr Bilder innerhalb des Bildes auf. In TWIN PEAKS gibt es eine Serie in der Serie, »Invitation to Love«. CSI: CRIME SCENE INVESTIGATION (CBS, 2001-) produziert nicht nur – wie auch LIE TO ME (Fox, 2009-2011) – massenhaft technische oder epistemische Bilder innerhalb der Ermittlungshandlung, Photographien, Computerbilder, Projektionsbilder, deren Beschleunigungs- und Verlangsamungsfähigkeit zudem unablässig vorgeführt wird, sondern spaltet sich zudem in drei Unterformate auf. 24 arbeitet mit einem Split (oder vielmehr mit einem Multiple) Screen. Hier wie in anderen Beispielen verschiebt sich in der Folge die Ordnung der Bilder hin zu einer diagrammatischen Form (vgl. Wentz 2014). In FLASH FORWARD (ABC, 2009-2010) weisen die epistemischen Bilder in eine Vergangenheit, die zugleich einen festen Punkt in einer Zukunft anzeigt, die unerbittlich näher rückt, aber andererseits unbedingt vermieden werden soll. Auch die Serie HEROES (NBC, 2006-2010) arbeitet sich in ihrer ersten Staffel auf ähnliche Weise an einer bedrohlichen Zukunft ab. Gerade diese beiden Serien sind im Übrigen mit allen Merkmalen der Zeitparadoxien ausgestattet, wie sie Zeitreisen und Prädestinationsprozesse produzieren. Während also die Zeit als lineare Erstreckung – sei es in der Kette abgeschlossener Episoden, sei es im unendlichen Fluss in der Art der SOAP – begrenzt wird, wächst die Komplexität der Zeit und v. a. der zeitgebenden Bilder stark an. Unter äußere Bedingungen gesetzt, produziert die Serie als Agent des Wandels eigene Frei- und Spielräume.

Anders machen

Die zweite spezifisch temporale Qualität der neuen Serien nach der Begrenzung der Zeit und ihren daraus resultierenden Komplexionsformen ist die Transformation. Die Serien führen ausdrücklich aus, wie etwas anders oder zu etwas anderem wird, wie aus dem einen das andere erwächst in einem nicht präzise gliederbaren Prozess der Metamorphose. Sie stehen damit weder in der Stagnationstradition der Episodenserie noch in der »Flow«-Tradition der Fortsetzungsserie. In der zweiten Staffel von TWIN PEAKS etwa geht es schließlich gar nicht um die Aufklärung des Verbrechens und die Ergreifung des Fürsten der Finsternis und gefallenen Engels Windom Earle, sondern um den fast unmerklichen und erst ganz am Ende ausdrücklich eintretenden Seitenwechsel des Helden, Agent Cooper, von der Seite des Lichts auf diejenige des Dunkels. Metamorphose ist auch das Hauptthema in ALLY MCBEAL, vom Kind zur Erwachsenen etwa, aber auch buchstäblich im Bild: Die Körper der Figuren werden in allerlei Computerverfahren, wie sie um 2000 zugänglich waren, gemorpht, dehnen sich plötzlich aus, verlieren ihre Proportionen und Konturen oder werden winzig wie Alice im Wunderland, nur eben vor unseren Augen im fortfließenden Bild. Auch in BREAKING BAD geht es um allmähliche Umformung, vom Leben zum Tod, vom Leichnam zur Flüssigkeit, von Gut zu Böse, von Bild zu anderem Bild, von chemischen Substanzen in andere chemische Substanzen, namentlich Drogen (Dreher/Lang 2013; Engell 2013a). Dasselbe Thema ist über die Psychotherapie in THE SOPRANOS (HBO, 1999-2007) gegenwärtig (Diederichsen 2012). Auch hier ersteht die Semantik der erzählten Welt aus dem strukturellen und technischen Wandel des Fernsehbildes selbst. Zum einen hat das Fernsehbild mit dem Einzug des Digitalen eine nahezu unerschöpfliche Plastizität und Bildsamkeit erfahren (Caldwell 1995). Diese Anpassungs- und Selbstanpassungsfähigkeit spiegelt die Geschicklichkeit und Improvisationsfähigkeit des Agenten, dessen Vorzug es ist, in unvorhergesehenen Lagen vom Skript abweichen und das Skript verändern zu können (Engell 2015). Zum anderen ist das Fernsehen selbst als Massenmedium und Institution Objekt eines tiefen Wandlungsprozesses in den Kommunikationsverhältnissen. Es verliert am Ende des Jahrtausends seine Funktion als Leitmedium und muss sich neu in Beziehung setzen zu völlig anderen Verfahren der Produktion und Zirkulation von Bildern im weltweiten Maßstab.

Die dritte auffällige Zeitqualität der neuen Serien ist von Oliver Fahle (2012) bemerkt worden. Er zeigt, dass speziell in Laboratoriumsserien wie CSI: CRIME SCENE INVESTIGATION oder CROSSING JORDAN (NBC, 2001-2007) der menschliche Körper innerhalb der Serie das Bildobjekt zweier verschiedener Bilderreihen ist. Zum einen gibt es hier stets eine Sequenz nahezu ruhender und jedenfalls ruhiger Bilder, die den unbeweglichen toten Körper, wie er am Tatort oder besser noch in der Pathologie liegt, zeigen. Die andere Bilderreihe besteht aus computeranimierten, sehr schnell bewegten und kurzphasig montierten Bildern, die das Innere des Körpers zeigen, wie es von außen durchdrungen, verletzt und durchfahren wird von Projektilen, Messern oder chemischen Substanzen. Dabei verhält sich die virtuelle Kamera selbst wie ein Projektil oder eine Injektionsnadel. Derlei Dekompositionen des Bilderflusses in zwei oder mehreren Verläufe unterschiedlicher Zeitregime, Geschwindigkeit und Rhythmik innerhalb der Serie können nun in zahlreichen jüngeren Serien beobachtet werden. Fahle liest dies im Licht der Idee Deleuzes (1993c, 62 ff.; vgl. 2007), dem zufolge Serialisierung der Kernvorgang in sinnbildenden, kreativen und evolutiven Prozessen sei. Serialisierung sei ein Effekt, der aus Überlagerung zweier oder mehrerer Ereignisreihen ersteht, die völlig unabhängig voneinander einer je eigenen Logik folgen, aber im Zusammenspiel dennoch Effekte zeitigen wie die Wellenkreise zweier ins Wasser geworfener Steine. Genau dies aber wäre für das »Neo-Fernsehen« (Casetti/Odin 2001) eben bezeichnend: An die Stelle des Verweises der Bilder auf Bedeutungen tritt derjenige auf andere Bilder. In diesem Sinne könnte also die »Neo-Serie« als nicht-dialektisches Zusammenspiel zweier Serien beschrieben werden, nämlich derjenigen des wiederholenden Typs und derjenigen des fließenden Typs, deren Polarität die klassische Fernsehserie, wie gesehen, aufspannte. Die Serie wird damit zu einem selbstantreibenden Format, das sich unter Unvorhersehbarkeiten stellt, die es selbst erst zulässt. Genau darin wirkt die charakteristische Ambiguität der Handlungsmacht des Agenten.

Das Fernsehen hat sich besonders in seiner Serialität immer über seine Unendlichkeit definiert (Engell 2006; Grampp/Ruchatz 2014). Unter dem Druck der technischen Digitalisierung, in deren Dienst es sich als Agent stellt und die es, selbst getrieben, mit vorantreibt, sieht es sich nun mit der eigenen Endlichkeit konfrontiert (Grampp/Ruchatz 2014, 49). Gerade hier jedoch handelt das Fernsehen, wie für Agenten kennzeichnend, eigeninteressiert und eigenmächtig, indem es aus den digitalen Bedingungen neue Formen und (Zeit-)Semantiken herausschlägt, in denen es sein Fortleben sichert.

Die folgenden Kapitel bauen auf der theoretischen Bestimmung der spezifischen Agentenfunktion des Seriellen und der skizzierten Evolution und Transformation televisueller Serialität auf. Daran anschließend falten sie den Zusammenhang von Fernsehen, Serialität und Medienwandel detailanalytisch aus. In der Überblendung von Serientypen (u. a. Agentenserie, Mysteryserie, Science-Fiction-Serie, Drama-Serie und Sitcom) mit Epochen der Serienproduktion (von den 1950er Jahren bis in die Gegenwart) treten unterschiedliche Momente und Figuren von Agentialität in den Fokus. Dies ist zunächst in Kapitel 2 die Figur des Agenten/der Agentin selbst: Anhand der Agentenserie der 1960er und 70er Jahre – insbesondere MISSION: IMPOSSIBLE (CBS, 1966-1973) und THE AVENGERS (ITV/ABC/Thames, 1961-1969) – zeigen wir, wie die Fernsehserie sowohl formal als auch handlungslogisch einen Wandel operationalisiert, den sie selbst antreibt. Denn einerseits ist der Medienwandel der 1960er und 70er Jahre zunächst vor allem vom Fernsehen induziert. Andererseits lässt sich die Durchsetzung der Figur des Agenten und der Agentin auf den handlungslogischen Status des Fernsehens selbst beziehen. Als Figuren eines Auftragshandelns inszenieren die Agenten und Agentinnen eine Tätigkeitsform, deren Zielorientierung stets gebrochen, umgewendet und paradoxiert werden kann – und zudem ohne dingliche Agenten wie Uhren, Kostüme und (medien-)technische Gerätschaften gar nicht denkbar wäre. Die Koordinierung und Relationierung von Handeln denkt die Agentenserie der 1960er und 70er Jahre somit – quasi in Vorwegnahme zeitgenössischer Akteurs- und Dingtheorien – als Ensemble heterogener menschlicher Einzelintentionalitäten und materieller Apparate. Darin bringen sich vor allem die immer schon technisch verschränkten Handlungsformen des Fernsehens selbst zur Darstellung. Dabei verhält sich die strikt episodale Form der frühen Agentenserie durchaus widersprüchlich zu den intra-episodischen Verlaufsformen. Die Modernisierung des Fernsehens wird gerade in der Inkohärenz dieser Zeitregimente als ein Bruch projiziert, an dessen Gewöhnung und an dessen Einübung die Serie als Agent dieses Wandels mitarbeitet.

Behandeln die frühen Agentenserien zumeist Fälle, die zwar verworren, schwierig oder anstrengend sein mögen, letztlich aber doch immer lösbar sind, so wandelt sich das Agentengenre in den 90er Jahren nicht zufällig zur Mysteryserie und widmet sich Phänomenen epistemischer Verunsicherung. Wie wir in *Kapitel 3* in einer Detailanalyse von THE X-FILES (FOX, 1993-2002) argumentieren, ist auch dieser Serienwandel sowohl diegetisch als auch formal eng mit dem Medienwandel verknüpft, nämlich mit der beginnenden Digitalisierung, in deren Zug das Internet an die Seite des Leitmediums Fernsehen tritt. Genauer noch werden in der Forcierung epistemischer Verunsicherung, wie sie in der geheimdienstlichen Bearbeitung des Paranormalen zutage tritt, Medien und Medialität selbst in ihrer erkenntnisstiftenden Funktion fraglich. Wie wir zeigen, manifestiert sich dieses Misstrauen gegenüber der epistemischen Funktion von Medien in THE X-FILES auf mehreren Ebenen: Zum einen wird die (auch in der Medientheorie immer wieder gestellte) Frage nach dem Zusammenhang von Funktion und Störung aufgebracht. Damit einher geht zum zweiten die Thematisierung des unterschiedlichen Zugriffs auf Medien sowie des Zweifels an der Referentialität medialer Zeichen und der an sie angebundenen Körper. Schließlich tritt in der teils episodischen, teils offenen Serienarchitektur mit der fortlaufenden Forcierung einer Verschwörungstheorie auch der Status von Medien als Orten des Wissens in den Vordergrund. Gerade das sich parallel mit der Serie entwickelnde – und von X-Files-Fans reichlich genutzte – Internet bildet als Hort eines populären Gegenwissens den zum Teil explizit werdenden Hintergrund, vor dem sich der schon in der Figurenkonstellation virulente Konflikt von offizieller, wissenschaftlicher Wahrheit und unterdrückter, nicht-staatlicher Gegenwahrheit abzuzeichnen vermag. Weiten The X-Files diesen grundlegenden Verdacht schließlich selbstreflexiv auf das Fernsehen aus und übersetzen ihn in die serielle Bildlichkeit, so wird aus einer epistemischen letztlich eine ontologische Verunsicherung, die Medien überhaupt betrifft: In der paranoischen Wahrheitsproduktion der X-Files kann letztlich alles Medium und damit eigensinniger Agent der Überlieferung von Wissen sein. The X-Files begleiten einen Wandel *in actu*, der gerade in der Konstitution ›Neuer‹ Medien Verunsicherung über die Ontologie von Medien mit sich führt. Anfang des neuen Millenniums dann lässt sich eine Konsolidierung dieses Wandels beobachten, die zugleich neue Reflexionsfiguren auf den Plan ruft. Anhand von Battlestar Galactica (Sci-Fi, 2003-2009) und Futurama (Fox/Comedy Central, 1999-2013) zeigen wir in *Kapitel 4*, dass die Science-Fiction-Serie der 2000er Jahre auf das Eintreten der – genrehistorisch – von ihr selbst projizierten digitalen Zukunft mit retrofuturistischen Strategien reagiert. An die Stelle der Ästhetisierung medientechnischen Fortschritts treten so Formen der Rück-Projektion medialen Wandels. Im Remake von Battlestar Galactica etwa ist dies in den 2000er Jahren bedingt durch die Auseinandersetzung mit der Originalserie (ABC, 1978-1979), in Futurama durch die motivische Auseinandersetzung mit dem »Golden Age of Science-Fiction« sowie der auch aus The Simpsons (Fox, 1989-) geläufigen, ironischen Selbstthematisierung des Fernsehens. Mit dieser Absetzung vom klassischen Futurismus des Science-Fiction-Genres erlauben es beide Serien, Wandel nicht mehr technizistisch als Fortschritt, Abfolge und Ablösung medialer Apparaturen zu denken, sondern gerade in der praktischen wie diskursiven Aushandlung, Ko-Existenz und Ko-Evolution multipler Medientechniken das ›Neue‹ der Neuen Medien zu erblicken.

Mit den Vermeidungs- und Rückspiegelungsfiguren der Science-Fiction-Serie der 2000er Jahre deutet sich also ein Verständnis von Medienwandel und damit von Mediatisierung als Transmediatisierung an. In *Kapitel 5* zeigen wir, wie zeitgenössische dramatische Serien eine motivische und ästhetische Bearbeitung dieses Wandels betreiben, der nicht mehr an die Vorherrschaft eines bestimmten Mediums gebunden ist. Anhand von Gossip Girl (The CW, 2007-2012), House of Cards (Netflix, 2012-) und 24 (Fox, 2001-2010) argumentieren wir dabei, dass rezente Serien überhaupt nicht mehr an der Beschreibung von Medienwandel als antagonistischer Relation zwischen Medien interessiert sind. Vielmehr rückt hier mit der epistemologischen und ästhetischen Fokussierung der Gerüchtekommunikation der Übergang zwischen Medien, die Transmedialität, als Triebkraft des Medienwandels selbst in den Blick. Während Gossip Girl dabei die metakommunikative Medialität von Gerücht und Klatsch als eigensinnige Zirkulations- und Transgressionslogik ins Bild setzt, verschreibt sich die Online-Polit-Serie House of Cards Fragen der Steuerbarkeit dieser Mediatisierungsprozesse. In den öffentlichen Debatten um die politischen Folgen der Anti-Terror-Serie 24 lässt sich schließlich die Autonomie dieser Poetologie von Gerücht und Verrat noch einmal losgelöst vom Serientext selbst nachverfolgen. Sichtbar wird damit, so unsere Argumentation, dass Serien nicht nur Medienwandel betreiben, in Szene setzen, reflektieren und projizieren, sondern die Prozessualität des medialen Wandels selbst als serielle Form zu denken geben. Haben wir uns damit schrittweise von der Agentenserie der 60er und 70er über die Mystery-Serie der 1990er und die Science-Fiction-Serie der 2000er Jahre bis zur dramatischen Gegenwartsserie durchgearbeitet, so spannt *Kapitel 6* Fragen der Reflexion und Projektion von Medienwandel noch einmal von vorne auf; und zwar anhand eines Formats, das in besonderem Bezug zu seinem Auftraggeber – dem Fernsehen – steht: der Sitcom. Als an theatralischen Darstellungsformen geschulte Live-Sendung eignet insbesondere der frühen Sitcom der 1950er Jahre eine doppelte Medialität: Sie dokumentiert ein Geschehen, in das sie filmisch kaum eingreift, vermag dies aber nur, weil sie als rigorose mediale Anordnung die gezeigte Welt immer schon überwachbar gemacht hat. Diesen Doppelstatus der Sitcom als Beobachter und Akteur, der also die Medialität des Fernsehens immer schon zweifach beinhaltet, verfolgen wir dabei erstens chronologisch durch die Geschichte der Sitcom, die sich als Neuaushandlung der Sitcomästhetik angesichts medientechnischer Modernisierungsschübe beschreiben lässt. Zweitens analysieren wir, wie in der Ausdifferenzierung verschiedener Sitcom-Typen (Single- vs. Multi-Camera, Live-Action vs. *laugh track*, Mockumentary) ebenfalls die Erprobung unterschiedlicher Typen der Reflexion auf Medienwandel von seiner gleichmütigen Beobachtung bis zur euphorischen Inkorporierung anzutreffen ist. Im Schnelldurchlauf durch Geschichte und Typologie der Sitcom lassen sich somit noch einmal jene Figuren und Formen wiederfinden, welche die Serie als Agent des Wandels annimmt.

2. Folge-Handlungen. »Kobra, übernehmen Sie!« – oder die Modernisierung des Fernsehens als Agentenserie

Im Vorgang der Transmediatisierung nehmen die Serien einerseits und das Fernsehen andererseits ganz eigentümliche Funktionen an; sie sind beide gleichermaßen zugleich Akteure des Prozesses wie seine Katalysatoren und Instrumente wie auch seine Objekte. Sie propellieren und regulieren einen Medienwandel, dem sie selbst ausgesetzt sind und den sie nur erdulden können, weil sie darin zugleich operativ sind (vgl. Schröter 2012; Cuntz 2013). Kurz: Sie sind Agenten (vgl. Beil et al. 2012). Der Auslotung der Figur und Funktion des Agenten als einer komplexen und gebrochenen Instanz in Operativität, Transformationsgeschehen und Handlungsmacht, des Agententums, der Agentur und der Agenz, widmet das Fernsehen und widmet die Fernsehserie sogar eigene Aufmerksamkeit und ein eigenes Serienformat, nämlich die Agentenserie. Ihr und genauer: ihrer frühen Form in den 60er und 70er Jahren, einer Zeit des Medienwandels hin zur Modernisierung des klassischen Fernsehens, und zumal der Selbstkonzeptionalisierung und Selbstmodellierung, die das Fernsehen bzw. die Fernsehserie darin unternehmen, gelten die folgenden Überlegungen.

Wenn wir nämlich heute nach den Verlaufsformen des aktuellen Medienwandels fragen und in Sonderheit nach der agentiellen Funktion serieller Formate darin, so kann eine solche Untersuchung auch zurückschauen und zum Vergleich auch früher stattgehabte Wandlungen und Verschiebungen des Seriellen im Fernsehen beobachten, ebenso die Funktion der Serien im Zuge früherer Transformationsprozesse des Fernsehens. Denn der gegenwärtige Transformationsschub ist möglicherweise der tiefgreifendste, jedoch beileibe nicht der einzige Umformungsprozess, dem das Fernsehen ausgesetzt war bzw. den es vorangetrieben hat. Selbst die Unkenntlichwerdung des Mediums kann in früheren Umbrüchen bereits bemerkt werden. So scheint das Fernsehen der ersten Digitalisierungsphase Mitte der 80er Jahre, das Fernsehen von MTV, CNN und MIAMI VICE (NBC/USAN, 1984-1989), das völlig zu Recht als epochale Neuerfindung des Mediums, als »Neofernsehen«, als »postmodernes Fernsehen« oder als Durchbruch der »Televisualität« beschrieben worden ist, mit demjenigen der Vorgängerphase, des modernen Fernsehens oder des »Paläofernsehens«, nichts oder nicht viel zu tun zu haben (Casetti/Odin 2001; Eco 1985; Caldwell 1995).

Gegenstand des vorliegenden Kapitels aber ist ein noch früherer Medienumbruch und seine Serialität, nämlich die Modernisierung des Fernsehens in den 60er Jahren und ihre Selbstantreibung und -verhandlung im Medium der Agentenserie. Der Grund dafür ist, dass in den Agentenserien der 60er Jahre zugleich das Modell entwickelt wird, nach dem die Funktion der Serie im Medienwandel gearbeitet werden kann, nämlich eben die Figur des Agenten. Die spezielle Funktion, die die Serie im Zug medialer Transformation einnimmt, findet damit eine metonymische Formulierung, die, so die These, zugleich ein wichtiger Beitrag zum Verständnis des Mediums als handelnde und erduldende Instanz der Medienentwicklung ist.

In einem ersten Schritt werden wir zu diesem Zweck die Agentenserie der 60er Jahre in einem weiteren Kontext platzieren, der die Entwicklung der (televisiven) Serialität nachzeichnet und dabei auch die Polarität entfalten, die zwischen der Auffassung der Serie als Stillstand, wie etwa bei Cavell (2001), und derjenigen der Serie als generative, kreative Ereigniskette, die zwischen verschiedenen Rhythmen und Fließformen emergiert, wie etwa bei Deleuze (1993c, 13 ff.), besteht. Eine weitere wichtige Dichotomie, die die Entfaltung der Serialität in ihrem Verlauf einformt, ist diejenige zwischen den Polen der Endlichkeit und der Unendlichkeit. Sie schreibt sich, darauf werden wir in einem späteren Abschnitt zurückkommen, bis in die Gegenwart fort, wo sie zugleich die Endlichkeit und Unendlichkeit des Fernsehens selbst mitverhandeln lässt. Daran anschließend werden wir in einem zweiten Schritt die so in der Geschichte der Serialität verortete Agentenserie einer genaueren Betrachtung unterziehen und dabei speziell die metonymische Figur des Agenten als spezielles Modell der Handlungsträgerschaft und der Ausformung von Handlungsmacht heranziehen. Diese Figur wird – aber das kann hier nicht weiter verfolgt werden – sogar bei der Diskussion aktueller, hoch medienrelevanter Verhältnisse verteilter, gebrochener, dissoziierter und assoziierter Handlungsträgerschaft, die über traditionelle Ausformungen wie Subjekt und Gesellschaft weit hinausgreift, eine nützliche Folie sein. Insofern Handlungsfähigkeit stets mit der Fähigkeit zur Veränderung verbunden ist, ist die Agentenfigur jedenfalls eine wichtige Instanz in der grundstürzenden Selbstumstellung des Fernsehens eben hin auf diese Fähigkeit, auf einen Eigenbegriff des Fernsehens als weniger stabiles denn metastabiles Gebilde, dessen Identität allenfalls eine Prozessidentität sein kann. Dabei werden wir dann speziell auf die damalige Modernisierung des Fernsehens eingehen und zeigen, wie das Fernsehen im Umbruch der Modernisierung unhintergehbar neue Form annimmt, sich dynamisiert und dabei auf seine eigene Veränderung einzuwirken beginnt. Ein spezieller Grundzug des Agentiellen, nämlich die Paradoxierung der Auftragslage, die unauflösliche Verschränkung des Agenten bzw. des Agentiellen mit dem Patienten bzw. mit dem Patentiellen, wird dabei besondere Aufmerksamkeit erfahren (vgl. Gell 1998, 32 ff.).

Die Serie der Agenten und die Agenten der Serie

Will man die Agentenserie der 70er Jahre in der oben in der Einleitung zu diesem Band beschriebenen Entwicklung der Serialität (vgl. Kap. 1) von den beiden Formen der Unendlichkeit, der Stagnation und dem kohärenten Fluss, zu den vielfältigen Ausfächerungen der Unendlichkeit in den rezenten Serien platzieren, so ist schnell klar, dass es sich hier um lupenreine Episodenserien handelt. THE AVENGERS (ITV/ABC/Thames, 1961-1969), I SPY (NBC, 1965-1968), MISSION: IMPOSSIBLE (CBS, 1966-1973), JASON KING (ITC, 1971-1972), DEPARTMENT S (ATV, 1969-1970), THE MAN FROM U.N.C.L.E (NBC, 1964-1968) und die anderen Vertreter des Subgenres sind einer einfachen Version des Episodentyps verpflichtet, also dem Stillstand, der Rückführung der Serialität auf eine räumliche Ordnung, wie sie einer gegenständlichen Welt entspräche, und dem Vergessen (vgl. Buxton 1990; 2010). Zeichen dafür ist, dass selbst große, populäre Figuren wie Emma Peel in THE AVENGERS durch verschiedene Darstellerinnen verkörpert werden konnten oder Stars wie Barbara Bain und Peter Lupus in MISSION: IMPOSSIBLE auswechselbar waren, aber auch, dass alle Agentenserien auf eine knappe Handvoll Grundplots zurückführbar sind.

Dennoch geschieht in der Agentenserie etwas Bemerkenswertes, nämlich eine reflexive, im stabilen Rahmen platzierte und in unendlichen Varianten immer wieder durchgespielte Auseinandersetzung mit der Instabilität, der Transformation und der Innovation, und zwar ausdrücklich oder indirekt als ein Geschehen der Mediatisierung bzw. des medialen Wandels. Da offenbar diese Reflexion sich nicht zwischen den Episoden vollzieht, die ja in dem bekannt starren Schema der A-Chronologie bzw. der Synchronizität aufeinanderfolgen, müssen wir uns hier genauer mit den Episoden selbst und deren Binnenaufbau, ja sogar mit dem Aufbau der diegetischen Welt in ihnen befassen. Die Reflexion auf die eigene Serialität, auf das Serielle überhaupt, und das Experimentieren mit der Serienform, kehrt nämlich in der Agentenserie nicht so sehr in der Serie selbst als vielmehr in ihren Episoden wieder. Die Episoden sind nämlich nicht als geschlossene Erzählungen aufzufassen, sondern selbst seriellen Charakters; jede Folge einer Agentenserie der 60er Jahre ist ihrerseits eine Serie. Und umgekehrt hat sich das Genre der Agentenserie selbst über seine Entstehungszeit weit hinaus gehalten und fortentwickelt und dabei selbst einen makroskopischen seriellen Zug durch die Jahrzehnte hindurch angenommen: In deutlich abgeänderter, variierter und reduzierter Form, auch ironisiert, werden die Elemente des Schemas nämlich auch in den 80er Jahren weitergeführt, so in MacGyver (ABC, 1985-1992), in Hart To Hart (ABC, 1979-1984), in Miami Vice (NBC/USAN, 1984-1989), in Moonlighting (ABC, 1985-1989) und in Magnum, P.I (CBS, 1980-1988). Noch Twin Peaks (ABC, 1990-1991) verhandelt über verblüffend weite Strecken und ebenso verblüffende Wendungen und Verwindungen das Thema der Agentur und des Agenten im hier skizzierten Sinn; darunter offen institutionalisierte Fälle wie FBI und NASA, die in Twin Peaks jedoch gleichzeitig auf kryptischem Gelände agieren und dort mit den völlig unbekannten Agenturen des ›Guten‹ und vor allem des ›Bösen‹ agieren. Bekanntlich nährt diese Verschiebung des Agentenschemas dann auch die Entwicklung der Mystery-Serie, deren bekanntester Vertreter in den 90er Jahren The X-Files (Fox, 1993-2002) ist (vgl. dazu Kap. 3).

Als Beispiel für eine Agentenserie sei hier Mission: Impossible (dt.: Kobra, übernehmen Sie!) angenommen (vgl. White 1991; Lewis/Stempel 1993; Haderer/Bachschwöll 1996). Diese Serie wurde von CBS zwischen 1966 und 1973 in 171 Episoden, verteilt auf 7 Staffeln, ausgestrahlt. Der Aufbau jeder Episode, besonders aber des Episodenbeginns, ist streng schematisch und weist Merkmale eines Eröffnungsrituals auf, das allerdings jedes Mal im Raum, d. h. im Schauplatz variiert wird. Jede Folge der Serie beginnt mit einem inzwischen legendären Eröffnungsritual, das aber an je verschiedenen Plätzen stattfindet und daher auch im Verlauf variieren muss. Anders als in nahezu allen anderen Serien vorher – und den meisten später – beginnt Mission: Impossible nicht mit einem identitären und identitätssichernden Ort, sie beginnt eigentlich gar nicht im Raum, sondern unmittelbar in der Handlung, die von dem Ort, an dem sie sich situiert, unter variable Bedingungen gesetzt wird: Eine Figur aus dem Bestand des Serienpersonals – nicht immer ist es dieselbe – findet oder erhält unter konspirativen Umständen – im Hinterzimmer eines Friseursalons, an einem Bankschalter, auf einer Baustelle, im Handschuhfach eines Leihwagens, in der Kabine eines Photoautomaten – ein winziges Tonbandgerät sowie eine Akte, die oft Photos, Lebensläufe, mitunter Karten und Blaupausen enthält. Die Stimme, die vom Band ertönt, erteilt dem Agenten einen nicht selten bizarren und waghalsigen, ja unmöglich zu erfüllenden Auftrag. Anschließend gibt sie dazu kurz einige Erläuterungen und eine kurze Begründung, worin das Interesse des anonym bleibenden Auftraggebers, der hier nur im Namen wiederum anderer Mächte zu handeln scheint, liegt. Die Stimme weist ausdrücklich darauf hin, dass der Auftrag auch abgelehnt werden kann. Wird er jedoch angenommen, hat es ihn nie gegeben: der Auftraggeber hat keine Identität und alle Institutionen, die für eine solche Auftragserteilung in Frage kommen, werden sie ableugnen.

Ist die Botschaft abgespielt, löst sich das Band, offenbar selbsttätig, in einer Stichflamme auf, so dass die Auftragserteilung spurlos gelöscht ist. An dieser Stelle wird der Sequenzfluss unterbrochen durch den Serienvorspann mit der markanten Musik. An ihn schließt sich der Vorspann der jeweiligen Folge an, der über der zweiten Sequenz der Episode abläuft. Hier sehen wir den Auftragnehmer, wie er aus einem Stapel von Personalakten, in die wir über seine Schulter auch hineinsehen können, einige auswählt und so ein Team zusammenstellt, mit dem er dann den Auftrag ausführen wird. Wir erfahren dabei, dass alle diese Agenten in mehr oder weniger konventionellen Berufen tätig sind und neben ihrem Agentendasein offenbar ein einigermaßen normales Leben führen. Welches Leben hier Haupt- und welches Nebensache ist, bleibt unaufgeklärt. Die dritte Sequenz zeigt dann eine Planungsbesprechung dieses Teams. Sie beginnt stets mit einer Großaufnahme eines mehr oder weniger raffinierten, in seiner Funktion zunächst rätselhaft erscheinenden mechanischen oder funktechnischen Geräts, das, in demselben Wohnzimmer wie vorhin, aufgestellt und ganz kurz vorgeführt bzw. erprobt wird. Die Besprechung scheint auch weitgehend abgeschlossen zu sein; außer einigen wenigen Schlussbemerkungen bekommen wir von den Planungen keine Kenntnis. Der Rest der Folge ist dann der Darstellung der Durchführung des Auftrags gewidmet; wir werden umstandslos in den Beginn oder eine frühe Phase der Operation hineinversetzt. Bezeichnend ist, dass wir z. B. nie erfahren, wie die Agenten an den Ort des Einsatzes gelangen, der oft hinter ›feindlichen‹ Linien liegt und in eigentlich fremden Sprachräumen. Über die Motivation der Agentengruppe im Einzelnen – ob Abenteuerlust oder Patriotismus etwa – haben wir keinerlei Aufschluss. Honorare oder Entlohnungen kommen nicht vor, Drohungen oder Einschüchterungen auch nicht; ebenso wenig sind die Mitglieder zur Durchführung des Auftrags irgendwie erpressbar. Die Agenten sind eigenwillig, allenfalls eine gewisse Lust am Spiel und auch am Risiko wird bisweilen erkennbar. Einer der entscheidenden Grundzüge der Agentenserie wird in diesem nach starrem Schema variierten Episodenbeginn durchgespielt und entfaltet: die Abwesenheit von Folgerichtigkeit und Determinierung, die Einschaltung von Spiel- und Selektionsräumen und Kontingenzen. Die – selbstverständlich nie genutzte – Möglichkeit der Ablehnung des Auftrags und die nie eintretende eines Scheiterns oder gar eines Verrats der Mission werden aufgerufen; die Zusammensetzung der Gruppe wird als Produkt der Auswahl aus einem Repertoire wie ein Casting vorgeführt: die Protagonisten werden nicht vorgestellt, sondern es wird vorgeführt, wie ein Protagonist gemacht wird, zum Heraustreten oder zum Vorschein gebracht wird. Nicht der immer gleich bleibenden Auftragserteilung als solcher, sondern ihren wechselnden, sie in die Wirklichkeit einbindenden Bedingungen, ihrem Schauplatz nämlich und seinen besonderen Anforderungen, gilt die Aufmerksamkeit. Begründungszusammenhänge, Plausibilitäten, Ursache- und Wirkungsrelationen werden dagegen weitgehend zurückgenommen. Seriell werden heißt hier demnach, dasselbe stets wechselnden Bedingungen auszusetzen und dabei die Ortsfestigkeit des Schauplatzes aufzugeben und die Bindung von Handlung an Protagonisten zumindest zu lockern. Serialität artikuliert sich zudem als eine Abfolge von Auswahl- und Entscheidungsoperationen, die einander unter Bedingungen setzen.

Serientheoretisch ist dies unter verschiedenen Gesichtspunkten aufschlussreich. Zum einen wird dadurch das Grundbestimmungsstück des Seriellen als solches in Frage gestellt, nämlich die Unterscheidung zwischen Hauptsache und Nebensache, Tiefe und Oberfläche, Wesen und Akzidens. Diese Unterscheidung muss zwingend getroffen werden, wenn, wie etwa nach Cavell (2001), Adorno (1962) und Anders (1956) zwischen dem Schema und der Variation, dem Type und dem Token, dem wesentlich Gleichen und dem nur scheinbar Differenten unterschieden werden soll. Im Austausch der Handlungsorte im Vorspann kündigt sich aber eine Umkehrung der Rangordnung zwischen dem Wesentlichen und dem Oberflächlichen an, die, noch an anderer Stelle in Mission: Impossible und in den Agentenserien überhaupt, wirksam wird und die damit die Unterscheidung von Fortgang und Stillstand in der Serie ebenfalls tendenziell aussetzt. An ihre Stelle treten dann andere Unterscheidungen, wie wir noch sehen werden, und damit ganz andere Bestimmungen des Seriellen. Zweitens gehen Raum und Handlung, so deutet sich hier bereits an, ein komplexeres Wechselverhältnis ein. Der Raum ist dabei nicht mehr eine fraglos gegebene, invariante Größe, sondern eben variabel geworden. Gerade dadurch jedoch spielt er sich in den Vordergrund als eine Größe, die der Handlung Varianten abzuringen vermag, die die Handlung unter Bedingungen setzt. Wenn also die klassische Episodenserie die Ordnung im Raum gegenüber derjenigen in der Zeit klar bevorzugt, so ist dies hier jedoch ein dynamisierter, mit Handlungen und daher mit Zeit immer schon affizierter und verstrickter Raum. Die Verräumlichung der Welt in der Serienlogik läuft nicht mehr zwingend auf ihre Stillstellung hinaus, wie dies doch im Rahmen der Episodenserie eigentlich verbindlich ist. Schon darin verkörpern die Agentenserien – wie hier beispielhaft Mission: Impossible – einen Grenzzustand der Episodenserie; ein Format, das sich an den Schematismus des Episodischen hält, ihn aber in der Episode unterläuft.

Und drittens schalten die Agentenserien offenbar um von der Handlung auf die Erzeugung einer Handlung, von der Fiktion auf die Herstellung der Fiktion, von Plot und Story auf die Möglichkeit dieser (und anderer, abweichender) Plots und Stories. Sie etablieren nicht so sehr ein Schema, das dann abgeschwenkt und ausgefaltet wird, als vielmehr das Abschwenken und Ausfalten selbst. Sie handeln nicht mehr im seriellen Verfahren von den fortgesetzten oder wiederholten Handlungen, sondern von den seriellen Verfahren selbst. Sie suggerieren auch nicht, es gäbe eine wie immer erfundene, fiktionale, so doch präexistente Handlung, von der die Bilder und Töne dann berichten, die sich in Einstellungen und Sequenzen der Episode kleiden könnte. Vielmehr ist die Handlung das Resultat vorherig vorbereitender wie auch ständig mitlaufender Selektions- und Entscheidungsoperationen (vgl. Kirchmann 2006). Innerhalb der Fiktion gedacht, steht der (gute) Verlauf der Mission, so erwartbar er auch ist, dennoch keineswegs von vornherein fest. Eben deshalb wird er uns in der Planungssequenz ja auch vorenthalten.

Darstellung

Diese ersten Beobachtungen lassen sich vertiefen, wenn man dem weiteren Episodenverlauf folgt. Die Durchführung des Auftrags – dazu gehören etwa Gefangenenbefreiungen, die Herbeischaffung verloren gegangener oder entwendeter Gegenstände, die Unterdrückung von Beweismaterial, die Verhinderung von Anschlägen und die Störung der Aktionen missliebiger Regime; all dies überwiegend in ungenannten oder fiktiven Ländern außerhalb der USA – erfordert nämlich und inszeniert insbesondere vier verschiedene Operationen bzw. Operationsarten. Dies ist erstens die Erzeugung einer Illusion. Das Illusionspotential des Agenten in Film und Serie beginnt bei seiner Fähigkeit, überhaupt erst einmal sich selbst darzustellen, zur Erscheinung zu bringen, mit einem Auftreten, einer Markierung zu versehen. Zahlreiche Figuren der Agentenserien werden zu Ikonen hochstilisiert, zu Ikonen des Stils, Ikonen der Prominenz oder schlicht der Ikonizität, der Bildwerdung selbst. Das gilt etwa für die Figur der Emma Peel in THE AVENGERS, dargestellt von Diana Rigg. Sie wurde als erotisches Wagnis ausstaffiert mit engen Lack- oder Sporthosen, mit hohen Stiefeln, straff sitzenden Pullovern und einem breiten Gürtel, dessen großer ringförmiger Verschluss tief zwischen den Hüften zu sitzen kam (vgl. Braungart 2012). Auch die Figur des JASON KING in der gleichnamigen britischen Serie sowie – ein seltener Fall, in dem eine Figur in zwei verschiedenen Serien agiert – in DEPARTMENT S, dargestellt von Peter Wyngarde, war eine im Geschmack der Zeit hoch erotisierte Gesamterscheinung. Riesige bunte Hemdkragen standen über die Jackenrevers, die Manschetten wurden über die Jackettkragen hochgekrempelt; beides sollen Einfälle des Darstellers selbst gewesen sein, der auch außerhalb seines Serienengagements exakt diesen Look pflegte und als Model propagierte. Die Kleidung saß extrem eng, die Hemden, bis tief auf die behaarte Brust geöffnet, gaben einiges an Goldschmuck frei, die tief sitzenden Hosen spannten um Hüfte und Hintern und waren nach unten hin weit ausgestellt. Bart und üppige dunkle Koteletten vervollständigten das Bild einer extremen visuellen Stilisierung innerhalb der Serienfiktion wie außerhalb ihrer in Modemagazinen und Klatschpresse.

MISSION: IMPOSSIBLE ist hier noch raffinierter und geht in bezeichnender Weise zur Reflexivierung des Darstellungs- und Illusionierungsmoments über. Die weibliche Hauptfigur, Cinnamon Carter, dargestellt von Barbara Bain, pflegt einen ganz anderen, nicht sportlichen und offensiv-erotischen, sondern verfeinert eleganten und glamourösen, dabei aber eher nuancierten als üppigen Stil. Cinnamon Carter nun ist als diegetische Figur in ihrem fiktionalen Zivilberuf ein höchst erfolgreiches und sensationell gut verdienendes Mannequin, das nicht nur Mode präsentiert, sondern selbst präsentiert wird, etwa auf – wie immer fiktiven - Magazintitelseiten erscheint; und eben dies trifft auf die Darstellerin Barbara Bain als reale Person auch zu. Alle Paradoxien des Schauspiels (etwa diejenige, die entsteht, wenn eine Schauspielerin sagt, sie sei eine Schauspielerin: spricht dann sie oder die Figur, die sie spielt?) können hier regelrecht aufeinander abgebildet werden (vgl. Diderot 1964). Die Fähigkeit zur Selbstdarstellung und zur Ikonisierung schlägt dann um in diejenige zur Maskierung und zur Täuschung. Tarnung, Maskierung und Simulation sind die Haupttätigkeiten der Agenten, allerdings oft auch diejenigen ihrer Gegenspieler. Die Figuren maskieren und verkleiden sich unausgesetzt, aber auch ganze Existenzen, auch Gebäude, Behörden, Firmen, Lieferwagen usw. verbergen nur etwa darunter Liegendes. In THE AVENGERS etwa ist ein Pfadfinderlager eine Trainingseinrichtung für feindliche Agenten, ein Botschaftsarchiv ein heimliches Sammellager für Nazidokumente, ein Kaufhaus die Tarnung für eine weltumspannende Verschwörungsorganisation (vgl. Buxton 1990). Dazu gehört auch, ganz besonders in MISSION: IMPOSSIBLE, eine geradezu exzessshafte Verkleidungstätigkeit. Hier spielen z. B. Uniformen und Berufskleidungen, also ebenfalls Darstellungsmittel, die die Person, die sie trägt, als das ausweisen und zu dem machen, was sie ist, die Hauptrolle. Die Helden tragen feindliche Uniformen, Firmenoveralls und andere markante Outfits, die ihnen Zugang in die ansonsten unzugänglichen Räume des Einsatzes verschaffen, ihnen Autorität und Befehlsgewalt verleihen oder ihren Aufenthalt und ihre Tätigkeit an einem Ort plausibilisieren. Sehr häufig sehen wir sie diese Kleidung dann auch wechseln, sie an- und wieder ablegen, so dass an der Äußerlichkeit, am Vorübergehen und an der Instrumentalität der Erscheinung kein Zweifel bleibt. Die Kette der Verkleidungen innerhalb einer Episode bildet darin ihrerseits eine Serie, ja, da es sich um mehrere Protagonisten handelt, die parallel agieren, mehrere solcher Serien, die einander überkreuzen und ergänzen. Das Geschehen wird als Serie von Serien entfaltet.

In DEPARTMENT S, aber eben auch in MISSION: IMPOSSIBLE sind es zudem signifikant häufig Gummimasken, die dann plakativ in höchsten Spannungssituationen auch vom Gesicht abgezogen werden konnten, denn zur Tarnung und Maskierung gehört natürlich immer die Enttarnung und Demaskierung; je perfekter die Tarnung ist, desto notwendiger ist es, sie in der Enttarnung erst zur Geltung zu bringen. Und auch dies kann wieder paradoxiert werden: Unter der Gummimaske kommt als wahres Gesicht eben genau das Gesicht hervor, das die Maske darstellt. Hier kehrt das Moment des Seriellen explizit wieder: Masken maskieren Masken, sie folgen in der Art der Zwiebelhaut aufeinander wie die Folgen einer Serie, und hinter der einen verbirgt sich exakt dieselbe noch einmal, wie im Fall der Episodenserie klassischen Zuschnitts.

Genauso wichtig wie die Maskierung und die Vortäuschung ist für die Agenten allerdings auch ihre Fähigkeit, die Illusionen der Gegenspieler zu durchschauen und zu durchkreuzen. Die Fähigkeit zur Präsentation lesbarer Oberflächen wird ergänzt durch diejenige zur Lektüre solcher Oberflächen. Ein extremes Beispiel liefert jene Folge von MISSION: IMPOSSIBLE, in der Cinnamon Carter auf einen fremden Agenten angesetzt wird; um ihn auszuschalten, muss sie ihn in sich verliebt machen, und um das zu erreichen, muss sie ihm ihr Verliebtsein vorspielen und ihn davon überzeugen (vgl. White 1991). Zugleich jedoch ist er auf sie angesetzt und verfolgt spiegelsymmetrisch exakt denselben Plan wie sie, was beide zudem auch voneinander wissen. Die Figur muss am anderen, an der Gegenfigur, Zeichen der Verliebtheit nicht nur erkennen, sondern sie auch auf Echtheit hin überprüfen können. Echt sind sie dann, wenn sie von der jeweiligen Figur in und an der Gegenspielerfigur wie ein Symptom hervorgebracht worden sind und daher unwillkürlich. Falsch sind sie dann, wenn sie von der Gegenfigur selbst erzeugt, d. h. fingiert worden sind. Die an sich selbst fingierten Zeichen der Verliebtheit jedoch schlagen zurück auf die Figur, die sie fingiert, und führen dann unkontrolliert dazu, dass das Gefühl, dessen äußere Anzeichen simuliert worden sind, tatsächlich eintritt. In diesem Spiel erweist sich Cinnamon Carter zunächst als die Überlegene; es gelingt ihr, den feindlichen Agenten in den Hinterhalt zu locken. Als er jedoch erschossen wird, kommen ihr die Tränen, ob echt oder fingiert. In ähnlicher, wenngleich viel spielerischer Weise ist auch der erotische Grundzug in THE AVENGERS gehandhabt; das Verhältnis der beiden Helden, neben Emma Peel der deutlich ältere, konservative und ebenfalls absolut stilsicher gediegene John Steed, ist von erotischen Andeutungen und kleinen Gesten durchzogen, die aber niemals auf eine echte Bindung, auf erotisches Engagement oder gar auf sexuelle Aktivitäten hinausliefen oder sich auf sie hindeuten ließen.

Das Beispiel zeigt deutlich, wie die Unterscheidung zwischen der Ursache und der Wirkung, der inneren Verfassung und der äußeren Erscheinung, dem Wesen und dem bloßen Akzidens, damit auch zwischen dem Erinnern und dem Vergessen (die Manipulation von Erinnerungen und Gedächtnissen, etwa mittels geeigneter Drogen oder auch dem Aufbau kompletter Illusionswelten um eine feindliche Figur herum, gehört nicht zufällig ebenfalls zu den Standardhandlungen in MISSION IMPOSSIBLE) oder zwischen Gefühl und Ausdruck, hauptsächlich aber zwischen Type und Token geschwächt, paradoxiert und unmöglich gemacht wird. Damit wird aber auch der Bestimmung der Episodenserie als nur numerisch-oberflächlich verschiedene Ausfertigung des Immergleichen selbst der Grund entzogen. Die Verläufe innerhalb der Episode spiegeln einerseits den seriellen Ablauf, der das Verhältnis der Episoden zueinander regelt, andererseits unterlaufen sie ihn, indem sie in der scheinbar unendlichen Vielzahl der Tokens keinen Type mehr zulassen. Das gilt auch für die Hauptfiguren, die allesamt nicht nur kein festes Äußeres mehr vorweisen können, sondern auch kein Innenleben besitzen. Sie werden definiert nicht durch ihre besonderen Charaktereigenschaften, sondern durch ihre Professionalität und Performanz, also das, was sie nach außen tragen, nach außen hin zur Wirksamkeit bringen können.

Beziehung

Der Fall der erotischen Darstellung und Selbstdarstellung mit all ihren Rückkopplungseffekten und mit ihrer zyklischen Referentialität führt uns zu einem anderen Operationstyp, der das serielle Handeln der Agenten zu bestimmen scheint. Die zweite grundlegende Operationsweise in der Agentenserie nach derjenigen der Illusionierung und der Darstellung nämlich ist diejenige der Koordination, der Bezugnahme aufeinander, der Ausrichtung nicht nur auf ein Operationsziel, sondern auf andere Operationen und Operationen anderer, kurz: der Relationierung. Die jeweilige Gesamtoperation einer Episode wird zerlegt in zahlreiche Einzeloperationen und Einzelschritte, die jeweils von einem oder mehreren Mitgliedern des Teams auszuführen sind. Sie haben eigene Operationsziele und sind insofern immer schon auf etwas ausgerichtet, im Sinne des griechischen Begriffs der »taxis«, also taktisch aufgestellt (Voss 2010, 176 ff.).

Diese elementaren Ziele und Zwecke kennen aber nur die Figuren, nicht wir, die Zuschauer. Die Mitglieder oder Kleingruppen agieren dabei weitgehend unabhängig von den anderen, parallel und synchron zu ihnen einerseits, und in einer genauen Sukzession der von ihnen selbst nacheinander vorzunehmenden Handlungen andererseits. Der Beitrag der einzelnen Operation zum Gesamterfolg und zur Verfolgung des Gesamtzwecks ist dabei ebenfalls unbeleuchtet und scheint auch den Agenten selbst mitunter verborgen zu sein. Erst in einem Zusammenspiel, das oftmals ganz oder in Teilen blind ist, in dem jeder seinen Teil beiträgt, ergibt sich der Operationsablauf und -erfolg. Die Einzelhandlungen schaffen Bedingungen und Voraussetzungen für Anschlussoperationen der anderen oder führen sie weiter. Ohne im engeren Sinne von den Agentenfiguren intentional auf diese Anschlüsse gerichtet zu sein, wohnt den Operationen dennoch eine Intentionalität hin auf die anderen Operationen inne. Dabei gibt es Abläufe, die einander überkreuzen – ein Agent sorgt für einen Stromausfall genau dann, wenn ein anderer das gesicherte Tor überwinden soll – oder aneinander anknüpfen – ein Agent findet die zuvor von einem anderen Agenten im Versteck platzierte Waffe – als auch solche, die gar keinen direkten Zusammenhang besitzen. So ersteht vor unseren Augen das Bild einer Handlung weitestgehend ohne Handlungsträger oder in eingeschränkter Handlungsträgerschaft, denn das zusammenwirkende Ganze ist mehr als die Summe aller seiner Teile, und seine Direktionalität kommt emergent zustande, nicht als Produkt der Einzelintentionalitäten (vgl. Bennett 2010).

Die Darstellung der Operationen wie der Gesamthandlung in der Folge der Serie verhält sich dazu isomorph: Erneut bilden die Aktionen der Einzelpersonen auch in der sequentiellen Entfaltung durch die Narration innerhalb der Episode meist isolierte, abgegrenzte Episoden, die nichts miteinander zu tun zu haben scheinen; z. B. wechselt eine Figur nach verrichtetem Handgriff, etwa der Öffnung eines Flutventils, komplett den Ort und die Kleidung und hat als nächste Aktion in der Uniform eines Concierges an der Rezeption des Luxushotels zwei Schlüssel zu vertauschen. Umgekehrt können sie aber auch in zahlreichen Wiederholungen desselben Handgriffes bestehen – alle zwei Minuten ist ein Anruf durchzuführen – oder bilden konventionell fortlaufende, kontinuierliche Handlungssequenzen. Die Auflösung des Handlungsflusses in Einzeleinstellungen, die aus Gründen, die wir noch betrachten werden, signifikant häufig in Großaufnahmen erfolgt, geschieht nach demselben Prinzip: Auch hier werden einzelne Handgriffe weitgehend voneinander isoliert und einander beigeordnet, so dass sich das Ziel der Verrichtung oder auch seine Logik erst ganz am Schluss der Sequenz einstellt und dabei ebenfalls eine emergente Charakteristik erhält, so als habe das endliche Resultat nur übersummenhaft, supervenient mit den gezeigten Handgriffen zu tun.

In diesem ganzen streng kontrollierten Spiel ist aus gutem Grund der Blick zur Uhr das basale Handlungselement überhaupt (vgl. Engell 2013c). Uhrenblicke und eingeschnittene Uhrenbilder, gern im Look der Zeit auch als rascher Zoom auf Wand- oder Armbanduhr durchgeführt, gehören zu den entscheidenden Funktionsbildern, die die Einzelepisoden innerhalb der Serienepisode zusammenhalten, die quer zu allen isolierten Einzelhandlungen auftauchen und eine nochmals eigene Serie quer zu allen anderen subepisodalen und operativen Serien in MISSION: IMPOSSIBLE bilden (Deleuze 1993c, 83 ff.). Die Uhrenbilder und Uhrenblicke gehören also stets zwei verschiedenen Subserien an, einmal einer Handlungsfolge, zum anderen aber der Serie eben der Uhrenbilder, quer zu den Handlungsepisoden. Es ist alles andere als zufällig, dass Gilles Deleuze im Bild der (Zeiger-)Uhr das Leitmodell für das führt, was er das »Affekt-Bild« nennt, das als offene und präexistente, virtuelle Relationierung und mithin Affizierung noch unbekannter Relata fungiert (vgl. Deleuze 1989, 96 ff.). Hinzu kommen Bilder, die zwar nicht ausdrücklich Uhren zeigen, aber eine ähnliche Funktion einnehmen, nämlich Synchronpunkte festlegen können. Das können Bilder von Radios sein, die Zeitsignale empfangen, das können oft akustische Bilder sein, Geräusche etwa von Werkssirenen oder herannahenden Zügen oder Klopfzeichen an einem Wasserrohr, das können Bilder sein, die Telefone oder Funkgeräte zeigen usw.; sie besorgen die Kopplung zwischen ansonsten unverbundenen Orten, Räumen und Handlungen in der synchronen Zeit und bewerkstelligen dadurch die Relationierung der Operationen aufeinander und verleihen ihnen insofern eine über das eigene Teilziel hinausgehende, zweite Direktionalität. Diese einerseits zeitschaffenden, interpunktierenden und andererseits relationierenden, Intentionalität schaffenden Bilder und Töne haben einen interessant hohen Anteil in MISSION: IMPOSSIBLE und auch in anderen Agentenserien. Und sie sind allesamt mediale Bilder, nicht nur, weil sie mediale Gerätschaften oder Effekte zeigen, Apparaturen der Kommunikation wie Funkgeräte, Sirenen, Telefone und Radios, sondern vor allem deshalb, weil sie selbst als Bilder eine mediale, übertragende und koordinierend-vermittelnde Funktion zwischen den übrigen Bilderserien einnehmen.

Jede Episode zerfällt also in eine Aneihung verschieden strukturierter Handlungssequenzen, zwischen denen die Erzählung unentwegt hin- und herspringt und dabei sowohl Kohärenzen wie Inkohärenzsprünge in Raum, Zeit, Handlung und Kausalität einrichtet. Anders gesagt, jede Episode umfasst mehrere Binnenserien, die verschiedener Serialisierungslogik angehören können und deren Binnenepisoden wiederum quer zu ihrer Serienzugehörigkeit ihrerseits miteinander in eine serielle Anordnung gebracht werden, die wiederum die Episode ausmacht. Synchronizität und Sukzession sowie Ausrichtung und Richtungslosigkeit werden dabei in ein komplexes Verhältnis zueinander gebracht: Nur eine perfekte Synchronisierung der Einzel- und Teiloperationen in paralleler Gegenwart stellt ihr Ineinandergreifen und einen guten Ablauf der Gesamtoperation sicher; die Sukzession im Ganzen ist ein Effekt der Synchronisierung der Teile, genauer gesagt: der Überkreuzung und Affizierung der heterogenen Einzelserien. Umgekehrt sind es jedoch die Einzeloperationen, die jeweils Effekte erzielen, die ein Vorher von einem Nachher unterscheidbar machen und die damit der Gesamtoperation die zeitliche Grundunterscheidung zur Verfügung stellen, mit deren Hilfe sie überhaupt als Operation in der linearen Zeit mit einer am Ende gültigen Unterscheidung von vorher und nachher, Auftrag und Erfüllung, Beginn der Episode und ihrem Ende, funktionieren kann. Wie in Cavells »monitoring« (Cavell 2001, 144) zeigt uns die Episode ausschnitthaft und schematisiert sowie höchst lückenhaft Ansichten aus den verschiedenen parallel laufenden Handlungssträngen, die auch dann irgendwie – virtuell – weiterlaufen, wenn das Bild bei anderen Strängen und ihren Episoden verweilt. Ganz im Unterschied zu Cavell ergibt sich aus diesem Synchronisierungsverfahren jedoch als Effekt ein dennoch sukzessives und zudem endliches Geschehen, bei dem Anfang und Ende einen Unterschied machen.

Es ist schwerlich möglich, bei diesem doppelten Verfahren der Verteilung und der Koordination zwischen entkoppelten episodalen Elementen nicht an die Arbeit der Fernbedienung zu denken (Engell 2003). Die Fernbedienung ist ein relationales und relationierendes Medium, das eine Abfolge in eine Vielfalt von Abfolgen hineinträgt und das Instrument einer Intentionalisierung ist, die eben darin zwar in manchen Formen auch auf eine Entscheidungsoperation eines Zuschauersubjektes zurückgeführt werden kann, sich aber charakteristischerweise von solchen Entscheidungen und Bewusstseinsakten in verschiedenen Zwischenstadien geradezu ablöst, wie etwa beim nahezu automatisierten *Zapping*, das die Werbung herausnimmt, oder beim *Grazing*, das einen eigenen *Flow* herstellt. Fernbedienungen waren zwar im Amerika der 60er Jahre bereits durchaus verbreitet, aber sie waren noch nicht zum zentralen Interface und Steuerungselement des Fernsehens geworden. Ihr Einsatz war noch nicht obligatorisch, weil die explosive Vermehrung der Zahl der Kanäle im Zuge neuer Verbreitungstechnologien dem Fernsehen ja noch bevorstand. Dennoch kann in MISSION: IMPOSSIBLE eine Art vorauseilender, projektiver Reflexion auf eine meta-serielle Anordnung gesehen werden, wie sie die Fernbedienung später ermöglichte und erforderte. Das moderne Fernsehen, das trotz und aufgrund seiner Modernität immer noch zu dem gezählt werden muss, was Casetti/Odin (2001) als das »Paläo-Fernsehen« bezeichnen, entwirft sich hier bereits auf den großen Gegenentwurf seiner selbst hin, einem dazu komplett alternativen Fernsehen, auf das postmoderne Fernsehen oder eben »Neo-Fernsehen« hin, für das die Fernbedienung das zentrale Technikum überhaupt ist. Es hat den Anschein, als ob der epochale Umbruch, der sich um 1980 im Fernsehen und für das Fernsehen ereignen sollte, hier vom Fernsehen selbst vorbereitet oder vorausgeahnt würde.

Technizität

Das Beispiel der Binnenserie der Uhrenbilder und der relationierenden Medienbilder, die Auflösung der Sequenzen in eine Abfolge von Großaufnahmen, in denen Einzelhandgriffe gezeigt werden, aber im Grunde auch die oben dargestellte Inszenierung des Erotischen weisen auf einen dritten Operationstyp von großer Wichtigkeit hin. Dieser wird in der Agentenserie zentral gestellt und ist uns ebenfalls im Vorspann bereits begegnet, etwa in Form des sich selbst entflammenden Tonbandgerätes oder auch in der Erscheinung des seltsamen *Gadgets*, das wir regelmäßig als Großaufnahme zu Beginn der Planungssequenz am Beginn der Episodenhandlung zu sehen bekommen. Die Rede geht von den technischen Operationen zu den Handhabungen des technischen Geräts. Zur Durchführung des Auftrags sind zahlreiche – zumindest im damaligen Zeithorizont der Serie – raffinierte und oft denkbar unwahrscheinliche technische Hilfsmittel in Anspruch zu nehmen, deren Beherrschung absolut unabdingbar ist. Dies stellt auch hohe Anforderungen an die Körperbeherrschung und Fingerfertigkeit der Agenten. Wir können hier auch von einem gestischen Potential der Agenten sprechen. Nicht so sehr abstrakte Klugheit und reines Wissen als vielmehr Geschicklichkeit und Listenreichtum, also situative, kontext- und vernetzungsrelative Begabungen, kennzeichnen Agenten.

Im Sinne Bruno Latours (2002, 212) ist der Agent damit eine Figur vom Typ des Odysseus, eine listenreiche, »polymetische« Figur. Sonderausrüstungen und seltsamen, oft fiktiven Hochtechnologica wie Fernmagneten, Tarnmechanismen, Schwerkraftaufhebern, Effizienzverstärkern, Beobachtungs-, Überwachungs- und Anzeigegerätschaften, raffinierten Seilzügen und Equilibrationsgeräten kommt sowohl in THE AVENGERS wie in MISSION: IMPOSSIBLE und zahlreichen anderen Agentenserien eine herausragende Bedeutung zu. Dabei kommt, neben den Medien der Zeitmessung und Zeitbestimmung im Zusammenspiel mit den Illusionierungsoperationen, Illusionsmedien und Apparaturen der Fiktion und des Scheins eine besonders bemerkenswerte Rolle zu. In der Folge 1;24: »The Train« von MISSION: IMPOSSIBLE etwa muss ein ausländischer Politiker an einer Zugreise gehindert werden; die einzige Möglichkeit, dies zu erreichen, ist, einen Simulator aufzustellen und den Politiker seine Reise in einem simulierten Waggon auf der Stelle absolvieren zu lassen. Geräuschkulisse, Wackelbewegungen, vorüberziehende Landschaften und Städte, Verspätung, alles was zu einer Zugreise gehört, wird hier mittels einer raffinierten und komplexen kinematographischen, akustischen, hydraulischen und erneut zeitschaffenden Apparatur, ihrer Gesamtsteuerung und einer entsprechend personell besetzten Inszenierung realisiert.

Dass dabei eine weitgehende Anpassung der Gesten und Bewegungen der Figuren an die Erfordernisse der Apparaturen mindestens ebenso imperativ ist wie umgekehrt die Adaption der Geräte und ihrer Benutzeroberflächen an die Möglichkeiten ihrer Benutzer, ist unübersehbar. Entscheidender jedoch ist, dass die Geräte und Apparaturen ihrerseits an den Operationszielen und den Verknüpfungen der Teiloperationen miteinander und an ihrer Ausrichtung aufeinander erheblichen Anteil haben. Die konventionelle Ordnung der Zwecke und der Mittel – etwa: der von menschlichen Figuren gesetzten Ziele und der dafür eingesetzten technischen Instrumente – wird in MISSION: IMPOSSIBLE oftmals umgekehrt, allein schon dadurch, dass wir nichts von den Zwecken erfahren, dafür aber die Performanz der technischen Objekte detailliert gezeigt bekommen. Oft genug, so auch bisweilen in THE AVENGERS, haben diese technischen Funktionen und mit ihnen der Beitrag des Geräts sogar Selbstzweckcharakter; das, was sie, korrekt und geschickt gehandhabt, bewerkstelligen, bestimmt dann den Verlauf der weiteren Operation, die dadurch in gewisser Weise sogar umständlich wirken kann oder auf einen gewundenen, keineswegs unmittelbar zielführenden Pfad gelangt. So deutlich das Gesamtoperationsziel auch zu Beginn ausgegeben wird, so scheinen doch die Teilziele der einzelnen Operationen sich im Verlauf der Operation erst herauszubilden, und dies eben gemäß der Leistungsfähigkeit und der speziellen Beschaffenheit des eingesetzten Geräts. Bezieht man in diese Betrachtungsweise auch das instrumentelle Verhältnis, das die Agenten zu ihren Körpern besitzen – man denke an die Sportivität dabei ebenso wie an die erotischen Einsätze – sowie die Mittel und Werkzeuge der Illusionierung wie die erwähnten Uniformen und anderen Kostüme mit ein, so zeigt sich, dass, der Inszenierung der Objekte durch die Serie folgend, es die Objekte sind, die miteinander in Bezug treten, die sich miteinander kombinieren und verschalten und die durch ihr Zusammenwirken den oben beschriebenen Intentionalisierungseffekt bewirken. Dieser Zusammenschluss der Dinge unter helfender Hand der Agenten, die die Dinge einerseits bedienen und ihnen andererseits dann folgen, gehorcht dabei nicht einer reinen Sequenzierungslogik, einer bloßen Anreihung, sondern hat im engeren Sinne selbst einen seriellen, nämlich gerichteten und anwachsenden Charakter. Er kann in den Termini der Technikphilosophie Gilbert Simondons gefasst werden. Simondon nimmt an, dass technische Objekte zunächst in der Form der technischen Elemente auftreten, d. h. als einfache oder zusammengesetzte Werkzeuge, die in eine Zwecksetzung eingebunden sind und als geschlossene Einheiten auftreten und wirksam werden. Kombinieren sie sich miteinander, so erlangt der Zusammenschluss, nach Simondon, durch den Prozess der »Individuation« den Charakter eben des technischen Individuums als einer komplexen Einheit, die sich erst im Zusammenspiel der Teile, aus denen sie zusammengesetzt ist, ergibt (Simondon 2011, 81; vgl. 2012, 56 ff.) Das technische Individuum, beispielsweise die Maschine, ist von weit größerer Offenheit oder Unbestimmtheit als das Element, und anders als dieses vermag das Individuum ganze Daseins- oder Existenzbezirke, die nach Simondon sogenannten »Milieus« zu bestimmen und zu dominieren, indem es sie auf seine Erfordernisse hin ausrichtet. Dies würde etwa für die Dampfmaschine und den schwerindustriellen oder überhaupt den industriellen Komplex gelten, der das Milieu etwa der Fabrik ausbildet und prägt. Schließlich gehen verschiedene technische Individuen Beziehungen miteinander ein, in denen es dann zur Bildung der, so Simondon, »technischen Ensembles« kommt (ebd., vgl. Cuntz 2011, 84 f.). Ihr Merkmal ist neben ihrer nochmals gesteigerten Komplexität und wiederum erweiterten Offenheit, d. h. Freiheit von äußeren Auflagen und Determinierungen, vor allem ihre Heterogenität. Die verkoppelten Individualitäten bleiben als solche im Prinzip erhalten, aber sie überlagern einander in den verschiedenen Regimes und Milieus. So ist für das 20. Jahrhundert etwa die Ensemblebildung aus thermodynamischen, mechanischen, elektronisch-kybernetischen und biochemischen Milieus kennzeichnend.

Wenn wir über Simondon hinausgehen und eingedenk des instrumentellen Verhältnisses, das die Agenten zu ihrem Körper unterhalten bzw. das sie sind, so wäre das physiologisch-biologische Milieu ebenfalls hinzuzurechnen. In den Episoden von Mission: Impossible nun können wir regelmäßig und immer wieder beobachten, wie die technischen Elemente, die zunächst isoliert über die Großaufnahme erschlossen werden, sich individuieren. Oftmals etwa handelt

es sich um Geräte, die die Agenten in verblüffender Weise zerlegt mit sich führen, und deren Teile als technische Einzelelemente – mehrere Stücke Rohr verschiedenen Durchmesser, eine Linse, ein Drehgriff, ein Seilzug, zwei Rollen, eine Metallfeder, ein Stück Kabel, ein Greifer, ein Kontrolllämpchen – auftreten. Sie müssen dann im Einsatz an geeignetem Ort in bemessener Zeit zusammengesetzt werden und darin erst ihre Funktionstüchtigkeit, z. B. als Fernwirkungsmechanismus, erlangen. Auch die Einlassung in ein Milieu wird gezeigt: Zu einem besonders effizienten Staubsauger, mit dessen Hilfe unauffällig der Bohrstaub beseitigt werden soll, den die Aktion eines anderen Gruppenmitglieds hinterlassen hat, gehört, dass sein Einsatz als ganz normale Reinigungsaktion erfolgt, dass also ein Agent als Mitglied der Putzkolonne, durch Firmenkleidung ausgewiesen, ihn im Rahmen des frühmorgendlichen Putzplans bedient. Und genauso, wie der Prozess technischer Individuierung die Abfolge der Sequenzen prägt, stellt sich das technische Ensemble auf der Ebene der Gesamtepisode erst ein, in aller Heterogenität. Die schon erwähnte Episode mit dem fingierten Eisenbahnwagen kann dafür als Beispiel dienen; verschiedene Individuen mit und aus verschiedenen Milieus müssen hier zusammenwirken, um das Resultat zu zeitigen.
Die physischen Körper der Agenten sind dabei ebenfalls mit im technischen Spiel. Und genau hier öffnet sich nun der grundlegende Unterschied zwischen den Agenten und ihren Widersachern. Denn die Widersacher sind durchweg außerstande, sich als Teil, genauer: als Individuum innerhalb des technischen Ensembles zu begreifen. Während die Agenten sich ihrer Mission – die, wie gesehen, eine Mission ohne Missionsträger ist – eintragen, haben die Widersacher ein anderes Verhältnis zur Technik und ihrer Relationierung, wie auch zur Technik der Relationierung und derjenigen der Illusionierung. David Buxton (1990, 104 ff.) hat in seiner Studie darauf hingewiesen, dass die Feinde der Agenten oftmals durch ihren schlechten Geschmack auffallen, dass sie entweder hoffnungslos unmodisch oder unangemessen bizarr oder einfach nur schlecht und unelegant gekleidet sind. Diesen Aspekt kann man auf ihr Verhältnis zu den Dingen, insbesondere eben den technisch-instrumentellen Dingen überhaupt, ausdehnen. Sie sind, wie bei der Kleidung eben auch, wie auch – so in etlichen Folgen von THE AVENGERS – in erotischen wie überhaupt in kommunikativen Belangen – ungeschickt in ihrer Handhabung, und deshalb verlieren sie auch regelmäßig. Ihre vollständige Humorlosigkeit und überhaupt Distanzlosigkeit, die Abwesenheit jeder Art des Spiels und des Spielraums, fügt sich in dieses Bild ebenfalls ein. Vor allen Dingen jedoch leben sie in dem Irrtum, die technischen Objekte als bloß dienlich, als ihrem Willen untertan, und als determiniert anzusehen. Darin werden sie den Objekten nicht gerecht, die

mehr und anderes vermögen als das, was die Gegenfiguren ihnen abverlangen oder auferlegen. So wie sich – besonders in THE AVENGERS – die Gegenspieler nicht selten als wahnsinnige Weltbeherrscher aufspielen wollen, oder zumindest, so in MISSION: IMPOSSIBLE, totalitären Regimen dienen oder sie verkörpern, so verhalten sie sich auch zu ihren nicht selten irrsinnigen Technologien, die chemischer, atomarer, biologischer oder kybernetischer Art sein können und die sie als Werkzeug der Dominanz einzusetzen beabsichtigen. Allerdings sind hier oftmals auch die Technologien selbst, in den Händen der Gegenspieler, bösartiger Natur, es sind nämlich monomanische Technologien, die genau das, was wir oben mit Simondon als Ensemblebildung beschrieben haben, verweigern. Sie bilden eine hegemoniale Dominanz auch als technische Systeme aus und eben keine Heterogenität der Milieus, öffnen daher auch keine inneren Spielräume und facettierten Kompetenzen und bedürfen daher auch keines Menschen und keiner sonstigen Instanz, die die Übergänge, Widersprüche und Überschneidungen der verschiedenen Regimes managen und koordinieren würde.

Es ist nicht besonders schwer, in dieser Vision der Agentenserie eine Auseinandersetzung des Fernsehens mit seiner eigenen medialen Technizität und eine Reflexion und Projektion des Wandels auszumachen, dem das Medium und mit ihm seine Leitform, nämlich eben die Serie, ausgesetzt sind. Denn die Modernisierung des Fernsehens in den 60er Jahren ist genau dadurch zu kennzeichnen, dass das Fernsehen sich einerseits seiner Hegemonie und seiner Funktion als Leitmedium bewusst wird (1964 erscheint McLuhans »Understanding Media«), und dass es sich andererseits differenziert, dass es über sich hinauswächst und dabei allerlei Verbindungen in und mit anderen Medien und Medienkomplexen eingeht. Das Fernsehen hört mit der Modernisierung auf, monologisch zu verfahren, eigentlich hört es auf, ›das‹ Fernsehen zu sein. Indem es ubiquitär wird, löst es sich zugleich von dem ab, was man für seine Essenz hätte halten können. McLuhans Beschreibung des Fernsehens als einerseits unentrinnbares Grundmuster der modernen technisierten Kommunikation, andererseits aber auch als lückenhaft (oder »kalt«) und als Wiederherstellung des Zusammenspiels (der Sinne zum Beispiel), belegt dies. Genau in der Absetzung von den autoritären massenmedialen Kommunikationsverhältnissen seiner eigenen Herkunft sieht das Fernsehen seine Zukunft; es imaginiert sich in den Serien als das, was es im Begriff ist zu werden. Es sieht sich als mediales Ensemble. Schaut man auf die besondere Funktion, die die Kommunikations- und Steuerungstechnologien – Uhr, Radio, Telefon – im technischen Ensemble der Agentenserie einnehmen, dann kann man sogar vermuten, dass das Fernsehen sich hier zwei Mal imaginiert: einmal als Ensemble, einmal innerhalb des Ensembles als ein technisches Individuum eigenen Typs, das nämlich genau die Koordinations- und Relationierungsleistung erbringt, die das Ensemble zusammenhält. Es wäre dann in seinem Milieu genau das, was der Agent in demjenigen der Agentenserie ist.

Autonomie und Improvisation

Mit der Frage nach den Spielräumen, die die Agenten besitzen, und die das Fernsehen hier buchstäblich besetzt, ist ein letzter Operationstyp angesprochen, durch den die Fernsehserie wirksam wird und auf sich selbst einwirkt, und das ist die Improvisation. Wir haben oben schon gesehen, dass es einen ausgeklügelten Plan gibt, nach dem die Agenten in den Folgen miteinander und mit den eingesetzten Apparaturen zusammenwirken und dabei natürlich auch immer den Plänen und Aktionen der Gegenseite ausgesetzt sind.
Dieses Skript, das wir nicht kennen, ist jedoch nicht lückenlos. Zwischen dem Serienskript der Agentenserie und einem Cavellschen Schema gibt es diesen fundamentalen Unterschied, ganz gleich, wie schematisch der Aufbau der Serie in Figurenzeichnung, Handlungsform und Episodenstruktur sein mag. Innerhalb der diegetischen Welt von MISSION: IMPOSSIBLE können alle Skripte durchkreuzt werden oder versagen, sie müssen es sogar. Nur nicht funktionierende Skripte funktionieren, weil sie nämlich entwicklungsfähig und veränderlich sind. Determinierte Skripte dagegen geraten bei Störungen aus dem Takt, ähnlich wie dies bei Systemen der Fall ist, die außerstande sind, Negation in den Aufbau eigener Komplexität zu investieren. Die Agenten der Serie jedenfalls sind durch kontingente Zwischenfälle immer genötigt, zu improvisieren und das Skript anders fortzuschreiben als gedacht. Obwohl wir das feste Skript nicht kennen, wird in jeder Folge der Punkt erreicht, an dem wir bemerken, dass ab hier das Skript, dem die Agenten folgen, erst genau in dem Maße geschrieben wird, in dem sie ihm folgen: Improvisation. In THE AVENGERS, aber auch in DEPARTMENT S ist dieser Aspekt noch viel stärker, denn hier sind es die Gegenspieler und Verbrecher, die einen (geheimen, uns wie den Agenten nicht bekannten) Plan verfolgen und gegen den die Agenten in einer unausgesetzten Improvisation mit Hilfe dessen, was Deleuze (1988, 165 f.) den »Konsistenzplan« nennen würde, angehen. Die Planlosigkeit, mit der sie vorgehen bzw. die ständige Anfertigung und Umfertigung ihres Planes kommt dabei als Unbekümmertheit und freche Selbstsicherheit daher.
Gänzlich bestimmend wird dieses Moment in der sehr späten und dann auch wieder genreparodistischen Serie MACGYVER; hier kann der Held als Inkarnati-

on der Improvisation angesehen werden, es gibt überhaupt keinen Plan mehr, sondern nur noch eine Abfolge kontingenter Situationen, die allenfalls in ihrer Serialisierung so etwas wie eine nachträgliche Kohärenz erhalten (vgl. Hoffmann/Raab 2013, 26 ff.). Die Agenten laufen jedenfalls nicht als bloß reibungslos ausführende Organe einer höheren Macht oder eines höheren Auftrags herum. Sie sind, auch wenn sie Auftragnehmer sind und perfekt funktionieren, wenn alles, was sie tun, eingeschlossen sie selbst, wie am Schnürchen funktioniert, auch dann keine mechanischen Instrumente. Genauso wenig allerdings sind dies die mechanischen Instrumente, die sie einsetzen, denn auch diese Geräte sind oftmals unberechenbar; nicht nur in der Dysfunktionalität, sondern auch in ihrem Umfunktionieren, ihrer Fähigkeit, zweckentfremdet zu werden, umgedreht zu werden und sich überraschend und darin auch überraschend zielführend und zielverschiebend zu verhalten.

Den Agenten und ihren Geräten – und nur in diesem Zusammenspiel sind beide überhaupt vorhanden und operationsfähig – eignet eine grundsätzliche Dimension des Auch-anders-handeln-Könnens. Sie sind offen für anderes, und das geht so weit, dass sie auch ansprechbar sind für andere, abweichende Aufträge. Alle Agenten sind umkehrbar, sie müssen es sein, sonst wären sie determinierte Instanzen und zur Arbeit im Ensemble damit unfähig. Der mögliche Verrat des Auftrags ist Bedingung dafür, dass die Agenten ihn überhaupt anvertraut bekommen können. Und diese Abweichung ist ihrerseits wieder eine doppelte, denn sie erfolgt sowohl durch die Gegenseite und einen Gegenauftrag als auch im eigenen Interesse der Agentenfiguren, die z. B. überleben wollen, die einen finanziellen Vorteil, einen erotischen Gewinn oder einen Machtzuwachs erzielen. In MISSION: IMPOSSIBLE agieren die Agenten, wie gesehen, unter einem expliziten Auftrag, dem sie sich unterstellen, der aber anonymisiert und gelöscht wird, einem Auftrag ohne Prinzipal. In THE AVENGERS bleibt völlig ungeklärt, warum, außer aus Flucht vor Langeweile, Peel und Steed ihren gefährlichen, offenbar selbst erteilten Aufträgen ohne jede Autorisierung nachgehen. JASON KING kennt wiederum die Figur des anonymen oder auch des behördlichen Auftraggebers. So wird für den Agenten Passivität und Passibilität zur Bedingung für jede Art von Agenz, sein Subjektstatus zur Bedingung für seine Objektwerdung und umgekehrt; beide Seiten sind jeweils voneinander kaum mehr unterscheidbar.

Auch dies kann man als Bearbeitung eines Medienproblems denken, das das Fernsehen im Zuge seiner Modernisierung und damit in der Abschlussphase seines Bestehens als »Paläo-Fernsehen« zu lösen hat. Es besteht etwa in der seltsamen Zwischenexistenz des Zuschauers. Die Passivierung des Zuschauers ist in der klassischen Phase des Mediums – man denke nur an die Kulturindustrie-Kritik Adornos und Horkheimers (vgl. Adorno 1962), mehr aber noch erneut an Günter Anders (1956, 114 ff.) – in scharfer Weise kritisiert worden. Nun, in der Modernisierungsphase, sieht sich das Fernsehen dagegen als Teil eines modernen Milieus, das z. B. Partizipation und Mobilisierung fördert und fordert. Kennzeichen dafür sind etwa auch die Partizipationsexperimente der Zeit, so etwa der berühmte Lichttest in der ZDF-Sendung Wünsch Dir Was ab 1969. Diese Bewegung weg von der Passivierung hin zur Aktivierung und der Versuch, beide in einem Spannungs- und Bedingungsverhältnis zu halten, wird das Fernsehen durch seine gesamte Digitalisierungsgeschichte hindurch beschäftigen und bewegen. Mit der Agentenfigur entwickelt das Fernsehen um 1970 eine frühe Vision einer technikverschränkten Existenzweise, die den Gegensatz des Passiven und Erduldenden – wie dem Couchpotatoe – einerseits und dem aktiv Handelnden – dem heutigen »User« – andererseits aufhebt, und mit ihm denjenigen zwischen Technik und Mensch, Auftraggeber und Auftragnehmer, Werkzeug und Intention (Winkler 2006). Philosophisch ist dies eine ungemein komplexe und anspruchsvolle Vision, sie greift nicht zuletzt in den Gegensatz von *res extensa* und *res cogitans*, von *hylé* und *morphé*, von Objekt und Subjekt ein. Medienhistorisch kann es aber auch auf das Medium selbst zurückgewendet werden, das sich einer Veränderung ausgesetzt sieht, die es zugleich gestalten will, und das den Effekten –nämlich denjenigen der Modernisierung – unterworfen ist, die es selbst produziert.

Schluss

Wir haben uns der Agentenserie hier rein inhaltistisch und sogar stark figurenzentriert genähert. Als Serienform und als Erscheinungsweise der televisiven Serialität dagegen schien die Agentenserie wenig ergiebig, da sie dem klassischen Episodenschema zu folgen scheint. Wir konnten so erkennen, wie und an welcher Stelle die Agentenserie Motive einer medialen Modernisierung reflektiert, die das Medium, in dem die Agentenserie sich entfaltet, das Fernsehen, selbst betrifft und charakterisiert. Das Fernsehen, so wird deutlich, nutzt die Serienform, um hier Probleme seines eigenen Wandels zu verhandeln. In der Agentenserie schaltet das Fernsehen um von einer klassischen, gefügten Welt in eine grundlegend ungefügte, moderne Welt. Damit erprobt es, welche Möglichkeiten sich ihm eröffnen, wenn es von Stagnation auf Dynamik umschaltet. Indem es den Agenten Spielräume zubilligt, ohne sie aus ihrer Auftragsgebundenheit zu entlassen, billigt es sie sich selbst zu. Fernsehen kann sich ebenfalls als Agent begreifen, was heißt, dass es unverändert Auftragnehmer ist – in Deutschland etwa wäre das der Bildungsauftrag, in anderen Ländern der Auftrag, einen Beitrag zur staatlichen Ordnung zu leisten, in den USA wäre es der ökonomische Auftrag –, zugleich aber selbst die Offenheit auf anderes hin erwirbt, auf andere Anliegen und Anliegen anderer sowie auf Eigenintentionen, indem es sie sich selbst zuschreibt.

Und so gelangen wir doch noch dahin, in der Agentenserie auch einen Beitrag zur Entwicklung der Serialität zu erkennen, trotz der starren und scheinbar traditionellen Episodenform. Denn MISSION: IMPOSSIBLE und die anderen Agentenserien verhandeln immer auch, wie das für Modernisierungsprozesse nahezu verbindlich erscheint, verschiedene Zeitregimes. Wenn wir noch einmal die beiden grundlegenden Zeitformen der Serialität betrachten, nämlich die Spannung zwischen Stagnation und Wandel einerseits, diejenige zwischen Unendlichkeit und Endlichkeit andererseits, dann nimmt die Agentenserie hier, bedingt durch ihre medienhistorische Stellung wie umgekehrt diese erst erzeugend, eine markante Funktion ein und treibt doch eine sehr eigenwillige Serialisierungsform hervor. Das Episodenprinzip nämlich sorgt dafür, dass es in der Serienform schließlich beim Stillstand und bei einer Verfassung der Zeit selbst als ewig andauernde bleibt. Die in die Episoden hineingenommene serielle Erzählform dagegen sorgt, wie gesehen, immer aufs Neue für ein Antreiben einer verlaufsförmigen Zeit, wie sie einem modernen Zeitverständnis entspricht. Das Aufschlussreiche ist nun, dass diese beiden auseinanderziehenden Formen nicht, wie in späteren Fällen (wir haben oben kurz über die Serien der 80er Jahre gesprochen) miteinander verschränkt und überlagert werden. Sie bleiben vielmehr unvermittelt nebeneinander wirksam und statt einander zu fördern, behindern sie einander geradezu und begrenzen einander in jedem Fall. Damit werden auch die beiden Unendlichkeiten, diejenige des Stillstandes und diejenige des Fortflusses, so gegeneinandergesetzt, dass sie jeweils in die Endlichkeit zurück- bzw. vorausverwiesen werden. Die eine Zeitform geht genau nicht kontinuierlich in die andere über, wie dies dem Gedanken einer Formentwicklung, einer Evolution der Serie, entsprechen würde. Vielmehr bleiben sie inkohärent, und es ist nur möglich, von der einen zur anderen hinüberzuspringen. Und genau dies, das Einüben eines Sprungs in eine andere Zeit (mit veränderter Serialität), die nur als Bruch überhaupt zu haben ist, ist das Kennzeichen der seriellen Modernisierung, unter die das Fernsehen sich hier stellt.

3. »I THINK IT'S A MEDIUM.«
AGENTEN MEDIALER VERUNSICHERUNG IN THE X-FILES

Nicht nur in den 1960er und 70er Jahren kondensierte sich der Medienwandel des Fernsehens und die Rolle des Fernsehens als Agent des Wandels in populären Agentenserien. In den 1990ern war einer der größten Fernseherfolge die Agentenserie THE X-FILES (Fox, 1993-2002). Das scheint kein Zufall zu sein, denn die 1990er Jahre sind durch die Erscheinung einer Vielzahl sogenannter ›Neuer Medien‹ geprägt, die eine Reihe oft zunächst noch vager und heterogener Kontroversen darüber auslösten, wie sich die Gesellschaft durch diese Neuen Medien verändern und fortentwickeln würde. Diese Irritationen führten zu einer tiefgreifenden Verunsicherung, zumal sich dieser Prozess auf verschiedenen Ebenen abspielte (Internet, Mobilmedien, digitale Bilder), ständig weiter intensivierte und immer wieder wandelte (z. B. zum ›Web 2.0‹ und den Sozialen Medien). Diesen Prozess kann man als eine Form von Mediatisierung beschreiben (vgl. Krotz 2007, speziell zur Ausbreitung der digitalen Medien 119 ff.).

Flying Saucers|Levitation
Yo!|I could do that
THE TALKING HEADS

Die Diskussion um die Neuen Medien war auch insofern von besonderer Intensität, als sich gerade erst mit den revolutionären Umbrüchen im ehemaligen ›Ostblock‹ (1989-1991) das Ende des Kalten Krieges ereignet hatte. Diese Ereignisse führten v. a. zu der – umfangreich in der Literatur diskutierten – Vorstellung, dass gesellschaftliche Veränderung und Entwicklung nicht mehr von den diskreditierten ›sozialen Utopien‹ kommen kann. Nurmehr der Technologie wurden solche Schübe zugetraut. 1993 schrieb Bernhard Waldenfels (in Anspielung auf ›Virtual Reality‹): »Es könnte sein, daß die ›alteuropäischen‹ Geschichtsillusionen nach ihrem Niedergang abgelöst werden durch technologische Allmachtsphantasien aus der Neuen Welt« (Waldenfels 1998, 197; vgl. auch Steinmüller 1993, 140). Wohin führen uns die Neuen Medien? Was kann ›Wirklichkeit‹ noch heißen, wenn der ›Cyberspace‹ und die ›Virtual Reality‹ sich ausbreiten? Kann man den digitalen Bildern noch trauen, die aussehen wie Photographien und doch keine sind – wie 1991 TERMINATOR 2 und 1993 JURASSIC PARK in den Kinos eindrücklich vor Augen führten? Was für Folgen hat die Ausbreitung des Internets (ab ca. 1994/1995)? Ab 1999 wurde in Zusammenhang mit dem Internet auch noch eine ›New Economy‹ bejubelt. Allein dieser Ausdruck zeigt, welche Umgestaltungsmacht den Neuen Medien zugesprochen wurde – und doch brach die neue Ökonomie 2001 krachend in sich zusammen, die Euphorie verpuffte und es blieb eine tiefe Verunsicherung, wohin es nun mit den Neuen Medien gehen würde.

Die These dieses Kapitels ist, dass die gleichzeitige Popularität des neuen ›Genres‹ *Mystery* (zur Problematik dieser Bezeichnung vgl. Spiegel 2016) in der Fernsehserie der 1990er Jahre einerseits als Reflexion auf die Verunsicherung dieser Umbrüche, andererseits als Ort der projektiven Bearbeitung dieser Vorgänge verstanden werden kann. Der Urtypus solcher Fernsehserien, TWIN PEAKS (ABC, 1990–1991), ist nicht zufällig von 1990/1991. Auch wenn TWIN PEAKS noch nicht sehr deutlich auf die Mediatisierungsprozesse der 1990er Jahre reagieren konnte, blieb sie stilbildend in ihrer Begründung des Genres *Mystery* im Fernsehen: Heute kann die Wikipedia berichten, dass »eine besondere Affinität des *Mystery*genres zu *Ambivalenz*, Zwiespältigkeit und Undurchsichtigkeit auf[fällt], und zwar eine Ambivalenz sowohl der Darstellung bzw. Wahrnehmung, als auch eine Ambivalenz von den hinter übernatürlichen Geschehnissen stehenden Motivationen, Intentionen oder Auslösern« (vgl. Wikipedia 2014). Entscheidend ist also, dass sich das in den 1990ern ausbreitende Genre durch eine besondere ontologische Instabilität auszeichnet (vgl. Seibel 2005). Mystery-Serien inszenieren eine der als selbstverständlichem Welthorizont vorausgesetzten Lebenswelt (in der Theorie der Science-Fiction manchmal ›Nullwelt‹ genannt) ähnliche Welt (zukünftig oder nicht), in die unerwartet diegetische Ereignisse einbrechen◂1, die unter die alltägliche lebensweltliche Rationalität nicht subsumiert, nicht (oder nicht ohne Weiteres) Technik und Wissenschaft zugerechnet werden können, aber auch keine ›fantastische‹ Erklärung im Sinne der Fantasy finden (also z. B. durch Götter oder Magie). Oft enden Episoden offen und es bleibt im Grunde unklar, was eigentlich genau passiert ist – die Grenzen des Wissens als solche sind ein zentrales Thema (daher spricht Hurst 2001, 412-414 und 535-577 kritisch vom ›Irrationalismus‹ der Mystery am Beispiel von TWIN PEAKS und THE X-FILES; Glaubitz/Schröter 2008 stellen aus diesem Grund Bezüge zwischen TWIN PEAKS und dem Surrealismus her). Mystery inszeniert eine Welt, in der nichts gewiss ist und in der alles täuschen kann. Kann dies nicht als Ausdruck eben jener Verunsicherung verstanden werden, die nach dem Ende des Kalten Krieges zunächst hinsichtlich der politischen Zukunft über die Welt kam (vgl. in diesem Sinne Lavery/Hague/Cartwright 1996b, 1-3; Kinney 2001 und Booker 2002, 126/127)?

In der ab 1993 gesendeten und bald sehr populären Mystery-Serie THE X-FILES werden die Medien und ihr Wandel zentral. »[THE X-FILES] clearly is the first show that really made a great deal of the Internet and, in general, of communications technology« (Cantor o.J.).◄2 Schon der Titel der Serie verweist darauf, sind *files* doch eben *Akten*, also jene Medientechnik, die die juristischen, staatlichen und polizeilichen Strukturen der Moderne allererst ermöglicht (vgl. Vismann 2001).◄3 Die X-Akten sind jenes Konvolut von Dokumenten, Aufzeichnungen, Photos etc., die ungelöste, rätselhafte Fälle beschreiben, die man im FBI nicht mehr weiterbearbeiten mag – die aber zum Hauptarbeitsgebiet des Protagonisten Fox Mulder (David Duchovny) werden. Die Serie selbst hat eine Struktur, die seriale mit episodischen Elementen mischt und erstreckt sich über neun Staffeln mit insgesamt 202 Episoden. Ausgestrahlt von 1993 bis 2002, deckt THE X-FILES also genau den Zeitraum seit Anfang der 1990er Jahre bis nach dem *dotcom*-Crash ab, wodurch es ein idealer Gegenstand für die Analyse der Reflexion und Projektion des medialen Wandels in Fernsehserien ist. Der Argumentation liegt zugrunde, Luhmanns These (1995, 173 f.) ernst zu nehmen, dass die Massenmedien die Selbstbeobachtung und Selbstbeschreibung der Gesellschaft ›dirigieren‹. Mehr noch – Luhmann schreibt sogar: »Wissenschaftler mögen zwar durchaus der Meinung sein, daß sie die Realität besser erkennen, als sie in den auf ›Popularisierung‹ verpflichteten Massenmedien dargestellt wird. Aber das kann nur heißen: die eigene Konstruktion mit einer anderen vergleichen« (ebd. 20). Man könnte also versuchen, die in Fernsehserien produzierte ›Konstruktion‹ in Kontrast mit jener der Wissenschaften zu beschreiben – hier am Beispiel THE X-FILES und der Frage nach dem Medienwandel.

THE X-FILES wirft die Frage nach dem medialen Wandel auf (mindestens) sieben Ebenen auf: *1. Die Medialität und die Störung; 2. Die Akte, der Zugriff, die Verschleierung, die Überwachung; 3. Die Verschwörung und das World Wide Web; 4. Die Photographie, das Sichtbare und die Wahrheit; 5. Der Körper und die Medien; 6. Der Medienwandel des Fernsehens; 7. Fazit oder die paranoische Produktion der Medien*. Anhand dieser Aspekte soll im Folgenden die Beobachtung der Medien und ihres Wandels (und damit auch die Selbstbeobachtung des Fernsehens) durch THE X-FILES beschrieben werden.

THE X-FILES war die erste Fernsehserie – und dies ist ein zentraler Grund dafür, hier ausführlich auf sie einzugehen –, die transmedial ins Internet expandierte. »[T]his may have been the first show to find its audience growth tied to the growth of the Internet.«◄4 Oder:

»I think the Internet is going to be a very powerful tool for television and we're only just beginning to see what its impact is going to be. But the Lone Gunmen◄5 were clearly the first major Internet characters on television and they got their own show even though it didn't succeed.

And I think it's one of the things that shows how clever the people on the The X-Files were, that they really saw the major change that was coming along in the 1990's with the Internet. They took advantage of it in promoting the show, incorporated it into scripts. It probably will be remembered as the beginning of the Internet Revolution in television« (Cantor o.J.).

Oder: »THE X-FILES [...] provides the prototype of what may well be the future of mass entertainment – a powerful symbiosis between television and the Internet« (Cantor 2001, 167).

Die Medialität und die Störung

Technologien sind von ihren Störungen unablösbar – und jeder Versuch, durch zusätzliche technologische Vorkehrungen vorhandene Technologien zu stabilisieren, eröffnet nur wieder ein neues Störungspotential (vgl. Kassung 2009). Das gilt auch für Medientechnologien. Dabei wurde schon mehrfach bemerkt, dass Medien in ihrem funktionierenden, reibungslosen Gebrauch unsichtbar werden, um hinter die vermittelten Inhalte zurückzutreten (vgl. z. B. Wiesing 2008, 236/237). Erst in der Störung werden sie sichtbar.
In THE X-FILES werden die Ränder der Welt, der Einbruch des ontologisch irritierenden geheimnisvollen Ereignisses (z. B. das Auftauchen außerirdischer Wesen) zunächst und zumeist als Störungen der normalen Funktion von Medientechnologien sichtbar (vgl. Bellon 1999, 146). Schon im Pilotfilm (1;01: »Pilot«) fahren Mulder und seine FBI-Partnerin Agent Dana Scully (Gillian Anderson) in einem Auto, plötzlich spinnt das Autoradio und springt wild zwischen den Sendern hin und her, versackt schließlich in weißem Rauschen (ähnlich in 1;17: »E.B.E.«). Mulder schlussfolgert, es könnte ein UFO in der Nähe gewesen sein. Dieses Motiv wird immerzu wiederholt: In 2;01 (»Little Green Men«) ist Mulder am Arecibo Observatorium in Puerto Rico, ein Observatorium, das zeitweise für die Suche nach außerirdischer Intelligenz eingesetzt wurde und von dem erstmals am 16.11.1974 die sogenannte Arecibo-Botschaft in Richtung des (25.000 Lichtjahre entfernten) Kugelsternhaufens M13 gesendet wurde. Aufgrund von Hinweisen auf Kontakt zu Außerirdischen reist Mulder zu dem Observatorium – dringt in einen Kontrollraum ein, und plötzlich beginnen die dort vorhandenen Geräte, insbesondere ein heute etwas altmodisches Tonband, wie von Geisterhand Aktivität zu entwickeln (mit einer ähnlichen Sequenz, ohne dass irgendjemand anwesend wäre, beginnt auch die gesamte Episode). Wie sich kurz danach zeigt (oder doch zu zeigen scheint), liegt irgendeine Art von Eingriff außerirdischer Wesen vor, die – so muss man vermuten – die Botschaft er-

halten haben. Die Geräte sind zwar nicht im engeren Sinne gestört, zeigen jedoch ein gespenstisches Eigenleben.

Kurz danach passiert, was passieren muss – ein grelles Licht füllt das Laboratorium und offenbar sind Aliens in der Nähe. Auch in anderen Episoden taucht das Motiv gestörter Technologie wieder und wieder auf: In 1;22 (»Born Again«) beeinflusst, wie sich später herausstellt, ein Kind mit seinen Gedanken einen Computer, dessen merkwürdige Operationen zunächst als Störung verstanden werden. In 2;03 (»Blood«) gehen von LED-Displays seltsame Todesbefehle aus – und Mulder beobachtet, dass an den Tatorten von Morden jeweils ein technisches Gerät (Telefone, Displays, Pager, Fax) zerstört ist. In 2;05 (»Duane Berry«) hat Agent Scully ein unbekanntes Fragment, das von einem außerirdischen Raumschiff stammen könnte – im weiteren Verlauf der Episode kommt sie in einem Supermarkt auf die Idee, die Scannerkasse an dem Objekt zu erproben und die Kasse verhält sich außerordentlich eigenartig.◄6 In 7;22 (»Requiem«) sieht eine Person auf ihre Armbanduhr, die völlig verrückt spielt – die mit THE X-FILES vertrauten Zuschauer ahnen sofort, dass ein UFO in der Nähe sein könnte. Man könnte also sagen: Es gibt einen stabilen Medienhintergrund (ähnlich wie in der Sitcom, s. Kap. 6), dessen Störung den Einbruch des Phantastischen, bislang Unvorstellbaren markiert – eine deutliche Metapher für die Bedeutung des Medienwandels, an dessen Beginn die Verschiebung der gewohnten Medienumgebung zu allerlei Irritationen führt. Dieser Medienhintergrund wird zu Beginn von THE X-FILES 1993 v. a. durch Fernsehen und Radio gebildet.

Doch gibt es nicht nur einen Kontrast zwischen dem normalen Medienhintergrund und seiner Störung durch paranormale (inkl. extraterrestrische) Phänomene, sondern auch den expliziten Kontrast zwischen ›alten‹ und ›neuen‹ Medien. Wie oben schon angedeutet, lief die Serie neun Jahre lang, genau während der Phase, in der sich die Neuen Medien, allen voran das Internet, ausbreiteten. Die Form der Serie erlaubt diesen Wandel abzubilden und zugleich zu reflektieren und projizierend zu übersteigern. So ist es nicht verwunderlich, wenn neben die Störung der etablierten Medien als weitere Figur die Bedrohung durch Neue Medien tritt – eine im Grunde ganz konventionelle Figur, werden Neue Medien doch zumeist von euphorischen Hoffnungen oder aber eben apokalyptischen Ängsten begleitet (vgl. Marvin 1990; Sconce 2000; Kümmel/Scholz/Schumacher 2004). So gibt es eine Reihe von Episoden, die sich um bedrohliche Effekte neuer, dezidiert als computerbasiert und digital ausgewiesener Technologien drehen – so wenn in 1;07 (»Ghost in the Machine«) ein Computer – ein klassisches Motiv – zu Bewusstsein erwacht und ein Haus unter seine Kontrolle bringt; ein ähnliches Motiv einer gefährlichen Künstlichen Intelligenz findet man in 5;11 (»Kill Switch«), deren Drehbuch übrigens von William Gibson stammt.◂7 In der ebenfalls von William Gibson geschriebenen 7;13 (»First Person Shooter«) ist es eine weibliche Computerspielfigur, die offenkundig an die Protagonistin ›Lara Croft‹ aus der ab 1996 populär gewordenen Spielreihe Tomb Raider angelehnt ist (vgl. Schröter 2000), die sich verselbstständigt und zur Bedrohung wird. Die in den 1990er Jahren anhebende Diskussion um Computerspiele und Gewalt, also eine Verunsicherung, die von Neuen Medien ausgeht, wird hier zitiert.

Wenn Massenmedien eine »Hintergrundrealität« (Luhmann 1995, 173) erzeugen, dann kann man beobachten, wie THE X-FILES schrittweise die neuen, digitalen Medien in diesen Hintergrund einfließen lässt. In 2;08 (»One Breath«) wird zum ersten Mal das Internet in einem Dialog erwähnt, in 2;17 (»End Game«) kommen E-Mails vor; und u. a. in den Episoden 3;12 (»War of the Coprophages«) und 4;13 (»Never Again«) ist Internet-Recherche zu bestaunen. Bemerkenswert ist auch 3;06 (»2Shy«), in der es um einen mutierten Mann geht, der sich per Dating-Website mit Frauen verabredet und ihnen dann das Körperfett entzieht.

Erstaunlich früh, bereits 1995, wird auf die potentiellen Gefahren des Online-Datings angespielt, ja überhaupt diese neue Form der Kontaktanbahnung als

Abb. 1: Frühe Internetkommunikation (THE X-FILES 3;06)

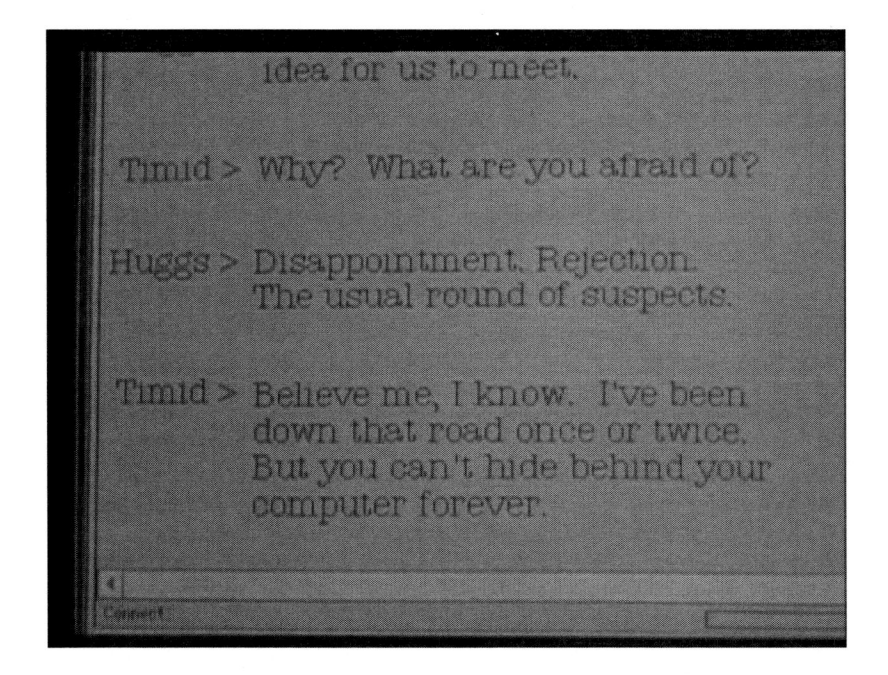

Alltagspraxis thematisiert. Jedoch muss noch, für Agent Mulder, aber natürlich auch für die Zuschauer, erläutert werden, was das Internet überhaupt ist. So gesehen erfüllt THE X-FILES im Medienwandel auch jene Funktion, die Kittler (1993, 101) überhaupt den Massenmedien unterstellte, nämlich »Gebrauchsanweisung« für neue Medien zu sein – auch in diesem Sinne ist die Serie Agent des Medienwandels.

Die Akte, der Zugriff, die Verschleierung, die Überwachung

Zu diesem Charakter als Gebrauchsanweisung gehört auch, dass der umkämpfte Charakter der Nutzung der Medien bzw. medialen Verfahren fortlaufend inszeniert wird. Ähnlich wie THE WIRE als Titel schon auf die Medientechniken der Überwachung (der Polizei) verweist (vgl. Schröter 2012), so rekurriert THE X-FILES auf jene der Verwaltung und staatlichen Organisation. Der Staat existiert nur als mediatisierter (vgl. Passoth/Wehner 2013). Daher tauchen im Vorspann Scully und Mulder auf ihren FBI-ID-Karten auf, womit auf einen medialen Akteur angespielt wird, der die Adressierung von Körpern als Personen im Rahmen einer staatlichen Ordnung erlaubt.

Darin ist THE X-FILES auch weiter als die Systemtheorie, die – jedenfalls in einem einschlägigen Aufsatz von Rudolf Stichweh (2001; aber auch schon Fuchs 1997) – sehr wohl um die Rolle des Namens als Adresse weiß, aber die ID-Karte bzw. den Pass als mediale Form, in der dieser notwendig erscheinen muss◄8, verschweigt. Daher betont Cantor (2001, 149) auch »the issue of technology […] in THE X-FILES, and especially its problematic relation to the nation-state.«

Die oben genannte Internet-Recherche (und andere Formen der Recherche – die zentrale Tätigkeit der FBI-Agenten ist ja nichts anderes als Recherchieren) fördert immerzu ein Gegenwissen zutage, vertuschte und verschleierte Informationen über Vorgänge, die geheim bleiben sollen. Dies wird in der oben schon diskutierten Episode 2;01 (»Little Green Men«) deutlich: Denn das Ereignis des (mutmaßlich) durch außerirdische Intelligenzen gestörten Tonbandes wird innerdiegetisch verbunden mit einer in einem Flashback gezeigten Szene, in der sich Mulder daran erinnert, wie seine jüngere Schwester Samantha in seiner Gegenwart (mutmaßlich) von Außerirdischen entführt wurde (dieses Trauma ist

Abb. 2: FBI-ID Mulder (THE X-FILES, Vorspann)

die eigentliche Motivation, sich unausgesetzt mit den X-Akten zu beschäftigen). Die beiden schauen Fernsehen – und man sieht ein Tonbandgerät, es geht um die Tonbänder im Watergate-Skandal (1973), auf denen 18 Minuten vermutlich brisanter Information gelöscht worden waren – womit eine zentrale Eigenschaft bestimmter Aufzeichnungsmedien, nämlich die Löschbarkeit (vgl. Schröter 2005a) thematisiert wird. Mulder hat im Arecibo-Observatorium auch Signale der Außerirdischen aufgenommen, die später leider und aus unerklärlichen Gründen ebenfalls gelöscht sind (vgl. Graham 1996, 57). Watergate ist mithin die paradigmatische Operation staatlicher Vertuschung – in Form medial gelöschter Information. Das Löschen tritt somit gleichwertig neben die zumeist alleine betonte Speicherung bzw. Archivierung (vgl. auch Burns 2001). Obwohl Mulder und Scully natürlich selbst einer staatlichen Behörde angehören, arbeiten sie doch wesentlich gegen den Staat, der als monströse Agentur der Verschleierung und Konspiration erscheint – was ebenfalls bereits im Vorspann deutlich gemacht wird, *Government Denies Knowledge*, die Regierung verleugnet Wissen.

Diese Art der Auseinandersetzung mit dem Staat ist für eine Fernsehserie aus den USA nicht überraschend: Es gibt einen gewissen paranoiden Zug in der amerikanischen politischen Kultur (vgl. Graham 1996; wichtig bereits Hofstadter 1971), der aber in THE X-FILES besonders gesteigert auftritt inkl. einer Art geheimnisvoller Schattenregierung neben der offiziellen Regierung (wie könnte es anders sein: in 4;07: »Musings of a Cigarette Smoking Man« wird eine alternative Version des Attentats auf Kennedy präsentiert). Eine zentrale Tätigkeit dieser wohl im Bunde mit außerirdischen Kolonisten stehenden Verschwörer, deren wichtigster Vertreter der ununterbrochen rauchende C. G. B. Spender (William B. Davis), kurz: *Cancerman* genannt, ist, besteht darin, Informationen zu erzeugen, zu sammeln oder zu vernichten, um Kontrolle über die – im Laufe von THE X-FILES mal mehr, mal weniger klaren – Ziele zu behalten. So wurde ein eigenes Archiv mit Biodaten der Bevölkerung an einem geheimen Ort eingerichtet, wie man erstmals in Episode 3;02 (»Paper Clip«) erfährt.◄9 Diese Akkumulation von ›Big Data‹ mutet heute unheimlich vertraut an.

Mit ihrem Titel ›Paper Clip‹, also Büroklammer oder Aktenklammer, wird bereits auf eine weitere wichtige Operation der medial-technischen Infrastruktur staatlich-bürokratischer Ordnung verwiesen, insofern Büroklammern Techniken sind, mit denen offizielle Dokumente gebündelt und handhabbar gemacht werden können – keine *files* ohne *paper clips*.◄10 Mit dem Geheim-Archiv wird (neben dem Löschen) also auch die Speicherung und näherhin, die systematisierte Speicherung in einem Archiv thematisiert. Die zentrale Rolle, die das Archiv für die Konstitution bürokratischer Macht spielt, kann kaum überschätzt werden (vgl. Ernst 2003, 553 ff.). Daher ist einerseits seine Kontrolle, also die Frage, was in den Archiven verwahrt wird und was gelöscht wird, wer Zugang bekommt und wer nicht etc. zentral, andererseits ist die Transformation des Archivs im Medienwandel gerade deshalb ein neuralgischer Punkt (Stichwort: Verschlüsselung, siehe 2;25: »Anasazi« oder die eben schon erwähnte Episode 4;07: »Musings of a Cigarette Smoking Man«; siehe auch 5;11: »Kill Switch«, in der Daten als Musik getarnt werden). Dies wird in THE X-FILES thematisiert. So versuchen die Verschwörer fortlaufend Informationen zu vertuschen (explizit diskutiert z. B. in 3;16: »Apocrypha«), Fehlinformationen zu streuen◄11 oder zu verknappen◄12 bis hin zur schlichten Zerstörung. Das betrifft selbstverständlich auch die titelgebenden X-Akten, die in Episode 5;20: »The End« vom Cancerman in Brand gesetzt werden.◄13 Hier wird versucht, ein Archiv, das potentiell bedrohliche »disqualifizierte Wissensarten« (Foucault 1978, 62) verzeichnet, auszulöschen. Auch der Medienwandel des Archivs und die sich damit verschiebenden Fragen des Zugriffs stehen im Fokus.

Interessant ist ein Dialog des Cancermans mit Mulders Vater in 2;25 (»Anasazi«), in dem Ersterer bemerkt, nie hätten die Verschwörer gedacht, dass einstmals alle Bürger Computer haben würden – was nämlich die Geheimhaltung von Information enorm erschwert (vgl. Cantor 2001, 156). Das war 1995, als sich die PCs und das Internet mit den simpel zu bedienenden Browsern inflationär auszubreiten begannen. Diese Fragen des Zugriffs auf Medientechnologien und die Kontrolle von Information stehen im Mittelpunkt zahlreicher Episoden. Allein die drei ›Lone Gunmen‹, die investigativ außergewöhnliche Verbrechen und Verschwörungen aufklären und mit Mulder rege Informationen austauschen, sind dafür exemplarisch. In Episode 1.17: »E.B.E.« hacken sie Scully und Mulder den Weg in einem für sie eigentlich unerlaubten Gebäude frei; in 3;16: »Apocrypha« haben sie eine Armada an Techniken, um Schriftspuren lesbar zu machen; in 5;03: »Unusual Suspects« hackt sich Byers in abgesperrte Teile des Netzes und dergleichen mehr.

Abb. 3: Wanze in Kugelschreiber (THE X-FILES 1;17)

Zu diesem gesamten Komplex gehören auch die ganzen Technologien der Überwachung, mit denen Informationen akkumuliert werden sollen und die schon in 1;17, dazu führen, dass Mulder in einer Szene, die sehr an das Ende von Francis Ford Coppolas großem Medien-Film THE CONVERSATION (USA 1974) erinnert, seine komplette Wohnung auf der Suche nach einer versteckten Wanze auf den Kopf stellt◄14 – in der gleichen

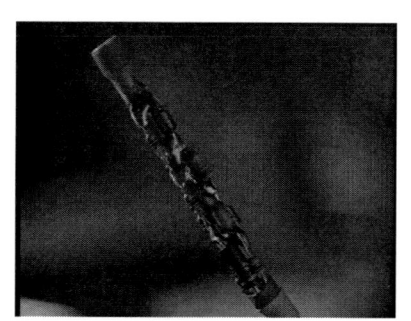

Episode entdeckt ausgerechnet die skeptische Scully eine Wanze in ihrem Kugelschreiber.

In Episode 3;02: »Paper Clip« bemerkt Assistant Director Skinner (Mitch Pileggi), als klar wird, dass der Versuch der Verschwörer, kritische Informationen zu löschen, daran scheitern wird, dass bestimmte amerikanische Ureinwohner die Informationen auswendig gelernt haben – also eine alte Tradition oraler Medialität gegen die neueren Technologien mobilisieren: »Welcome to the wonderful world of high technology« (vgl. auch Cantor 2001, 161 f.).

Die Verschwörung und das World Wide Web

Die zentrale Rolle von Verschwörungstheorien in THE X-FILES verweist aber nicht nur auf die tendenzielle Bedeutung von Paranoia in der amerikanischen politischen Kultur – und das teilweise tief sitzende Misstrauen gegenüber der föderalen Regierung, das sich in der Schattenregierung widerspiegelt. In gewisser Weise ist die Betonung der Verschwörung, d. h. der Verzerrung und Verschleierung von Information eine reflexive Figur der Selbstbeschreibung der Massenmedien – und das durchaus aus ganz verschiedenen und miteinander inkompatiblen theoretischen Perspektiven.

So geht der ›Manipulationsverdacht‹ laut Luhmann (1995, 19) unweigerlich mit den Massenmedien einher, schon weil Massenmedien als Beobachter zweiter (oder gar dritter?) Ordnung (jedenfalls in pluralistischen Staaten und auch dort natürlich immer durch ideologische Rahmungen eingeschränkt, wofür Luhmann aber keinen Blick hat) die Kontingenz aller Perspektiven auf einen Gegenstand zeigen – also auch ihre eigene, was zwangsläufig die Frage impliziert, welche mögliche Information ausgelassen wurde. Zwar ist diese Selektion prinzipiell unvermeidlich, wird aber dennoch auf Interessen zugerechnet – wie in THE X-FILES, bei denen hinter vielen merkwürdigen Vorgängen immer auch die Frage nach »Ihnen« (»they«) steht. Eine solche verschwörungstheoretische Zurechnung auf verborgene Interessen ist im Grunde konservativ, weil sie immerfort personalisiert, auch wenn es um strukturelle Effekte geht – eine Perspektive, die gerade in der ständigen Bezugnahme der THE X-FILES auf den Staat unangemessen scheint. Das wird in der Serie aber *einerseits* ausbalanciert durch die Figur von Scully, die durch die Rationalisierung (oder jedenfalls den Versuch, dies zu tun) unerklärlicher Phänomene die Notwendigkeit einer Zurechnung auf »they« untergräbt.[15] *Andererseits* gibt es hochgradig selbstreflexive Folgen, wie die vieldiskutierte Episode 3;20: »Jose Chung's From Outer Space« (s. u.), in der es zu einer Vervielfältigung von Perspektiven kommt, die sich aber nicht zu einem geschlossenen Ende fügen lassen wollen, was zudem explizit in der Episode am Ende thematisiert wird. Damit wird sowohl die Spezifik des in den späten 1990er Jahren (zumindest im deutschen Fernsehen so etablierten) Mystery-Genres (vgl. Spiegel 2016) selbst reflektiert als auch die Tatsache, dass die Netzkommunikation (stärker als die zentralistischen Massenmedien◂16) sich radikal vervielfältigenden möglichen Perspektiven Raum gibt und so zum idealen Medium von Verschwörungstheoretikern avanciert ist (vgl. Dean 1998). Das mag erneut darauf hindeuten, dass die offene Form von Mystery◂17 in Zusammenhang steht mit der (vergleichsweise) unabschließbar-offenen Netzkommunikation, also dem Medienwandel in den 1990er Jahren.◂18

Aber nicht nur in dem Sinne, dass die Serie diesen Wandel reflektiert – denn sie hat umgekehrt auch jede Menge Anschlusskommunikation und Fanpraktiken provoziert. THE X-FILES war die erste Fernsehserie, die im Internet Foren und Chats hervorbrachte. Gerade die narrativ offene Mystery-Form (vgl. Kellner 1999, 167) erzeugt unendlich viele offene Fragen, die zu Kommunikation – und d. h. auch zur Internetnutzung motivieren (vgl. Davis 1996, nach dieser Quelle sollen es schon 1996 über 100 Websites gewesen sein).

»Indeed, I think television is still relatively young, and I think the major transformation of television in this coming century is going to be the integration of television programming and the Internet. You see a foretaste of that in the The X-Files; Chris Carter has admitted that he monitors the The X-Files website. They have gotten some ideas for shows from the Internet. They often make compliments to the biggest Internet fans by using their names for minor characters in episodes« (Cantor o.J.).◂19

Insofern reflektiert THE X-FILES keineswegs nur den Medienwandel, sondern bringt ihn performativ auch hervor – siehe als aktuelles Beispiel das THE X-FILES Wiki.◂20 Daher können Fernsehserien eben Agenten des Medienwandels sein – sie bilden ihn ab, fiktionalisieren ihn und machen ihn so beobachtbar; in einem damit erzeugen sie ihn auch, schon weil sie Anschlusskommunikation und -nutzung evozieren, die ein ›Neues Medium‹ allererst attraktiv machen. Allerdings war der Erfolg von THE X-FILES ja keineswegs voraussehbar: Ursprünglich wurde die Serie mit einer anderen, nämlich THE ADVENTURES OF BRISCO COUNTY, JR (Fox, 1993-1994) vertrieben und nach dieser auf einem schlechteren Sendeplatz freitagabends gezeigt. Während sich aber an BRISCO heute nur noch Spezialisten erinnern, wurde THE X-FILES ein völlig unerwarteter Erfolg (vgl. Vitaris/Coyle 2002, 38).◂21 Diese Unvorhersagbarkeit von Zuschauerreaktionen ist für alle Sender ein großes Problem – das Internet mit seiner beobachtbaren Fankultur ist das neueste Versprechen, um dieses Problem zu lösen (siehe die

Analyse von HOUSE OF CARDS in diesem Buch, Kap. 5) – diese Online-Fankulturen begannen mit THE X-FILES.◄22

Die Unvorhersagbarkeit von Fan- und Zuschauerreaktionen verweist auf eine zweite theoretische Lesart des verschwörungstheoretischen Diskurses in THE X-FILES, nämlich die Frage nach dem populären Wissen. Dabei kann man auf die Populärkulturtheorie nach John Fiske, die an Gramsci und Foucault geschult ist, verweisen. Bei Fiske geht es darum, dass in der populären Aneignung massenmedialer Produkte eine Art skeptisches, fluides Gegenwissen generiert werden kann, das die scheinbar unumstößlichen Wahrheiten des ›offiziellen Wissens‹ manchmal ernster, manchmal spielerischer, in Frage stellt (vgl. Schröter 2005b). Verrücktes Fanwissen, z. B. darüber, dass Elvis Presley gar nicht tot sei, sondern mit Marilyn Monroe (deren Tod ebenfalls nur vorgetäuscht worden sei) auf der Rückseite des Mondes lebe und dergleichen, sind nach Fiske nicht einfach nur Unsinn, sondern gleichsam ein spielerisches Angebot, die offiziellen Wahrheiten – nämlich, dass Elvis und Marilyn tot sind und zudem relativ unschöne Tode sterben mussten – in Frage zu stellen. »The coincidences cohere into a web of knowledge in which the only constant is that *they* are covering up from *us*« (Fiske 1993, 201). Dieser Skeptizismus gegenüber der offiziellen Wirklichkeit kann eine lokale Strategie der Machtlosen sein, die Welt in Frage zu stellen.

Dabei spielen im populären Wissen ›they‹ (›die da oben‹, ›die höheren Kreise‹, ›die Mächtigen‹) die Rolle, eben jenes Gegenwissen unaufhörlich vertuschen zu müssen (vgl. ibid., 200 ff.). In ähnlicher Weise argumentiert Jodi Dean (1998, 6; vgl. Fiske 1993, 197) bezüglich des Wissens um UFOs: »Alternative sciences like ufology are compelling because they claim to be true. [...] Ufology is political because it is stigmatized. To claim to have seen a UFO, to have been abducted by aliens, or even to believe those who say they have is a political act. It might not be a very big or revolutionary political act, but it contests the status quo.« Unzweifelhaft kann man darin Szenarien aus THE X-FILES erkennen, sogar die stets skeptische Dana Scully wird von Aliens entführt (2;05: »Duane Barry« und 2;06: »Ascension«). Ein anderes Beispiel für ein potentiell populäres Gegenwissen, das Fiske (1993, 188 ff.) aufführt, ist die Numerologie, also eine Art von Zahlenmystik – selbstredend gibt es auch hierzu eine Episode der THE X-FILES (9;13: »Improbable«). Entscheidend ist für Fiske wieder, dass Numerologie (oder auch die Astrologie) sich selbst als ›Wissenschaft‹ versteht und so den Wahrheitsanspruch der ›offiziellen Wissenschaft‹ in Frage stellt. In 2;23: »Soft Light« wird etwa das offizielle Wissen der Quantenphysik zitiert. Ein Wissenschaftler hat seltsame Experimente durchgeführt, in deren Folge sein Schatten offenbar so etwas wie dunkle Materie geworden ist und für alle anderen

Menschen eine tödliche Bedrohung darstellt – tritt man auf den Schatten, verschwindet man schlagartig. Das ist physikalisch Unsinn, aber es bestärkt die populäre Skepsis, nach der vom offiziellen Wissen der Wissenschaft eine unklare Drohung und Gefahr ausgeht. Dabei wird bis in die Bildkomposition das offizielle Wissen zitiert – so etwa, wenn sich der Protagonist immerzu wegen des diffusen, eben keinen Schatten werfenden, Lichts auf einem Bahnhof aufhält und große Uhren ins Bild gerückt werden. Damit wird eine berühmte Konfiguration von

Abb. 4 Uhren und Bahnhöfe (THE X-FILES 2;23)

Uhren und Bahnhöfen aus Einsteins Darstellung der speziellen Relativitätstheorie (die freilich nichts direkt mit Quantenmechanik oder gar ›dunkler Materie‹ zu tun hat, sondern sich nur diffus in das Feld der unverständlichen, aber mächtigen offiziellen Wissenschaft einsortieren lässt) visualisiert (vgl. Einstein 2009). Jedenfalls sind die unausgesetzten Anrufungen des Paranormalen und des Monströsen (vgl. Fiske 1993, 188) Infragestellungen des wissenschaftlichen Wissens, das eben jene ›unerklärlichen‹ Phänomene nicht erklären kann. Es heißt ja sogar: ›Monster-of-the-Week-Episode‹ für all jene Episoden, die sich nicht mit dem übergreifenden Erzählbogen bzgl. der Schattenregierung und ihrer Kollaboration mit den Außerirdischen befassen. Mystery als Genre ist ein Feld heterogenen Wissens, welches Anschlüsse populärer Skepsis erlaubt. Vielleicht ist es daher kein Zufall, dass sich das Genre nach 1989 und der scheinbar unausweichlich gewordenen ›Neuen Weltordnung‹ mit seinem bis in alle Poren vordringenden, ›alternativlosen‹ ◂23 Techno-Kapitalismus ausbreitet – wenn schon kein direkter Widerstand mehr möglich sein soll, so kann man doch die Erklärungsansprüche des offiziellen Wissens mit Rekurs auf UFOs, Monster und andere Merkwürdigkeiten (z. B. Wunderheilung, siehe 3;24: »Talitha Cumi« oder diverse Geis-ter und Dämonen, vgl. 7;21: »Je Souhaite«) in Frage stellen (vgl. Fiske 1993, 187: »What remains extraordinary is that what lies beyond official explanation, beyond the control of official knowledge. The extraordinary is a terrain upon which popular knowledge can establish its difference«).◂24 In THE X-FILES wird innerdiegetisch der Konflikt zwischen offiziellem Wissen und den »disqualifizierten Wissensarten« (Foucault) selbst noch einmal wiederholt – in der Gegenüberstellung der beiden Hauptcharaktere Scully und Mulder. Legendär sind die nie endenden Diskussionen, in denen Scully versucht, eine rationale, auf das Wissen der Naturwissenschaft gestützte Erklärung für ein gegebenes bizarres Phänomen zu finden, während Mulder stets an den unwahrscheinlichsten Ideen festhält. Besonders eigentümlich ist dabei, dass die eigentlich hegemoniale Zuordnung von Wissensformen zu Geschlechtern, bei denen das offizielle Herrschaftswissen in der Regel männlich konnotiert ist (Fiske 1993, 192), vertauscht dargestellt wird (vgl. Bellon 1999, 149; Wildermuth 1999). Auch dies ist Teil der epistemologischen Anmutung von THE X-FILES als Mystery-Serie, hegemoniale Wissensbestände destabilisieren zu können – selbst wenn das rein illusorisch sein mag, kann es doch ein Grund für die Popularität der Serie sein (vgl. Bellon 1999; Campbell 2001, 330; Booker 2002, 129). Was hat das nun mit Medienwandel zu tun?

Einer der bevorzugten medialen Orte, an denen sich eine populäre Wissensproduktion entzünden kann, sind laut Fiske die (eben populären) Produkte der ›Regenbogenpresse‹ (tabloids, vgl. Fiske 1993, 109 und passim). In 2;02: »The Host« kommt Agent Scully in einem bizarren Fall nicht weiter – bis ihr schließlich ein ›tabloid‹ unter ihrer Tür durchgeschoben wird (zu »tabloidesque subjects« in THE X-FILES vgl. Lavery/Hague/Cartwright 1996b, 7).

Als ›tabloid‹ ist es eindeutig an bizarren Schlagzeilen wie »Aliens fixed my teeth« zu erkennen. Scully weiß nicht recht, was sie damit anfangen soll, blättert unschlüssig herum, bis sie auf einen seltsamen Bericht stößt: »Bizarre accident on Russian cargo ship has officials suspicious« – hier wird zunächst schon in der Headline der Konflikt unerklärlicher Vorgänge mit dem offiziellen Wissen (den ›officials‹) thematisiert. Und obwohl es allen Grund gibt, derartig abstruse Berichte als Unfug zu verwerfen (man beachte besonders den darunter stehenden Artikel »Demon Car. Possessed car changes color after exorcism by priest«), so wissen wir Zuschauer doch aus dem Cold Open (vor dem Vorspann) dieser Episode, dass sich dieser Vorgang ›wirklich‹ zugetragen hat – das Sensationsblättchen enthält also keineswegs nur Unsinn, sondern einfach ein hegemonial unterdrücktes, aber wahres Wissen.

Abb. 5: Schlagzeile des ›tabloids‹ (THE X-FILES 2;02)

Im nächsten Schritt korreliert Scully dieses Wissen mit ihrem – selbstverständlich auf der fortgeschrittenen Technologie der Staatsmacht (Computer; vgl. Fiske 1993, 71; Agar 2003) repräsentierten – offiziellen Wissen über den Fall. Am Ende stellt sich jedenfalls heraus, dass es sich bei dem gesuchten Täter um einen riesigen Wurm-Mensch-Hybrid handelt, mutmaßlich eine Folge der Reaktorkatastrophe von Tschernobyl. Mit dieser Anspielung auf eine technische Großkatastrophe schließt sich der Kreis, denn solche Störungen und Unfälle (wie auch der grausige Schatten aus 2;23: »Soft Light«) zeigen die Grenzen der Macht des offiziellen Wissens – eben darum können Störungen von Medien innerdiegetisch auch als Zeichen von UFOs, die ebenfalls die Grenzen des offiziellen Wissens markieren, repräsentiert werden.

Doch im selben Jahr, 1994, als die Episode 2;02: »The Host« gesendet wurde, begann dank der Freigabe des WWW und den ersten Browsern die immer raschere Ausbreitung des Internets, das Fiske 1993 in seinem Aufsatz zu den Medien populären Wissens noch nicht kennen konnte. Der Medienwandel hin zum Internet erlaubt durch die Dezentralisierung und Amateurisierung von Publikationsmöglichkeiten auch zahlreiche Stimmen jenseits der Massenmedien – kaum eine seltsame Verschwörungstheorie, zu der es keine Website gibt. Insofern kann das Internet als neue, bedeutsame Medientechnik der populären Wissensproduktion betrachtet werden (zumal der Kampf um das Internet selbst – also der bis heute andauernde Widerstand gegen seine kommerzielle Vereinnahmung und staatliche Kontrolle – selbst als Kampf lokaler, nicht-hegemonialer Nutzungsformen um ihre Existenz erscheint). Es dürfte eine passende Koinzidenz sein, dass sein Aufkommen parallel zu einer populären Fernsehserie lief, die einen unaufhörlichen (potentiell populären) Skeptizismus gegen das offizielle Wissen in den Mittelpunkt rückt (vgl. Sparks 1998, der empirisch der Frage nach dem Effekt solcher Sendungen wie THE X-FILES auf den UFO-Glauben der Fernsehzuschauer nachgeht): »In THE X-FILES the only way to get at truth is through word of mouth or its postmodern equivalent, the Internet« (Cantor 2001, 160).

Die Photographie, das Sichtbare und die Wahrheit

Mit der Frage nach dem Konflikt zwischen offiziellem und populärem Wissen nach Fiske stellt man bereits die Frage nach dem Verhältnis der Medien zum ›Wirklichen‹:

»Scientific rationalism does not provide the only way of knowing and representing the world, although it claims to. Despite these monopolist ambitions it has to recognize, however reluctantly, that other knowledges exist and contradict it, so part of its strategy of control is to define the realities known by those other knowledges as ›unreal‹ and therefore not worth knowing« (Fiske 1993, 181).

Dieser Konflikt bezieht sich auch auf die Frage der Evidenz, die für die von den verschiedenen Wissensformen behaupteten Realitäten vorgezeigt werden kann. Eines der zentralen Medien der Wissenschaften und der polizeilichen Ermittlung, in der Mulder und Scully tätig sind, um Spuren von untersuchten (und zu untersuchenden) Realitäten aufzuzeichnen, ist die Photographie.◂25 Insofern photographische Medien Spuren der von Ereignissen reflektierten oder produzierten elektromagnetischen Strahlung aufzeichnen, können sie unter kontrollierten Bedingungen Informationen über diese Ereignisse liefern. Allerdings ist eine photographische Aufzeichnung eine nackte Spur; ohne Interpretation ist meist nicht verständlich, was das Bild zeigt, zumal in der wissenschaftlichen Photographie.

Andersherum kann die Bedeutung auch nicht völlig beliebig der Photographie übergestülpt werden, die Interpretation muss eben mit den vorfindlichen Spuren plausibel in Übereinstimmung gebracht werden können. Auch populäres Gegenwissen operiert oft mit Evidenzen: »Yet while so-called superstitious knowledge ›explains‹ a reality that official knowledge dismisses as ›unreal‹, it often does so by means which resemble those of science« (Fiske 1993, 188). Eines der zentralen Themen z. B. von UFO-Subkulturen sind die (angeblichen) Beweisstücke, oft in der Form sogenannter UFO-Photos.◂26 Solche Photos werden vom ›offiziellen‹ Wissen als bloße Störungen, Verwechslungen oder schlicht als vorsätzliche Fälschung und Betrug gedeutet (vgl. Fiske 1993, 184 f. zu manipulierten Photos in ›tabloids‹). Demgegenüber versuchen engagierte Ufologen mit dezidiert am Muster der Wissenschaft orientierten Mitteln (Photoanalyse etc.) zu beweisen, dass es sich wirklich um Spuren fremdartiger Flugobjekte handelt (siehe etwa die Kontroverse um das ›Willamette Pass Oregon UFO-Photo‹, Vance 1973; Wieder 1993; siehe auch Haines 1987).

Wichtig ist, dass sich der Medienwandel zu den digitalen Medien in den 1990er Jahren zentral in Bezug auf die Frage nach der Referenz photographisch erscheinender Medien manifestiert hat – eine der diskutierten Fragen war, ob man den, nun digital so leicht manipulierbaren Bildern, noch trauen könne (siehe den Überblick und die Kritik in Schröter 2004). Auch dieser Medienwandel wird in THE X-FILES reflektiert und projiziert. Man kann den Vorspann von THE X-FILES◂27 geradezu programmatisch als Reflexion des Referenzproblems lesen. Nach dem Titelbild kommt eine kurze Sequenz aus mehreren Standbildern, die eine UFO-Photographie zeigen.

Im ersten Bild sieht man am Abendhimmel das geheimnisvolle Objekt schweben, links im Vordergrund ist die Silhouette eines Mannes, der mit dem Finger auf das Objekt zu zeigen scheint. Mit dieser deiktischen Geste wird der indexikalische Charakter der Photographie zunächst selbst wiederholt (vgl. Barthes 1989, 12). Rechts unten findet sich, kaum sichtbar, ein Schriftzug: »FBI Photo Interpretation« und in der nächsten Zeile »Computer …«, dann wird die Schrift unlesbar, in der dritten Zeile eine Nummer und vermutlich eine Ortsangabe.

Das Bild ist also aus einem Bildanalyselabor, wo man mit den Mitteln der digitalen Bildanalyse versuchen will, festzustellen, was es zeigt. Damit demonstriert der Vorspann einerseits – 1993, am Beginn von THE X-FILES, der Diskussion um den Referenzverlust digitaler Bildbearbeitung weit voraus –, dass digitale Technologien mitnichten nur zur Produktion referenzloser Täuschungen, sondern vielmehr auch zur referenzerzeugenden Analyse visueller (und anderer) Daten verwendet werden können. Andererseits bleibt das Referenzproblem – gleich ob nun auf analoger◄28 oder digitaler Basis – virulent. Die Photographie muss interpretiert werden, die nächsten Abbildungen rücken dem geheimnisvollen Phänomen näher und näher, doch das letzte Bild zeigt nur einen verschwommenen Fleck, vielleicht doch nur eine Wolke?

Die nächste Einstellung des Vorspanns zeigt wieder eine Hand, diesmal irgendwie herumhantierend an einer runden blauen Scheibe, bedeckt mit merkwürdigen Zeichen. Auch wiederholtes Betrachten hilft in keiner Weise, zu verstehen, um was es sich handelt. Ein auf (analoger oder digitaler) Lichtaufzeichnung beruhendes

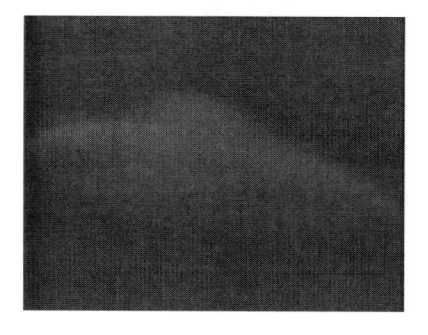

Abb. 6: Erstes Bild der UFO-Sequenz im Vorspann (THE X-FILES, Vorspann)

Abb. 7: Letztes Bild der UFO-Sequenz im Vorspann (THE X-FILES, Vorspann)

Bild, sei es photographisch, kinematographisch oder videographisch, und sei es noch so unmanipuliert, kann ohne Kontextwissen völlig unverständlich sein – dasselbe gilt natürlich auch für jede sprachlich-symbolische Struktur. Sind die merkwürdigen Zeichen auf der blauen Scheibe vielleicht eine Sprache? Aber was bedeuten sie?

Die nächsten Einstellungen zeigen ebenfalls unverständliche und aus dem Zusammenhang gerissene Objekte: eine Kugel, von der offenbar starke elektrische Entladungen ausgehen; ein offenbar in Qualen schreiendes und stark verzerrtes Gesicht – dessen Verformung wieder direkt auf die Möglichkeiten der Bildbearbeitung und Manipulation verweist. Schon hier fällt auf, dass der Vorspann in bläulichen Farbtönen gehalten ist und zudem die meisten Bilder eine stark körnige und verrauschte Anmutung haben. Dadurch wird sowohl auf die Ästhetik von Überwachungskameras als auch auf jene von Schnappschüssen verwiesen, die unter ungünstigen Lichtverhältnissen aufgenommen wurden. Die Problematik der Evidenz, der Referenz von Zeichen, die den medialen Limitationen abgerungen werden müssen und d. h. nichts anderes als die Differenz von Zeichen und Medium, werden hier visualisiert. Dies wird in der nächsten Einstellung unterstrichen.

Wieder ist das Bild bläulich und verrauscht, rechts und links sieht man bläulich-weiße, ja, was sind es?, Kokons, aus denen eine Art Rüssel wächst. Überlagert wird das Bild vom nach hinten ausweichenden Schriftzug »Paranormal Activity«. Doch bei näherer Betrachtung lüftet sich das Geheimnis. Es handelt sich nur um das eingefärbte, achsensymmetrisch verdoppelte und in Zeitraffer beschleunigte Bild eines sprießenden pflanzlichen Samens – der jedoch durch diese Eingriffe (und den Schriftzug, der nahelegt, dass es sich um etwas Paranormales handelt◂29) plötzlich wie eine außerirdische Monstrosität wirkt: Bilder und Klänge – das ist ein Teil der ontologischen Verunsicherung des Medialen – können alles Mögliche bedeuten. Die nächste Einstellung führt Agent Mulder, also den widerspenstigen Agenten des Staates, ein – dem im Duett (und in Kontroverse) mit Agent Scully (übernächste Einstellung) die schwierige Aufgabe zukommt, die rätselhaften Spuren und Zeichen zu interpretieren.

Doch das ist schon deswegen sehr schwierig, da ja (s. o.) vonseiten düsterer Schattenregierungen und ihrer Lakaien alles unternommen wird, um die Wahrheit zu verschleiern, wie die nächste Einstellung des Vorspanns nochmals genauestens unterstreicht. Wir sehen einen leeren Gang, das Bild wieder bläulich-violett verfärbt und stark verrauscht. Der Blickwinkel von rechts oben verstärkt die Assoziation zu einer Überwachungskamera. Sie scheint etwas aufgenommen zu haben: schemenhaft wird der Umriss einer Person sichtbar. Überlagert wird das Bild mit dem Schriftzug »Government Denies Knowledge«. Doch welches Wissen wird hier genau unterdrückt?

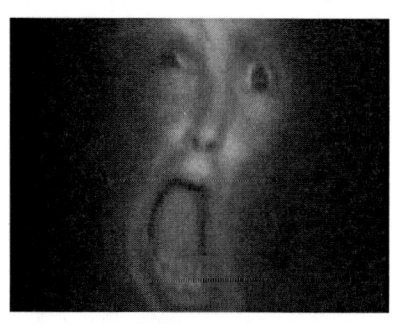

Abb. 8-9: Kugel und verzerrtes Gesicht aus dem Vorspann (THE X-FILES, Vorspann)
Abb. 10: Außerirdische Monstrosität? (THE X-FILES, Vorspann)

(1) Zeigt die Überwachungskamera einen Geist oder eine Art Außerirdischen, der sich fast unsichtbar machen kann – und dieses offiziell nicht akzeptable Wissen wird vertuscht?
(2) Oder ist es vielmehr so, dass wir ein – wieder der Verweis auf (digitale) Bildbearbeitungstechniken – nachbearbeitetes Überwachungsvideo sehen und die schemenhafte Gestalt vielmehr ein Artefakt ist, das den Prozess des Löschens von Information anzeigt (z. B. weil man nicht mehr erfahren können soll, welche Person dort in dem Flur unterwegs war).
Sehen wir also (1) die Spur von etwas, aber dieses Wissen soll vertuscht werden? Das wäre insofern in Konflikt mit dem Schriftzug und paradoxal, weil wir es ja sehen – wäre die Vertuschung erfolgreich, wäre es nicht zu sehen. Oder sehen wir (2) vielmehr die Spur der Löschung einer Spur? Das würde insofern reichen, weil die Vertuschung des Wissens erfolgreich ist – aber nicht in der Hinsicht, die Vertuschung selbst zu vertuschen. Das würde den Schriftzug in gewisser Weise bestätigen – aber in der Regel werden die Vertuschungen natürlich selbst dementiert, also vertuscht, was durch das schemenhafte Artefakt aber eindeutig unterlaufen würde – wie durch den Schriftzug selbst, der ja die Vertuschung offenzulegen trachtet. Ähnlich wie Magritte in seinen Bildern Referenz sowie die Relation von Bild und Text problematisiert hat (vgl. Foucault 1974), so operiert auch der Vorspann von THE X-FILES. Die Lektüre des Vorspanns sei an dieser Stelle abgebrochen; es reicht festzuhalten, dass der Vorspann bereits programmatisch problematisiert, wie Referenz operiert. Denn das ist eines der grundlegenden Motive von THE X-FILES: die ontologische Unsicherheit, ausgedrückt in der Frage: Was ist das?◄30 Was zeigt dieses Bild? Der zu dieser Zeit stattfindende Medienwandel zu den digitalen Bildern führte oft zu einer einseitigen Zuschreibung, analog-chemische Bilder seien indexikalisch und referentiell, während digitale Bilder nicht-indexikalisch und referenzlos seien. In Wirklichkeit können sowohl analoge als auch digitale Bilder referentiell oder nicht-referentiell gebraucht werden (schon deswegen, weil beide Typen von Bildern fiktional verwendet werden können, vgl. Schröter 2013). Diese komplexere Beschreibung wird bereits in den 1990er Jahren, lange vor entsprechenden Einsichten in der Medientheorie, von THE X-FILES geleistet. Das komplexere Modell des Medienwandels in THE X-FILES lässt sich auf verschiedenen Ebenen beobachten:
In Episode 3;22: »Quagmire« geht es um ein geheimnisvolles Monstrum, das in einem See lebt (ähnlich dem Monster von Loch Ness). Ein möglicherweise von dem Monstrum ermordeter Photograph hat Photographien gemacht – Mulder und Scully sehen sie sich an. Sie zeigen eine weiße, dreieckige Figur auf dun-

klem Grund, Mulder fragt Scully »Could this be a tooth?« und Scully antwortet ganz zu Recht: »Yeah, Mulder, it could be a lot of things«...◄31
Eine ähnliche Diskussion findet sich schon in 1;17: »E.B.E.«. Dort diskutieren Scully und Mulder eine Photographie, das Ufos über einem Auto zeigt. Mulder ist begeistert von der Evidenz, während Scully nachweist, dass es sich aufgrund der falschen Reflexionen um eine Fälschung handeln muss. In 6;10: »Tithonus« geht es um einen unsterblichen Photographen, der versucht, den Tod zu photographieren. Interessanterweise kann er offenbar schon vorher sehen, wer bald sterben wird – weil er betreffende Personen in Schwarz/Weiß statt farbig wahrnimmt – hier werden paranormale Fähigkeiten selbst in Registern der photographischen Abbildung visualisiert.
Später diskutiert er mit Scully eine Photographie, auf der bei einer Leiche eine Art Lichtfleck zu sehen ist; der Photograph behauptet, es sei eine Photographie des Todes selbst◄32, während Scully darin nur einen Gegenlichtreflex erkennen kann – wieder ist die zentrale Frage: Ist es eine Spur oder eine Störung?◄33 Wichtig ist hierbei, dass es sich um ganz analog-chemische Photographien handelt – wieder und wieder zeigt die Serie, dass eine isolierte Photographie (und sei sie noch so analog-indexikalisch) alles Mögliche bedeuten kann (und auch, dass analoge Photographien schon immer gefälscht wurden). Natürlich erfindet THE X-FILES auch noch merkwürdigere Fiktionen des Photographischen.
In Episode 4;19: »Synchrony« finden Scully und Mulder eine Photographie, die scheinbar eine zukünftige Begebenheit zeigt – somit wird der temporale Modus der Photographie thematisiert: Ist es wirklich aus der Zukunft, wie kann das sein? Scully argumentiert, ganz in der Tradition von André Bazin (1975), dass eine Photographie prinzipiell nur Vergangenes zeigen kann. Es bleiben also nur zwei Möglichkeiten. Entweder ist es gefälscht (z. B. mit Photoshop) oder Zeitreisen sind doch möglich, wie Mulder in eher vager Berufung auf die Quantenphysik behauptet (und was sich am Ende natürlich als die Wahrheit erweist). Jedenfalls ist es bezeichnend, dass sich eine Fernsehsendung 1997 um die Destabilisierung der Ontologie der Photographie dreht.
In 4;04: »Unruhe« belichtet der Protagonist, ein geistesgestörter Mörder, unabsichtlich Photographien auf parapsychologische Weise, Photographien aus denen Rückschlüsse auf sein Gemüt möglich sind und die Mulder unter explizitem Bezug auf die Tradition der Geisterphotographie (vgl. Wojcik 2009) und die Gedankenphotographien von Ted Serios (vgl. Eisenbud 1975) diskutiert. Zunächst geht es also abermals um die Ränder des photographischen Mediums – in die Grauzone ›paranormaler‹ Praktiken, die dem offiziellen Wissen über die Photographie zuwiderlaufen. Wieder und wieder wird also die Verunsicherung der Medialität der Photographie reflektiert. Interessant ist nun, dass Mulder

die Photographien in dem, im Vorspann bereits etablierten, *Special Photographic Unit* des FBI nachbearbeiten lässt, um dem Täter auf die Spur zu kommen. In zahlreichen anderen Episoden (1;06: »Shad-ows«, 1;16: »Young at Heart« – dort Morphing; 1;24: »The Erlenmeyer Flask«, 2;12: »Aubrey« – dort digitale Rekonstruktion eines Skeletts etc.) dienen digitale Bildbearbeitungsverfahren und Visualisierungen dazu, Information und Referenz zu generieren. THE X-FILES weiß also schon früh, dass digitale Bildbearbeitung zu mehr Information und Referenz führen kann, statt immer eine Verringerung von Referenz zu sein, wie am Anfang der 1990er Jahre in vielen Teilen der theoretischen Diskussion geglaubt.

Die Bildanalysetechniken befinden sich in Labors des FBI, werden also von THE X-FILES einerseits als Technologien der Staatsmacht beschrieben, durch die Spuren interpretiert und akkumuliert werden sollen. In ›centers of calculation‹ (vgl. Latour 1987, Kapitel 6) werden Informationen zusammengetragen, um Sachverhalte zu beherrschen – diese Beschreibung Latours über Forschungszentren passt ebenso gut auf die Laboratorien des FBI. Allerdings gibt es immerzu Kämpfe und Konflikte um Interpretationen – die schon erwähnten

Abb. 11: Photographische Spur des Todes? (THE X-FILES 6;10) [Markierung hinzugefügt]

Abb. 12: Nachbearbeitung der Photographie beim FBI (THE X-FILES 4;04)

Abb. 13: Analyse von Fernseh- und Videosignalen durch die Lone Gunmen (THE X-FILES 3;23)

›Lone Gunmen‹ haben ebenfalls eine Art ›Underground-Labor‹, in welchem sie technische Gerätschaften aufbewahren, um verborgene Informationen herauszuschälen.

In 3;23: »Wetwired« analysieren sie Signale von Videotapes, die mutmaßlich eine Menschen in die Paranoia treibende subliminale Botschaft enthalten. Besonders interessant ist, dass die ›Lone Gunmen‹, die gesondert betonen (1996 war das offenbar noch nötig), dass sie die Videoinformation digitalisiert haben und dafür »some interpolating freeware we pulled off the net«, wie es wörtlich heißt, benutzen. Hier wird 1996, noch sehr zu Beginn der Ausbreitung des Netzes, eine wichtige Gebrauchsweise des Internets vorgestellt – nämlich die Möglichkeit, freie Software herunterzuladen. Dies verweist auf mit dem Medienwandel zu den digitalen Medien entstehende neue Produktions- und Distributionsmodelle (open source, filesharing, p2p etc.), die traditionelle Modelle zu überholen und zu erschüttern drohen.◂34 Außerdem erlaubt freie Software oft Prozesse, die mit offizieller Software nicht möglich sind (heute z. B. kopiergeschützte Medien zu kopieren etc.); es geht also auch um konter-hegemoniale Technologien, um das Netz als nur schwer kontrollierbaren Ort, der auch widerständige Gebrauchsweisen, gerade der digitalen Medien selbst, erlaubt. Eine wichtige Funktion des Netzes, die in der Diskussion oft übersehen wird, ist es, fortlaufender Paratext zu den Möglichkeiten und Problemen der digitalen Technologien zu sein.◂35 THE X-FILES ist wiederum ein weiterer Paratext dazu.

Die schon im Vorspann eingeführte Frage nach der Wahrheit, die innerdiegetisch geradezu zum Kreuzzug von Agent Mulder wird, kann so präzisiert werden – und das würde THE X-FILES mit einem traditionellen metaphysischen Modell verbinden –, dass sie immer *sichtbare* Wahrheit ist (vgl. Blumenberg 1957). Dies scheint eindrücklich dadurch unterstrichen zu werden, dass vor der letzten Einstellung des Vorspanns – »The truth is out there« – eine Einstellung zu sehen ist, die ein Auge zeigt (vgl. auch Peterson 2009).

Der Ein*blick* in das, was ist◄36 – auch gegen alle herrschenden Verstellungen, scheint die zentrale erkenntnistheoretische Strategie von THE X-FILES zu sein. Jedoch wäre es zu einfach, THE X-FILES einer ›okulozentrischen Metaphysik‹ zuzuschlagen (zur Darstellung der poststrukturalistischen Kritik an dieser siehe Jay 1993). Denn der Vorspann zeigt nicht nur ein geöffnetes Auge, bei genauerer Betrachtung sieht man, dass das Auge blinzelt, d. h. immer wieder geschlossen ist.

Damit wird die irreduzible Blindheit inmitten des Sehens (vgl. Merleau-Ponty 1986, insbesondere 312: »Es gilt zu verstehen, daß das Sichtbare selbst eine Nicht-Sichtbarkeit enthält«) thematisiert. In diesem Sinne ist das grelle Licht, das immer mit Kontakten mit Aliens einherzugehen scheint (etwa in 2;01: »Little Green Men«), bereits selbst medienreflexiv, insofern es die Bedingung optischer Medien wie Film und Fernsehen, das Licht, zeigt, aber in so gesteigerter Weise, dass die Abbildung durch Überbelichtung unmöglich wird. Es zeigt die Grenze, an der eine maßlos gesteigerte Sichtbarkeit wieder in Blindheit umschlägt, in der Information durch eine zu hohe quantitative Steigerung zur Störung wird.

In Episode 7;22: »Requiem« geht es um ein UFO, das irgendwo in Oregon abgestürzt ist◄37 und zu dem der Cancerman bemerkt, es sei »hidden in plain sight«, also unsichtbar, selbst wenn man direkt davor steht. In der Tat, bei ihrer Suche stoßen Mulder und Skinner irgendwann auf ein Feld absoluter Unsichtbarkeit, was man daran sieht, dass ausgeschickte Laserstrahlen abrupt enden.

Abb. 14-15: Das Auge der Wahrheit blinzelt (THE X-FILES, Vorspann)

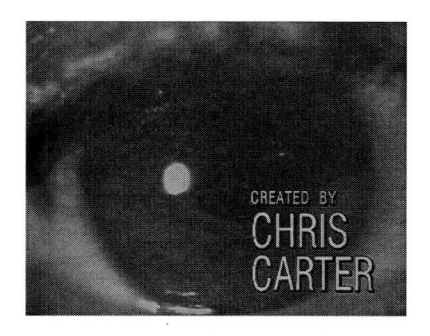

Die Unsichtbarkeit ist nicht durch die Absenz von Sichtbarem ausgezeichnet, dann wäre sie einfach schwarz und als solch schwarzer Fleck ja selbst sichtbar. Vielmehr scheint alles ganz normal sichtbar zu sein, doch etwas ist verborgen, ein »blinde[r] Punkt [...] im Zentrum meines selbstherrlichen Sehens« (Merleau-Ponty 1986, 109). Hier gibt es nichts mehr zu photographieren, die Grenze der visuellen Evidenzen und Spuren ist erreicht (natürlich nicht ganz: denn die abbrechenden Laserstrahlen machen das Feld des Unsichtbaren wieder sichtbar).◄38 Es geht, passend zum Charakter des Mystery-Genres, da-

Abb. 16 Hidden in plain sight (THE X-FILES 7;22)

rum, unaufhörlich zu problematisieren, wie etwas als ›real‹ erkannt werden kann.

In 5;19: »Folie a deux« geht es um einen Arbeitgeber einer Firma, der auf den ersten Blick eben wie ein langweiliger Arbeitgeber aussieht, in Wirklichkeit aber ein schauerliches Fliegenmonster ist, das seine Angestellten in willenlose Zombies verwandelt (zum Thema der Arbeit in THE X-FILES siehe auch Bertsch 1998). Diese problematische ◂39 Allegorie des Kapitals sei dahingestellt, interessant ist, dass einer der Angestellten es sehen kann, die anderen aber nicht. Der Angestellte versucht, seine Mitmenschen zu warnen: »They can't see it, because it hides in the light.« Mulder fällt die Wendung ›hiding in the light‹ auf, die ihm bekannt vorkommt – es gab schon ähnliche Fälle. Später stellt sich heraus, dass das entsetzliche Wesen nur von einigen Personen und tendenziell auch nur verschwommen (und eher am Rande des Gesichtsfeldes erscheinend) betrachtet werden kann.

Auf Bildschirmen hingegen, abgefilmt mit einer optisch-elektronischen Videokamera, sieht man nur einen langweiligen Arbeitgeber.

In beiden (und vielen anderen) Episoden verweist THE X-FILES auf eine prinzipielle Grenze photographischer Medien, eine, zu deren (zumindest partieller) Überwindung gerade die digitale Bildbearbeitung genutzt wurde, indem etwa auf digitalisierten photographischen Daten Bereiche farblich verändert wurden, um sie überhaupt sichtbar zu machen. Ebenso werden animierte und gerenderte Bilder schon seit langer Zeit eingesetzt, um Dinge zu veranschaulichen, für die es überhaupt keine visuellen Entsprechungen gibt. Dieser Medienwandel weg vom unmittelbar durch das Licht Sichtbaren steht im Hintergrund, wenn in THE X-FILES vor allem digital bearbeitete Bilder oder Visualisierungen von Simulationen (vgl. Gramelsberger 2010; Hinterwaldner 2010) referentiellen Wert besitzen. Gerade Letztere tauchen immer wieder auf, wie z. B. in 2;08: »One Breath«. Oder in 4;19: »Synchrony« – das Bild zeigt die Visualisierung einer Simulation einer (fiktiven) chemischen Substanz, eines ›virtual chemical‹, das vielleicht zukünftig existieren soll.

Es handelt sich um eben jene Episode, in der zuvor die oben erwähnte Photographie, welches scheinbar aus der Zukunft kommt, thematisiert wurde. Photographien können eigentlich nichts Zukünftiges abbilden – bei Simulationsbildern ist das in der Regel aber gerade der Zweck. So gesehen, thematisiert die Folge ausdrücklich den Medienwandel zu den digitalen Bildern und die damit einhergehenden verschiedenen temporalen Modi des Bildes.

Der Körper und die Medien

Linda Badley (1996) hat darauf hingewiesen, dass dem Körper in THE X-FILES eine zentrale Rolle zukommt – er tritt in zahllosen Mutationen (exemplarisch 1;03: »Squeeze« und 1;21: »Tooms« oder 2;02: »The Host«) auf, in monströsen Verformungen (siehe schon das verzerrte Gesicht aus dem Vorspann), wird wahlweise von Scully oder Aliens geöffnet und untersucht u. v. m. Ihrer präzisen Analyse ist nichts hinzufügen, außer dass hier der Aspekt des Körpers als Medium bzw. der Mediatisierung des Körpers in Bezug zum Medienwandel der 1990er Jahre herausgearbeitet werden soll.

Dass der Körper als medial gedacht ist◄40, zeigt sich in THE X-FILES schon an den zahllosen Folgen, in denen es um die Kontrolle von Körpern durch Geister geht, z. T. unter dem Einfluss psychedelischer Drogen (z. B. 1;15: »Lazarus«, 2;10: »Red Museum«, 2;11: »Excelsis Dei« – hier mit Bezug auf Pilzdrogen; 3;21: »Avatar«). Auch gibt es natürlich Episoden, die sich um telepathische Fähigkeiten drehen (z. B. 5;20: »The End«) oder klassische Bodyswitch-Erzählungen, in denen das Bewusstsein von Körpern vertauscht wird (6;04: »Dreamland 1«, 6;05: »Dreamland 2«). Diese Episoden aktualisieren Modelle der Person als Medium – durchaus in mediumistischen Traditionen (vgl. Hahn/Schüttpelz 2009) und werfen damit generell die Frage auf, was alles als Medium bezeichnet werden kann (s. u.). Die parapsychologischen Medialitäten treten in mehreren Episoden direkt in Verbindung mit technischer Medialität, die Gedankenphotos in 4;04: »Unruhe« wurden schon erwähnt. In Episode 2;04: »Sleepless« tötet ein Verdächtiger durch telepathische Bilder, was Mulders zwielichtiger Kollege Krycek mit den Worten »this puts a whole new spin on virtual reality« kommentiert. In 7;20: »Fight Club« geht es um das Konzept des Doppelgängers, das innerdiegetisch mit dem Photokopierer verbunden wird – der Körper im Zeitalter seiner technischen Reproduzierbarkeit tritt hier in den Blick. In der frühen Episode 1;04: »Conduit«

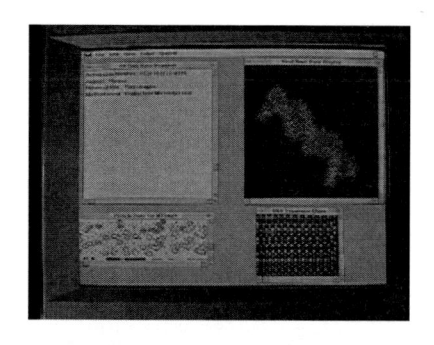

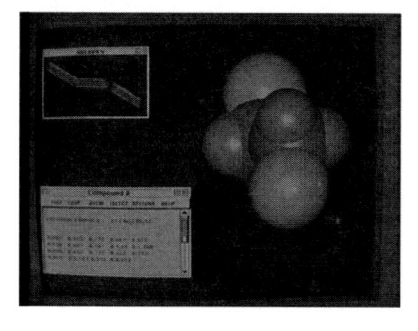

Abb. 17: Simulationsbild I (THE X-FILES 2;08)
Abb. 18: Simulationsbild II (THE X-FILES 4;19)

– deren Titel zu deutsch schon als ›Kanal‹ übersetzt werden kann und in der deutschen Ausstrahlung ›Signale‹ hieß – sitzt ein kleiner Junge, dessen große Schwester mutmaßlich von Außerirdischen entführt wurde, vorm Fernseher, auf dem nur ›Schnee‹ zu sehen ist.

Zunächst wird also wieder das bekannte Element der Störung bzw. des Rauschens gezeigt. Doch der kleine Junge liest offenbar aus dem scheinbar regellosen Rauschen einen digitalen Code heraus, den er als Folge von Nullen und Einsen zu Papier bringt.

Der Junge zeigt auf den Fernseher: »It's coming from there.« Dieser Code stellt sich später als klassifizierte Information eines militärischen Satelliten heraus. Die weiteren interessanten Ebenen und Wendungen überspringen wir und kommen nun zu Mulders Schlussfolgerung: Er vermutet, der Junge sei eine Art ›Conduit‹, womöglich für eine außerirdische Intelligenz. Ist also ein kleiner Junge in einer bestimmten Konstellation ein personales Medium geworden?

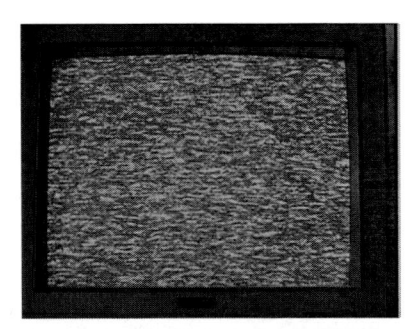

Doch es gibt Aspekte der Medialität des Körpers bzw. der Körper-Medium-Kopplung, die noch direkter an die Frage nach dem Medienwandel in den 1990er Jahren anschließbar sind. So bemerkt Paul Cantor: »It's actually funny now to go back to the first season and see that Scully and Mulder often miss each other on their regular phones, and answering machines have to kick in, and sometimes the plots turn on the fact that they can't reach each other by phone. And then pretty soon the cell phone is there – an inescapable companion.«◂41 Es geht also ganz offensichtlich um den Medienwandel zu den mobilen und lokativen Medien (vgl. Buschauer/Willis 2013) – vom Festnetztelefon zum Handy – der THE X-FILES selbst prägt und in THE X-FILES verschoben abgebildet wird (vgl. zum Mobiltelefon in Fernsehserien generell, aber leider ohne jeden Bezug auf THE X-FILES, Karnowski 2008). So gesehen ist schon eine charakteristische Design-Entscheidung von THE X-FILES symptomatisch – nämlich die Idee, zu Beginn jeder neuen Szene, Ort und manchmal auch Zeit in einer Art Schreibmaschinenschrift einzublenden.

Abb. 19: Das Rauschen des Fernsehens (THE X-FILES 1;04)

Abb. 20: Decodierung des Rauschens durch den Jungen als Medium (THE X-FILES 1;04)

Dieser narrative Kunstgriff, der zunächst schlicht die raumzeitliche Lokalisierung der Handlung erleichtert, ähnelt aber zugleich der heute von Video- und Handykameras wohlbekannten Georeferenzierung von Bildern (wenn auch ohne GPS-Koordinaten). Insofern nimmt THE X-FILES eine wichtige bildästhetische Verschiebung im Medienwandel zu den digitalen, mobilen und lokativen Medien vorweg. Bereits 1995, in 2;25: »Anasazi«, kann man sehen, wie Mulder aufgrund der Benutzung seines Handys lokalisiert werden kann.

Auch gibt es Fälle, in denen mediale Technologien direkt an den Körper angekoppelt werden. In Episode 5;13: »Patient X« geht es um Alien-Implantate ◄42, die den von UFOs Entführten eingepflanzt werden. Mulder vertritt die Idee, dass es sich bei den Implantaten um so etwas wie Tracking-Geräte handelt, vielleicht gar nicht außerirdischen, sondern schlicht militärischen Ursprungs. Deleuze (1993b, 261) hat geschrieben: »Man braucht keine Science-Fiction, um sich einen Kontrollmechanismus vorzustellen, der in jedem Moment die Position eines Elements in einem offenen Milieu angibt, Tier in einem Reservat, Mensch in einem Unternehmen (elektronisches Halsband).« Implantate mit Tracking-Funktion, von denen die Betroffenen unter Umständen nicht einmal

Abb. 21: Lokalisierung des Bildes (THE X-FILES, 4;18)

etwas wissen, sind eine pointierte Fiktionalisierung der geomediatisierten Infrastruktur der Kontrollgesellschaft (und verweisen auf die zahlreichen Möglichkeiten der Lokalisierung und Kontrolle, die mit der zunehmenden Ausbreitung von RFID einhergehen, vgl. Rosol 2007).

Der Medienwandel des Fernsehens

Die letzten Abschnitte haben gezeigt, dass sich THE X-FILES einerseits auf den verschiedensten diegetischen und formalen Ebenen mit Medien und Mediatisierung reflexiv auseinandersetzt und andererseits durch seine offene narrative Struktur zahlreiche Anschlüsse erlaubt, die eine transmediale Expansion in das zeitgleich ko-evoluierende Internet begünstigen. Aber es gibt noch eine dritte Ebene: In THE X-FILES findet eine innerdiegetische Reflexion auf das Fernsehen statt, die schwerlich anders denn als Auseinandersetzung mit dem Medienwandel des Fernsehens verstanden werden kann: Die oben bereits diskutierte Episode 1;14: »Conduit« macht es explizit: Der kleine Junge empfängt durch das Fernsehen einen digitalen Code – auf die kommende Digitalisierung des Fernsehens wird also angespielt. Gleichzeitig verändert THE X-FILES im Laufe der Serie seine eigene Form: Das gilt zunächst für solche noch eher oberflächlichen Aspekte, dass die Hauptdarsteller Gillian Anderson (Scully) und besonders David Duchovny (Mulder) zunehmend weniger präsent sind und durch die neuen Agents John Jay Doggett (Robert Patrick) und Monica Reyes (Annabeth Gish) ersetzt werden; auch dafür, dass sich – nicht ungewöhnlich für eine Fernsehserie – der Vorspann in Staffel 8 erst leicht und dann in Staffel 9 deutlich ändert. Allerdings ist dabei bereits signifikant, dass die Änderungen in Staffel 9, neben dem Personal, auch einige Bilder aus dem früheren Vorspann betreffen, die jetzt statt als Standbilder bewegt oder in verbesserter Bildqualität vorliegen – als sollte hier bereits der Übergang vom statischen zum bewegten Bild, von niederer zu höherer Bildqualität (Stichwort: HD, vgl. Schröter/Stiglegger 2011), vom »Paläo«- zum »Neofernsehen« (vgl. Casetti/Odin 2001, insb. 325/326) nochmals wiederholt werden.

Auffälliger ist aber noch, dass THE X-FILES im Laufe der Zeit zunehmend sich selbst reflektiert, sich selbst ironisiert. Dieser Wandel ist durchaus nicht unproblematisch für die diegetischen Operationen der Serie – basiert doch Mystery, ähnlich wie Science-Fiction (vgl. Spiegel 2007), auf einem ›realistischen‹ Inszenierungstypus. Nur durch den Kontrast zu der ›realistisch‹ erzählten »Nullwelt« können die einbrechenden, mysteriösen Phänomene konturiert werden. ›Realistisch‹ ist ein außerordentlich schwieriger und problematischer

Begriff – im hier diskutierten Zusammenhang ist er am ehesten zu verstehen als Beschreibung eines Erzähltyps, in dem die medialen Verfahren der narrativen Konstruktion nicht die Aufmerksamkeit auf sich selbst lenken und hinter die erzählten Sachverhalte zurückzutreten scheinen, so wie es Bordwell (1986) für den ›classical hollywood mode of narration‹ dargestellt hat. Doch mit dem Auftauchen der ersten reflexiven, ironischen, mit ›postmodernen‹ Zitaten durchsetzten Episode (vgl. Kellner 1999; Booker 2002, 125), die die Inszeniertheit und Künstlichkeit der Serie selbst ausstellt, wird dieser ›Realismus‹ in Frage gestellt – und damit werden wiederum die diegetischen Grenzen expansiv überschritten. Die erste und viel diskutierte Episode dieser Art ist Folge 3;20: »Jose Chung's From Outer Space«. Ihre Rezeption war allerdings gemischt – eben genau, weil sie die realistische Inszenierung in Frage zu stellen drohte (vgl. Lavery/Hague/Cartwright 1996b, 13-18). Die Ebenen der Erzählung und ihre diversen popkulturellen Anspielungen (etwa auf das Science-Fiction-Kino) zu entwirren, ist hier weder möglich noch nötig (siehe ebd. und u. v. m. Kellner 1999, 170 f.; Campbell 2001, 333 f.; Booker 2002, 145 f.; Kowalski/Kreider 2009, die eine an Sartre orientierte Lektüre der Episode liefern). Im Groben geht es darum, dass ein Schriftsteller ein Buch über UFO-Phänomene schreiben will und die Beteiligten eines derartigen Vorfalls interviewt, u. a. Scully und Mulder. In grotesker, verschachtelter und an Kurosawas RASHOMON (Japan 1950) erinnernder Weise zerfällt das Bild mit jedem Versuch, es deutlicher zu machen, mehr und mehr in heterogene Scherben; am Ende ist vollkommen unklar, was eigentlich passiert ist, wer lügt und wer nicht, ja, ob eine solche Frage überhaupt noch einen Sinn ergibt. Allerdings gibt es schon in 3;12: »War of the Coprophages«) vorher eine seltsame Szene, die in radikaler Weise die Schließung der Diegese gegenüber den Zuschauern durchbricht. Es geht in der Episode um eine geheimnisvolle Kakerlaken-Plage, die eine amerikanische Kleinstadt befällt. In einer Szene spricht Mulder deswegen mit einem Spezialisten und während des Gesprächs läuft eine Kakerlake über das Bild, als ob sie über den Fernsehschirm laufen würde (was man daran sieht, dass sie kontinuierlich über den Schuss/Gegenschuss hinwegläuft).
So wird der Bildschirm des Fernsehapparates selbst thematisiert – und gleichzeitig beim Zuschauer eine Schrecksekunde ausgelöst, scheint doch die grässliche Insektenplage auf den Zuschauerraum überzugreifen. Diese Szene ist Teil des Formwandels von THE X-FILES zu einer zunehmend medial ›selbstbewussteren‹ (im Sinne etwa von Bordwell 1986, 22 f.) Serie – und eine Durchbrechung der ›Vierten Wand‹, die eine wörtliche Expansion der Serie aus dem Fernsehen heraus darstellt (vgl. Lowry 1996, 141-144).◂43

Abb. 22: Extradiegetische Kakerlake (THE X-FILES 3;12)

Diese Reflexion über das Fernsehen wird auch in anderen Episoden durchgeführt. In Episode 3;09: »Nisei« hat sich Mulder ein Videotape gekauft, das eine angebliche Alien-Autopsie zeigt – exakt zu dieser Zeit zirkulierte auch in der wirklichen Welt ein zunächst heiß diskutiertes Video (der ›Santilli-Film‹), das angeblich die Autopsie eines Aliens nach dem UFO-Crash in Roswell 1947 zeigt.◄44 Natürlich greift diese Episode wieder die Frage nach dem referentiellen Status des Bildes auf, v. a. aber zeigt sie die Verarbeitung von Fernsehereignissen durch THE X-FILES◄45 – das ominöse Alien-Video wurde zuerst am 28.8.1995 in dem amerikanischen Sender Fox gezeigt, die Episode »Nisei« lief nur drei Monate später am 24.11. auf demselben Sender. In einer Szene betritt Scully das Büro von Mulder, der sich gerade das Video anschaut, und bemerkt spöttisch, dieses Video sei ja noch größerer Unfug als jenes Video, ,das neulich im Fernsehen lief' – womit nur der Santilli-Film gemeint sein kann. Diese Episode reflektiert also in der Diegese selbst die Einbindung von THE X-FILES in einen Sender, genauer: in Fox. Genau dieselbe Figur wird in 7;12: »X-Cops« wieder aufgegriffen – die im Stile des Reality-Formats COPS (Fox/Spike, 1989) gehalten ist, in der ein Kamerateam eine Polizeieinheit bei der täglichen Arbeit begleitet.

In dieser Folge begleiten Scully und Mulder Polizeieinheiten, das Ganze ist mit einer TV-Reportage-Videokamera gefilmt, im typischen Videolook, mit Interlacing-Streifen, sehr verwackelt und grob geschnitten. Während der dokumentarisch anmutenden Szenen kommt es zu gewalttätigen Zwischenfällen unklarer Art. THE X-FILES, die Serie, die – abgesehen von TWIN PEAKS und dem Sonderfall THE TWILIGHT ZONE (CBS, 1959-1964; 1985-1987; UPN, 2002-2003) – das neue Genre Mystery begründet hat, also auch in dieser Hinsicht einen Wandel des Fernsehens hervorgebracht hat◄46, zitiert eine andere Serie auf demselben Sender, die (neben anderen) begründend für den Typus des Reality TV war. Es ist, als ob die Protagonisten in die andere Serie gewechselt wären. THE X-FILES thematisiert also dadurch, dass es sich selbst formal wandelt, ganz explizit seinen Platz in einem Sender, der mit bestimmten Formaten den Wandel des Fernsehens vorangetrieben hat (vgl. Johnson 2005).

Interessanterweise beginnt die Episode mit einem Hinweis: »The following is a special episode of the THE X-FILES. Viewer discretion is advised«, was direkt auf einen ähnlichen Hinweis anspielt, der sich schon am Beginn der Pilotfolge von COPS findet: »Due to the graphic nature of this program viewer discretion is advised«, auch die Reggae-Musik ist dieselbe wie in COPS. Schließlich wird COPS ganz explizit genannt, es wird klar, dass es sich um den Vorspann von COPS handelt; der sonst übliche THE X-FILES-Vorspann kommt kurz danach aber auch noch.

Und konsequenterweise werden Mulder und Scully bei ihrem ersten Erscheinen mit Untertiteln vorgestellt, wie es in einem Reality-Format, wo den Zuschauern unbekannte Personen auftreten, geschehen muss.

Ein Reality-Format, welches also gerade ›Realität‹ evozieren soll◄47, erscheint als fiktionale Simulation in den sich so als Meta-Fernsehserie konstituierenden THE X-FILES. Damit wird auch der dokumentarische Anspruch von COPS unterlaufen – zeigt THE X-FILES doch (wie viele andere Docufictions, vgl. Rhodes 2006), dass die Fiktion alle Zeichen der Dokumentation vortäuschen kann – umgekehrt kann eine Dokumentation

Abb. 23: Still aus »X-COPS« (THE X-FILES 7;12)
Abb. 24: Kinosituation in Hollywood A.D., die ›fiktiven‹ Mulder und Scully auf der Leinwand (THE X-FILES 7;19)

nicht die Zeichen der Fiktion übernehmen, ohne sich selbst in Frage zu stellen. Hierin zeigt sich auch die Reflexion von THE X-FILES auf die »Macht des Falschen« (Deleuze 1991, 182), was wiederum auf die oben angesprochenen Fragen nach der Referenz verweist, die gerade in den 1990er Jahren und in Bezug auf digitale Bilder virulent waren.

Abschließend muss die Episode 7;19: »Hollywood A.D.« erwähnt werden, in der ein Filmproduzent auftaucht, der einen Film über Mulder und Scully dreht. In der Episode erscheinen dann Schauspieler, die die beiden spielen – und am Ende sind die beiden Agents Zeugen der Premiere des Films, der sie ob seiner Differenz zu ihrer ›wirklichen‹ Tätigkeit peinlichst berührt. Besonders der Cold Opener vor dem Vorspann ist bei der ersten Betrachtung hochgradig irritierend, weil er mit dramatischer Musik – und eben ganz anderen Schauspielern, die Mulder und Scully verkörpern, einsteigt, doch dann gibt es einen Schnitt und man sieht eine Kinosituation. Hier wird die fiktionale Situation selbst noch einmal fiktional verdoppelt – und so erneut die Künstlichkeit der Serie expliziert.

Man kann also beobachten, dass THE X-FILES nicht nur den Medienwandel zu den digitalen Medien beobachtet, sondern sich selbst wandelt – und dadurch Wandel als solchen sicht- und hörbar macht.

Fazit oder die paranoische Produktion der Medien

THE X-FILES reagiert unübersehbar und auf sehr verschiedenen Ebenen auf den Medienwandel in den 1990er Jahren, wobei virulente Fragen wie die Differenz von normaler Funktion und Störung, der Kontrolle über Infrastruktur und Inhalte, der Glaubwürdigkeit und Referenz medialer Zeichen, das Verhältnis des Körpers zu den Medien – und schließlich der Wandel des Fernsehens selbst in den Blick rücken. Die Analyse versuchte diesen fortlaufenden Reflexionsprozess aufzuzeigen – der in der radikalen Konsequenz gipfelt, dass bei THE X-FILES im Grunde alles zum Medium werden kann, nicht nur kleine Jungen wie in 1;04: »Conduit«. In der Folge 3;16: »Apocrypha« diskutieren Scully und Mulder das unter Kennern der Serie wohlbekannte schwarze Öl, das in der vorhergehenden Episode 3;15: »Piper Maru«, erstmals eingeführt wird. Das schwarze Öl ist eben dies: Maschinenöl, das aber offenbar auf irgendeine unbekannte Weise ein Bewusstsein oder eine Information möglicherweise außerirdischer Herkunft überträgt und auch zu eigenen Bewegungen fähig ist, die Körper von Menschen besetzt und diese dann quasi steuert. Mulder versucht, dies Scully zu erklären, mit den Worten: »I think it's a medium.« Die ontologische Verunsicherung besteht einerseits darin, dass alles, auch schäbiges, altes Maschinenöl, plötzlich Medium eminenter Botschaften sein kann (vgl. Burns 2001, 216, die das schwarze Öl als Metapher des Fernsehens selbst liest).◄48 Andererseits wiederholen solche Vorgänge die für THE X-FILES konstitutive Paranoia – denn Paranoia kann als Exzess von Bedeutung, als »Prädominanz der Interpretation« (Laplanche/Pontalis 1973, 365) verstanden werden; bedeutungslose Details scheinen plötzlich signifikant und können z. B. als Beweise für eine angebliche Verschwörung operieren. In diesem Sinne produziert Paranoia fortlaufend Medien, denn alles kann plötzlich Information übertragen. Und daher konnten in einer Phase, in der und seit der ständig Neue Medien ausgerufen wurden und werden, den 1990er Jahren und danach, auch die paranoischen THE X-FILES so populär werden. An ihrem Doppelcharakter, einerseits den Medienwandel der Serie zu reflektieren, aber auch performativ hervorzubringen, wird der Status der Fernsehserie als Agent des Wandels deutlich. Doch ist die Mystery-Serie nicht die einzige Weise der Reflexion und Projektion des Medienwandels. Denn die Verunsicherung durch die ›Neuen Medien‹ kann auch in ihre Ablehnung umschlagen, ein Vorgang, der ausgerechnet in der Science-Fiction-Serie sichtbar wird.

4. Rück-Projektionen. Retromedialität und die (scheinbare) Vermeidung eines digitalen Medienwandels in der Science-Fiction-Serie

Auf den ersten Blick besitzt das Science-Fiction-Genre scheinbar in besonderem Maße das Potential, durch die Extrapolation eines technologischen Novums (Suvin 1979) eine Projektion des medialen Wandels – und damit eine Selbstbeschreibung der insbesondere durch digitale Medien geprägten Gegenwart – zu leisten. Wenn man also mit Luhmann fragt: »In welchen Formen präsentiert sich die Zukunft in der Gegenwart?« (Luhmann 1992, 129), fungiert Science-Fiction sozusagen als ein »Bildreservoir unseres Zeitalters, [das] unsere Vorstellung der Zukunft wesentlich [formt]« (Spiegel 2007, 111). Oder wie es Umberto Eco einmal formulierte: »Ist der Science-Fiction-Autor nicht einfach nur ein unvorsichtiger Wissenschaftler?« (Eco 1988, 221).

Auf den zweiten Blick war und ist ein solcher ›prognostischer Charakter‹ der Science-Fiction allerdings problematisch. »Exploration [...] das ist ein höchst problematischer, ja gewaltsamer Ansatz, um die Zukunft zu schreiben. [...] Die futurologische Rechnung geht niemals auf; ihre Erzählungen verfehlen die Wirklichkeit« (Theison 2012, 461). Denn auch, wenn sich einige technische Erfindungen benennen lassen, die von Science-Fiction-Erzählungen vermeintlich inspiriert sind◄49, »[taugt Science-Fiction] als erzählende Futurologie [...] in der Regel wenig« (Spiegel 2007, 47; vgl. hierzu kritisch Haigh 2011; Cuneo 2011). Während das Mystery-Genre, wie im vorangegangenen Kapitel gezeigt wurde, den medialen Wandel, insbesondere der letzten 20 Jahre, in vielerlei Facetten treffend abzubilden vermag, scheint es für die Science-Fiction-Serie◄50 wesentlich schwieriger, ihren Formwandel den rasanten Veränderungen des beobachteten Mediensystems anzupassen. Dies mag auf den ersten Blick überraschen, müsste doch gerade Science-Fiction als ein stark auf technologische Entwicklungen fokussiertes Genre besonders von der gestiegenen gesellschaftlichen Bedeutung neuer (digitaler) Medien profitieren. Doch genau hierin liegt das Problem: Das Mystery-Genre reflektiert die gesellschaftliche Bedeutung digitaler Medien eher indirekt, indem es vor allem ein gewisses – durchaus bewusst diffuses – Moment der Skepsis und Verunsicherung gegenüber der ›digitalen Revolution‹ thematisiert, wie es etwa durch den NSA-Skandal von 2013 wieder an Wirksamkeit gewonnen hat. Eine solche Verunsicherungsstrategie ist dem Mystery-Genre in Form von Motiven der Instabilität und Ambivalenz geradezu in seine Grundstruktur eingeschrieben (vgl. Spiegel 2016). Demgegenüber liegt der Fokus der Science-Fiction in der Regel viel deutlicher auf ganz bestimmten futuristischen Medientechnologien. Natürlich werden auch hier, gerade in dystopischen Zukunftsvisionen, Narrative eines tiefen Misstrauens gegenüber neuen technischen Errungenschaften aufgegriffen. Doch während die technischen Aspekte digitaler Medien in Mystery-Serien oftmals eher im Hintergrund bleiben, weil es sich schlicht um ›zeitgenössische‹ mediale Artefakte handelt, fällt im Science-Fiction-Genre der Blick meist unvermeidlich auf das konkrete Design und die genaue Funktionsweise einer neuen Technik. Anders formuliert: Durch die Betonung der technischen Apparatur ›altert‹ Science-Fiction oftmals schlechter als etwa das Mystery-Genre, gerade wenn die technische Realität die als futuristisch präsentierten Geräte stetig und immer schneller ein- und überholt. In ihrer Rolle als Agent des Wandels muss sich die Science-Fiction-Serie – wie im Folgenden zu zeigen sein wird – demnach anderer Strategien der Reflexion und Projektion einer fortwährenden technisch-medialen Evolution bedienen.

Dabei soll eine gesellschaftliche Bedeutung von Science-Fiction-Narrativen an dieser Stelle gar nicht bestritten werden. Jenseits einer weiter gefassten Rolle der Science-Fiction als Inspirationsquelle oder auch Kontrastfolie soll es im Folgenden jedoch um eine differenzierte Betrachtung des konkreten Potentials – oder eben: der Agency – von Science-Fiction-Serien als Genre einer *Projektion mediatisierter Welten* gehen.

Zur Verdeutlichung: Ein oft genanntes Beispiel ist das Science-Fiction-Subgenre Cyberpunk, das Mitte der 1980er Jahre hinsichtlich bestimmter Aspekte des medialen Wandels – insbesondere einer Network-Culture (Terranova 2004) – durchaus prophetisch gewesen sein mag:

»Die Verschmelzung von Mensch und Maschine sowie die kritische Reflexion über die zunehmende Technisierung der Gesellschaft und deren Einfluss auf das Individuum sind Kernthemen des [...] Cyberpunk. [...] Den Fokus bildete dabei die Frage nach dem Individuum in einer zunehmend von Hochtechnologien und Massenmedien geprägten Wirklichkeit. Die Cyberpunk-Literatur spiegelt das Bild einer modernen Gesellschaft, die sich in einem unaufhaltsamen Prozess des Wandels zu einer von elektronischen und digitalen Medien bestimmten Welt befindet und von grundlegenden Paradigmenwechseln gezeichnet ist« (Gözen 2012, 10).

Dabei haben die Cyberpunk-Narrationen gar Eingang in das heute geläufige Vokabular zur Beschreibung digitaler Medien gefunden. Der Begriff *Cyberspace* etwa entstammt William Gibsons 1982 erschienener Kurzgeschichte *Burning*

Chrome; die Bezeichnung *Avatar* (als Repräsentationen des Computerspielers) wurde durch Neil Stephensons Roman *Snow Crash* (1994 [1992]) bekannt.◂51 Jedoch lässt sich einwenden: Es sind letztlich vor allem bestimmte Metaphern und Begrifflichkeiten des Cyberpunk, die in der zeitgenössischen digitalen Medienkultur präsent sind – und weniger die *konkreten technisch-apparativen Umsetzungen*. Wenn Gibson 1988 in *Mona Lisa Overdrive* den Cyberspace als »alle Daten der Welt, dicht an dicht wie eine einzige riesige Neonstadt« (Gibson 2000 [1988], 684) beschreibt, so ist dies zwar eine durchaus visionäre Darstellung des World Wide Webs (vgl. Alvarado 2011). Das Bild einer Neon-Visualisierung kann seine ästhetische Prägung durch die 1980er Jahre jedoch schwerlich verbergen.

Der Ruhm des Cyberpunk verblasste bereits in den 1990er Jahren recht schnell (vgl. Murphy/Vint 2010). Und obgleich die Visionen von Gibson, Stephenson und anderen Cyberpunk-Autoren wie Bruce Sterling oder auch Vorläufern wie Philip K. Dick zweifelsohne zu den Klassikern des Science-Fiction-Genres gehören, erscheinen die Arbeiten heute eher diskurs- denn technologie-historisch interessant.◂52

Die Science-Fiction-Serie und die Jahrtausendwende

Vor diesem Hintergrund scheint es im Zuge eines gleichsam beschleunigten – und darüber hinaus recht unberechenbaren◂53 – medialen Wandels der letzten Jahre für die Science-Fiction immer schwieriger, ihre Rolle als Agent dieses Wandels zu erfüllen. Niklas Luhmann formuliert 1992: »Wie nie zuvor ist in unserer Zeit die Kontinuität von Vergangenheit und Zukunft gebrochen« (Luhmann 1992: 136). Und auch wenn eine solche These aus heutiger Sicht vielleicht etwas zu ausgiebig in postmoderner Rhetorik getränkt sein mag, beschreibt sie doch treffend das Dilemma der Science-Fiction als Genre der Projektion. Hinzu kommt, dass der gerade in Science-Fiction-Narrativen sehr beliebte und symbolträchtige Zeitpunkt des Jahrtausendwechsels inzwischen stattgefunden hat und damit die Zuschauer sozusagen in besonderem Maße zu einem ›chronologischen Abgleich‹ der prophetischen Elemente einzelner Science-Fiction-Erzählungen angehalten sind – doch darauf wird noch zurückzukommen sein.

Ein Blick auf die Science-Fiction-Serie nach der Jahrtausendwende – auf der der Analysefokus im Folgenden legen soll – scheint vor allem zwei maßgebliche Entwicklungslinien des Genres zu zeigen:

Erstens ist eine Tendenz zur Genre-Hybridisierung zu erkennen. So fragt etwa David Lavery (2008) in Bezug auf eine der wohl einflussreichsten Serien der 2000er Jahre: *Is Lost Science-Fiction?* Prägnante Motive der Science-Fiction wurden dabei zudem durch Mystery-Serien wie etwa FRINGE (Fox, 2008-2013) und HAVEN (Syfy, 2010-) sowie zuvor bereits durch THE X-FILES (Fox, 1993-2002) und auch THE OUTER LIMITS (Showtime/Sci-Fi, 1995-2002) aufgegriffen. Hinsichtlich des großen Erfolgs dieser Serien ließe sich gar fragen, inwieweit einzelne Science-Fiction-Subgenres gar mittlerweile im Mystery-Genre aufgegangen sind (vgl. Spiegel 2016).

Zweitens gibt es eine Tendenz zum Nischenprogramm: Während Ende der 1980er und 1990 vor allem STAR TREK: THE NEXT GENERATION (div., 1987-1994) enorme Publikumserfolge verbuchen konnte,◄54 ist die Science-Fiction-Serie Anfang der 2000er Jahre eher geprägt durch teils kurz-,◄55 teils langlebigere Kultserien,◄56 Transmedia-Experimente◄57 und nostalgisch-stereotype Adaptionen.◄58 Doch keine dieser Serien kann dem massenerfolgreichen TV-Mainstream zugeordnet werden, keine fällt unter das vieldiskutierte ›Label‹ des Quality TV◄59 und keine schließt an die »neuen Großen Erzählungen« (Haupts 2010) an, wie sie durch STAR TREK und insbesondere durch BABYLON 5 (PTEN/TNT, 1993-1998) etabliert wurden. Eine Ausnahme – eine »schöne Anomalie« (Knörer 2013, 9) – bildet hier das Remake von BATTLESTAR GALACTICA (Sci-Fi, 2003/2004-2009), auf das im weiteren Textverlauf noch zurückzukommen sein wird. Doch obgleich BATTLESTAR GALACTICA – wie es nicht untypisch für narrativ komplexe Serien ist (Mittell 2006; 2011) – mit der DVD-Veröffentlichung nicht nur zum Kritikerliebling, sondern schließlich auch zum finanziellen Erfolg für den SyFy Channel wurde,◄60 konnte auch diese Serie nicht an die massenmediale Wirkung von STAR TREK: THE NEXT GENERATION anknüpfen.

Vermeidungsstrategien

Neben den ökonomischen Verschiebungen der Science-Fiction-Serie im Fernsehmarkt lässt sich auch eine inhaltlich-ästhetische Neuorientierung des Genres ausmachen, die ebenfalls deutlich von der Jahrtausendwende geprägt zu sein scheint. M. Keith Booker spricht von einer »growing maturity (or perhaps exhaustion) of the genre of Science-Fiction television« (Booker 2004, 192).

> »After all, by the beginning of the twenty-first century, what had once been the Science-Fiction future was now the present day of the real world, a present that had not, in general, lived up to the expectations of the Science-Fiction novels, films, and television series of earlier decades.

While technological advances, especially in computers and communications, continued at a rapid rate, space travel (the heart of earlier Science-Fiction visions of the future) had not lived up to previous expectations, and the space program had in fact slowed to a virtual standstill« (ebd.).

Einer solchen Entwicklung begegnet eine Reihe von Science-Fiction-Serien Ende der 1990er und Anfang der 2000er Jahre nunmehr mit der Strategie einer Art ›doppelten Ausweichbewegung‹ – sowohl in die Vergangenheit wie in die Zukunft. Dabei zeigt sich, dass ein Großteil aktueller Medientrends – eben insbesondere die rasante Entwicklung der Computer- bzw. Telekommunikationstechnologie – nur selten eine herausragende Position einnimmt oder gar zugunsten älterer ›klassisch-futuristischer‹ Medientechnologien ganz ausgeblendet wird. Mehr noch ist die in rezenten Fernsehserien präsentierte Zukunft oftmals eher eine Ansammlung bekannter Motive des »Golden Age of Science-Fiction« (Roberts 2006) denn eine Extrapolation unserer Gegenwart. Die Science-Fiction-Serie fungiert somit gewissermaßen nicht mehr als ›klassisches‹ Genre der Projektion des medialen Wandels, sondern frönt vielmehr einer – sich aus der eigenen Genre-Historie speisenden – Form der *Rück-Projektion*.
Exemplarisch für solche Formen eines Retro-Futurismus, der den medialen Wandel sozusagen in einer paradoxen Vermeidungsstrategie thematisiert, sollen im Folgenden die Serien BATTLESTAR GALACTICA und FUTURAMA (Fox/Comedy Central, 1999-2003/2008-2013) genauer analysiert werden. Beide Serien zeigen dabei anschaulich medienhistorisch – narrativ wie stilistisch – mehrfach ›gebrochene‹ mediatisierte Welten, deren Widersprüche sich erst in der Seriengeschichte, aber ebenso in der Mediengeschichte des Fernsehens auflösen lassen. Die eigene Serien-Evolution wird somit zur begleitenden Meta-Erzählung erhoben, die sowohl als Reflexion zeitgenössischer Technik-Nostalgie wie auch auf der Ebene einer Genre-Geschichtsschreibung verläuft. Die Zukunft wird so zu einem Pastiche aus »Prediction and Nostalgia« (Roberts 2000, 30).
BATTLESTAR GALACTICA bezieht sich dabei vor allem auf die eigene extradiegetische Seriengeschichte – d. h. auf die Vorgänger-Serie aus den 1970/80er Jahren – und verflicht diese Seriengeschichte in teils narrativ komplexer, teils selbstreflexiver Art und Weise mit der intradiegetischen Serienwelt. FUTURAMA hingegen vollzieht eine fortwährende ironische Re-Aktualisierung der mediatisierten Serienwelt, die die projektive Wirkung vermeintlich futuristischer Technologien stetig bricht, indem sie den satirischen Bezug zur Gegenwart betont.

Battlestar Galactica vs. Battlestar Galactica

All this has happened before. All this will happen again.◂61

BATTLESTAR GALACTICA ist eine Neuauflage – oder besser: ein *Re-Imagening* (Knörer 2013, 9) – der gleichnamigen Serie (ABC, 1978-1979) aus den 1970/80er Jahren, die mittlerweile Kultstatus besitzt, obgleich sie mit nur einer Staffel und einem vorzeitig abgesetzten Spin-off (GALACTICA 1980 (ABC, 1980)) bei der Erstausstrahlung 1978-1980 weitgehend erfolglos blieb.

Vor dem Hintergrund, dass dem Science-Fiction-Genre im fernsehwissenschaftlichen Diskurs der letzten Jahrzehnte eher wenig Aufmerksamkeit zuteil wurde, sticht BATTLESTAR GALACTICA durch eine vergleichsweise große Anzahl an Publikationen hervor (vgl. u. a. Potter/Marshall 2008a; Eberl 2008; Steiff/Tamplin 2008; Kaveney/Stoy 2010). Der Grund hierfür dürfte schlicht die Vielzahl von thematischen Verknüpfungen zu zeitgenössischen gesellschaftspolitischen Diskursen sein, die durch das Science-Fiction-Setting oft nur wenig subtil verfremdet sind – und die neben der narrativen Komplexität der Serie letztlich maßgeblich dazu beigetragen haben, dass BATTLESTAR GALACTICA in das ›Pantheon‹ der Quality-TV-Serien aufgenommen wurde.

»Indeed, one can almost make a checklist of contemporary issues that the series explores. Plots turn on abortion and reproductive rights, torture and prisoner rights, unions and worker rights, racial division, suicide bombing and terrorism, prostitution, drugs, election fraud, the separation of church and state, the underground economy, police violence, and genocide« (Potter/Marshall 2008b, 6).

Die folgenden Überlegungen zu BATTLESTAR GALACTICA konzentrieren sich demgegenüber vor allem auf die mediatisierten Welten der Serie. Denn obgleich die präsentierten Retro-Medientechnologien als visuelle Verlinkungen zu ›realen‹ Medienwelten natürlich dazu beitragen, die fiktionale Geschlossenheit der Serienwelt aufzubrechen,◂62 soll die Darstellung von ›alten‹ und ›neuen‹ Medientechnologien in BATTLESTAR GALACTICA dennoch gerade nicht auf ihre Funktion als Verfremdungseffekte◂63 reduziert werden. Vielmehr geht es darum, aufzuzeigen, dass BATTLESTAR GALACTICA darüber hinaus einen komplexen medien- wie genrehistorischen Diskurs entfaltet, der eher an der eigenen Seriengeschichte und keineswegs ausschließlich an gesellschaftspolitischen Impulsen orientiert ist.

BATTLESTAR GALACTICA weist viele Merkmale einer ›typischen‹ Science-Fiction-Serie auf: Es gibt futuristisch anmutende Städte und Raumstationen sowie gigantische Raumschiffe, die dank FTL-Drive (›faster than light‹) Reisen in Überlichtgeschwindigkeit zwischen Planeten und Sternensystemen ermöglichen. Darüber hinaus gibt es zwar keine Aliens, aber eine von Menschenhand erschaffene Roboter-Armee, die Zylonen, die sich genretypisch gegen ihre Schöpfer wenden und die Menschheit zu vernichten drohen – was ihnen auch (fast) gelingt. Die Auflistung ließe sich fortführen (vgl. Di Justo/Grazier 2010).

Ebenso finden sich in BATTLESTAR GALACTICA aber eine ganze Reihe veraltet anmutender Medientechnologien, wie schnurgebundene Telefone (Pilot; Abb. 25), Tonband-Maschinen (4;07; Abb. 26), Fax-Geräte (2;04; Abb. 27) und Nadeldrucker mit perforiertem Endlospapier (Pilot; Abb. 28). Entscheidend hierbei ist, dass solche Requisiten nicht etwa aus Budgetgründen eine futuristische Ausstattungsvariante ersetzen, sondern dass sie einen bewussten Gegenentwurf◄64 zu den Black-Box-Technologien mit »glistening surfaces and polished displays« (Pank/Caro 2009)◄65, wie sie etwa in STAR TREK zu finden sind, markieren.

Damit setzt sich BATTLESTAR GALACTICA auch insbesondere von der Vorgängerserie ab, die kaum ein Science-Fiction-Klischee ausließ wie z. B. einen Roboterhund namens Muffit oder das Languatron, ein Äquivalent zu STAR TREKS Universal-Translator.

»[I]nstead of embracing the ›hyper real‹, ›larger-than-life‹, futuristic sets of the original, Battlestar production desi-

Abb. 25: Schnurgebundenes Telefon (BATTLESTAR GALACTICA, Pilot)
Abb. 26: Tonband-Maschine (BATTLESTAR GALACTICA 4;07)
Abb. 27: Fax-Gerät (BATTLESTAR GALACTICA, Pilot)
Abb. 28: Nadeldrucker (BATTLESTAR GALACTICA 4;07)

gner Richard Hudolin embraced a retro look that combined old-style telephones and maps you would see on 1940s battleships with computer screens and other elements form the 1980s and '90s. [...] The designers embraced discontinuity with the visual history of the franchise, inviting distinction between the two Battlestars' alternately futuristic and retro looks« (Johnson 2013, 136).◄66

Somit ließe sich fragen: Warum haben die Menschen im (›neuen‹) BATTLESTAR GALACTICA-Universum riesige Raumschiffe und intelligente Roboter erfunden, aber noch nicht das schnurlose Telefon? Was bezweckt die Kombination aus futuristischen und (vermeintlich) veralteten Medientechnologien? Zur Beschreibung dieser merkwürdig heterogenen mediatisierten Welten lässt sich die Unterscheidung zwischen *extrapolierender* und *spekulativer* Science-Fiction heranziehen (vgl. u. a. Miller/Smith 1982). Extrapolierende Science-Fiction – oftmals auch als Hard Sci-Fi bezeichnet – schließt an bestehende Technologien an und versucht diese ›weiterzudenken‹, d. h. im Rahmen des gegenwärtigen Wissenschafts- und Technikverständnisses plausibel wirkende zukünftige Welten zu inszenieren. Bei spekulativer Science-Fiction hingegen ist das Novum eine völlig neue bzw. (zum jeweiligen Entstehungszeitraum) aus technischer Sicht unmöglich erscheinende Entwicklung.◄67 Wendet man diese Kategorien auf BATTLESTAR GALACTICA an, fällt auf, dass es eine Reihe spekulativer Nova gibt, die weitgehend dem ›klassischen‹ Science-Fiction-Repertoire entnommen sind (Reisen mit Überlichtgeschwindigkeit, intelligente Roboter), aber die Serie so gut wie keine extrapolierenden Elemente besitzt – und dies gilt natürlich insbesondere für die neuen digitalen Medien. Auf diese Weise sind die mediatisierten Welten von BATTLESTAR GALACTICA stets auf eine (nahe) Vergangenheit oder aber (ferne) Zukunft bezogen, aber seltsam losgelöst von gegenwärtigen medialen Entwicklungen.

Abb. 29: Zylon im Museum (BATTLESTAR GALACTICA, Pilot)

Mehr noch: Auch die spekulativen Elemente implizieren im Grunde eine rückwärts gerichtete Bewegung. Denn das Raumschiff- und Roboter-Design der Serie ist in eine kuriose Zeitlinie◄68 eingebunden, die die Neuauflage – aus ›technikhistorischer‹ Perspektive – mit dem Original von 1978 verbindet. So finden die Raumschiff- und Zylonen-Modelle der Original-Serie auch in der 2003er Version ihren Platz – man möchte fast sagen ihren folgerichtigen Platz, denn sie stehen im Museum (Abb. 29). Es sind Artefakte des ersten Zylonen-Krieges, der 41 Jahre vor den

Abb. 30: Evolution der Zylonen (Plakat des Senders SyFy)

Ereignissen der Pilotfolge stattfand. Zudem ist die Galactica selbst ein fliegendes Relikt, das letzte Schiff aus dem ersten Zylonen-Krieg, das noch im Einsatz ist, und das am Tag des Zylonen-Überfalls (im Pilotfilm der Serie) eigentlich stillgelegt und in ein Museum umgewandelt werden sollte.
Noch deutlicher werden die Attraktionsmomente dieses intra-, aber gleichzeitig immer auch extradiegetischen Spiels mit der Seriengeschichte in der TV-Movie-Auskopplung Razor (2007) herausgestellt, in der die Galactica auf eine Gruppe alter Zylonen-Modelle stößt, die sich von den übrigen Zylonen-Armeen losgesagt haben. Der erste Offizier Saul Tigh kommentiert eines der alten Zylonen-Schiffe, das in den Hangar der Galactica verfrachtet wurde, mit den Worten: »Been a long time since I've seen one of these outside a museum.« Daraufhin entspinnt sich eine Diskussion über die Entwicklungsgeschichte der Zylonen seit dem ersten Krieg. Lee Adama spekuliert, dass es sich bei der Splitter-Gruppe um einen »Missing Link« in der Evolution der Zylonen handelt, woraufhin die Zylonin Athena entgegnet: »No, more like an ... evolutionary dead end.« Zwar sind diese Spekulationen über die Evolution der Zylonen vollständig in die fiktionale Zeitlinie der Serie eingebunden, die Doppelbödigkeit der Dialoge, die wenig subtil auf eine Gegenüberstellung von Original-Serie und Remake abzielt, dürfte aber nicht nur passionierten Fans der Serie auffallen.
Ein solcher ›extradiegetischer Disput‹ um die Seriengeschichte bildet sich im Fall von Razor auch im Paratext von Battlestar Galactica ab, wie Derek Johnson in seiner produktionsästhetischen Betrachtung der Serie aufzeigt.

»At the same time as [the] episode [Razor] offered the chance for visual effects designers like Adam Lebowitz to revel in identification with the original production, it also offered a point of distinction. As featured on Lebowitz's blog ◄**69**, a side-by-side production rendering of the two

Cylon models by fellow effects artist Pierre Drolet puts the modern and retro robots in a confrontational stance, literally placing their designs in tension. As an artifact of production, this test rendering suggested a competitive, creative identification with design distinction even in direct imitation of the original« (Johnson 2013, 136).

Das in der Serie stetig wiederholte Mantra »All of This Has Happened Before and Will Happen Again«, das innerhalb der Seriennarration vor allem religiös ausgelegt wird,◄70 mutiert so im Zeitalter des Transmedia Television (Evans 2011) in das paratextuelle Umfeld der Serie. Später wurden Drolets Bildergalerien durch offizielle transmediale Erweiterungen ergänzt: So veröffentlichte der SyFy Channel ein Plakat (Abb. 30), das die komplette Entwicklungslinie der Zylonen zeigt, augenzwinkernd ergänzt durch einen ›Urahnen‹ in Form eines Toasters, der Spottname der Zylonen im Battlestar-Universum.

Abb. 31: Zylonen-Toaster (Merchandise-Artikel)

Es mag nicht verwundern, dass damit keinesfalls das Ende der transmedialen Mutationen der Serie erreicht ist. So können Serien-Fans auch den offiziellen BATTLESTAR GALACTICA-Toaster (Abb. 31) erwerben, der bei der Zubereitung die Toastscheiben mit einem Zylonen-Logo versieht. Berühmtheit hat dieser Merchandising-Artikel vor allem als Küchengerät von Sheldon Cooper in der Episode »The Cornhusker Vortex« (3;06) der Serie THE BIG BANG THEORY (CBS, 2007-) erlangt.

Retro-Medialität

Durch den weitgehenden Verzicht auf extrapolierende Elemente verweigert sich BATTLESTAR GALACTICA scheinbar jeglichen Versuchen einer Projektion des gegenwärtigen medialen Wandels. Doch damit präsentiert sich die Serie gleichzeitig – und dies entbehrt im Fall des technikaffinen Science-Fiction-Genres nicht einer gewissen Ironie – hinsichtlich ihres Agentenstatus' im Grunde wiederum überraschend aktuell, indem sie eine komplexe Form der ›Evolution‹ von Medientechnologien präsentiert, die sich nicht in einer gradlinigen Fortschrittsgeschichte erschöpft, sondern durch stetige Rückbezüge in Form von Technik-Nostalgie oder Retro-Technologie geprägt ist (vgl. u. a. Dika 2003, Sprengler 2009, Böhn/Möser 2010).

»It would be hasty to interpret the presence of such objects as retro design. [...] They compose a world with a history, of which they are remains and evidence. That is why their existence is so thoroughly justified within the fiction« (Dias-Branco 2010, 189).

Dementsprechend zeigt BATTLESTAR GALACTICA nicht einfach eine – eigentlich Science-Fiction-typische – Dominanz von neuen futuristischen Technologien, sondern vielmehr eine Parallelisierung und Durchdringung von neuen und alten medialen Artefakten, eine »Fortdauer und Wiederkehr des Alten in der Technik« (Möser 2010). Dabei fächert die Serie innerhalb ihrer welterzeugenden Diegese bestimmte mediale Artefakte in verschiedene Entwicklungsstufen und mediengeschichtliche Facetten auf. Oft geschieht dies in Form von visuellen Details, wenn etwa in der Folge »33« (1;01) zahlreiche (analoge und digitale) Uhren in Großaufnahmen zu sehen sind (Abb. 32). Ein anderes Beispiel sind antike Bücher, Möbel und Ölgemälde, mediale Artefakte, die – so lehrt uns zumindest die Genre-Geschichte der Science-Fiction – normalerweise eher selten zur typischen Inneneinrichtung eines Raumschiffs gehören (Abb. 33).

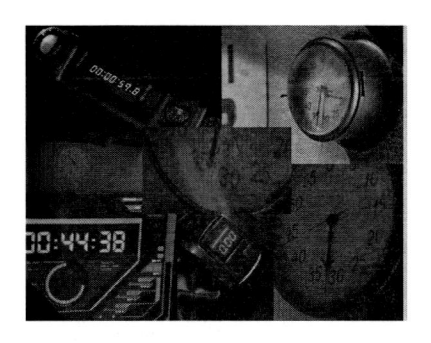

Abb. 32: Uhren in Großaufnahme (BATTLESTAR GALACTICA 1;01)

Abb. 33: Inneneinrichtung des Raumschiffs (Setfoto)

William Gibson hat einmal gesagt: »The future is here. It's just not widely distributed yet« (Gibson zit. n. Berkun 2007, 66). Und mit Kurt Möser ließe sich ergänzen: »Ebenso [gilt] auch die Umkehrung: Die Vergangenheit ist hier; sie ist nur manchmal nicht mehr weit verbreitet« (Möser 2010, 18). Möser zeigt auf, dass in vielen Fällen nicht einfach eine sukzessive Durchsetzung von neuen Technologien zu beobachten ist, sondern vielmehr eine Parallelisierung und Durchdringung von neuen und alten Technologien, oder auch Kontexte, in denen neue Technologien scheitern, weil sich alte Technologien letztlich als billiger, adaptibler oder robuster und stabiler erweisen. Und so präsentiert auch BATTLESTAR GALACTICA immer wieder »vertraute und als bewährt geltende Technik, die Beherrschbarkeit und Sicherheit suggerieren soll« (Woschech 2012, 244). Dieser Aspekt wird besonders deutlich im Pilotfilm von BATTLESTAR GALACTICA aufgegriffen, denn die Galactica entgeht der Zerstörung durch die Zylonen nur, weil sie eine gegen die Hackerangriffe der Zylonen abgeschirmte (ältere) Netzwerktechnologie besitzt, während der übrige (modernere) Teil der Flotte durch den Erstschlag der Angreifer vollständig vernichtet wird. Dieser narrative Twist des Pilotfilms, der sich normalerweise auf einen stereotypischen Neue-Technologie-ist-böse-Plot reduzieren ließe, wie er sich in etlichen Science-Fiction-Erzählungen findet, erscheint somit aus einer medientechnisch-historischen Perspektive durchaus vielschichtiger und nicht einfach nur technikfeindlich.

»Die Abkehr von [...] omnipräsenten futuristischen Nova und Gadgets und der Einsatz von teils zeitgenössischer, teils sogar antiquiert wirkender Technik wurde und wird oft im Kontext eines möglichen Endes der Science-Fiction diskutiert. Schließlich ist damit der Kerngehalt sowohl der Science-Fiction als auch des Fortschrittbegriffs – wissenschaftlich-technischer Fortschritt – betroffen. [...] BATTLESTAR GALACTICA [zeigt] jedoch [...], dass die Darstellung zeitgenössischer und antiquierter Technik in der Science-Fiction vor allem als zentraler Indikator einer Abkehr von Geschichtssemantiken, die auf fortschrittstheoretischen Modellen aufbauen, zu werten ist« (Woschech 2012, 256).

Abb. 34: Umgebautes Radio (BATTLESTAR GALACTICA: THE PLAN)
Abb. 35: Wandgemälde (BATTLESTAR GALACTICA 4;05)

Auch der adaptible Charakter von Medientechnologien wird in BATTLESTAR GALACTICA immer wieder thematisiert, so spielt bspw. ein umgebautes Radio im TV-Movie THE PLAN (2009) eine entscheidende Rolle, denn erst durch die ›technische Bastelei‹ gelingt es, das Gerät zum Abhören des Flottenfunks einzusetzen (Abb. 34).◄71 Besonders auffällig ist auch das Zusammenspiel verschiedener Medientechnologien. So wird in der Episode »The Ties That Bind« (4;05) Lt. Starbuck beim Studium von Sternenkarten und anderen Navigationsdaten zur Kursbestimmung gezeigt. Zunächst benutzt sie ei-ne Art Tablet-Computer, wechselt dann jedoch zu Sternenkarten in Papierform und greift schließlich gar auf ›künstlerische Formen‹ zurück, indem sie sich in eine Art Trance versetzt und ihre Visionen (in denen sie den Schlüssel zum Weg zur Erde vermutet) in einem Wandgemälde fixiert (Abb. 35).

Auf diese Formen einer Vermischung, Überlagerung und Rückbezüglichkeit wird am Ende dieses Kapitels noch einmal zurückzukommen sein. Zuvor soll jedoch die Retro-Strategie der Serie FUTURAMA den Rück-Projektionen von BATTLESTAR GALACTICA gegenübergestellt werden.

FUTURAMA – vom Net Suit zum eyePhone

FUTURAMA ist eine animierte Science-Fiction-Serie, kreiert vom Simpsons-Schöpfer Matt Groening. FUTURAMA und THE SIMPSONS (Fox, 1989-) haben dementsprechend viel gemeinsam, nicht nur hinsichtlich des Zeichenstils, sondern ebenso in der Einbindung zahlreicher popkultureller Referenzen, wobei FUTURAMA – wie im Folgenden noch zu zeigen sein wird – nicht nur häufig versponnener und schneller getaktet, sondern noch grundlegender von Zitat-Techniken geprägt ist. Die Handlung von FUTURAMA beginnt am Silvesterabend des Jahres 1999, als der New Yorker Pizzabote Philip J. Fry versehentlich in eine kryostatische Tiefschlafkammer stolpert und erst eintausend Jahre später wieder erwacht. Fry heuert bei Planet Express an, einem interplanetaren Lieferdienst, der von einem entfernten Nachfahren Frys, dem Mad-Scientist Professor Farnsworth (bezeichnenderweise ein Nachfahre des Fernsehpioniers Philo Taylor Farnsworth) geleitet wird. Bei Planet Express findet Fry nicht nur Arbeit, sondern auch neue Freunde – die Hauptfiguren des Serien-Ensembles: die Zyklopin Turanga Leela, der jamaikanische Buchhalter Hermes Conrad, die Milliardärstochter Amy Wong, die Personalunion aus Krabben-Alien und Crewdoctor John Zoidberg sowie der Roboter Bender, ein alkohol- und spielsüchtiger Kleptomane, der so gar nicht dem Idealbild einer dem Menschen dienenden Maschine entsprechen will.

Fry: »I'm gonna be a science-fiction hero. Just like Uhura, or Captain Janeway, or Xena.«

Leela: »Fry, this isn't TV. It's real life. Can't you tell the difference?«

Fry: »Sure. I just like TV better.« ◄72

Wie im Fall von BATTLESTAR GALACTICA wirkt die (vermeintlich) futuristische Science-Fiction-Welt FUTURAMAS technologisch seltsam heterogen. Auch in FUTURAMAS Zukunftswelt finden sich klassische Science-Fiction-Ikonen wie Raumschiffe, Roboter und futuristische Mega-Metropolen. Die Kommunikations- und Unterhaltungsmedien scheinen seit dem Jahr der Erstausstrahlung der Serie (1999) jedoch in ihrer technologischen Entwicklung einem paradoxen zeitlichen Stillstand zu unterliegen. FUTURAMA fällt gar zunehmend hinter die tatsächliche technologische Entwicklung zurück, wenn sich viele TV-Geräte immer noch als Röhrenmonitore präsentieren. Gleiches gilt für andere, dem Zuschauer aus dem Medienalltag vertraute Geräte. So sind Telefone schnurgebunden und haben Wählscheiben, Computer gleichen im Design ihren C64-Urahnen (Abb. 36; Abb. 37).

Wendet man Millers und Smiths Kategorien einer *extrapolierenden* und einer *spekulativen* Science-Fiction, wie dies hier zuvor bei BATTLESTAR GALACTICA vollführt wurde, auf FUTURAMA an, kommt man – wenig überraschend – zunächst zu ähnlichen Ergebnissen: Auch in FUTURAMA gibt es eine Reihe spekulativer Nova, die dem ›klassischen‹ Science-Fiction-Fundus zuzurechnen sind. Ebenso weist die Serie kaum nennenswerte extrapolierende Elemente auf. Neue digitale Medien werden lediglich als kurze parodistische Zugaben integriert. Sie sind aber – ähnlich wie bei den SIMPSONS – nie »handlungsleitend [oder] in die Ästhetik der Serie selbst implementiert« (Fahle 2010, 236).

Zudem implizieren – wie in BATTLESTAR GALACTICA – die spekulativen Elemente FUTURAMAS im Grunde wieder eine rückwärts gerichtete Bewegung. Allerdings ist der Fluchtpunkt in diesem Fall ein anderer. Während der Retro-Futurismus in BATTLESTAR GALACTICA im Wesentlichen als Teil eines Spiels mit der eigenen Seriengeschichte gelesen werden kann, reicht der Vergangenheitsbezug von FUTURAMA nicht nur weiter zurück, sondern ist auch gleichsam ›breiter‹ angelegt, indem nicht eine einzelne Serie, sondern eine ganze Genre-Epoche als Referenzfolie dient. Bereits der Titel der Serie ist eine Anspielung auf Norman Bel Geddes' berühmten *Futurama*-Pavillon auf der Weltausstellung 1939 in New York. »Welcome to the World of Tomorrow!« lautete hier der Slogan, wobei die Welt von morgen damals die Stadt der Zukunft des Jahres 1959 war (Abb. 38). Geddes' Entwurf war dabei wesentlich durch Science-Fiction-Erzählungen geprägt (vgl. Morshed 2004, 74) – und genau mit diesem »Golden Age of Science-Fiction« (vgl. Roberts 2006, 195–229) ist auch die Fernsehserie FUTURAMA in besonderem Maße verbunden, d. h. mit einer Zeit von den späten 1930er bis Anfang der 1960er Jahre. Dies zeigt etwa ein Blick auf die Stadtarchitektur (Abb. 39) und insbesondere auf die Raumschiff- und Robotermodelle, äußert sich aber ebenso in einer

Abb. 36: Schnurgebundenes Telefon (FUTURAMA)

Abb. 37: Computer im C64-Design (FUTURAMA)

Art unschuldiger Begeisterung für einen technologischen Fortschritt, der sich durch alle Lebensbereiche zieht.

»[In the 1950s] new technologies, whether the simple electric can opener or the most advanced space rocket, were a sign of national and human achievement. The future depicted in Futurama not only acknowledges this reality through the abundance of spaceships, useless Farnsworth inventions, and multitudes of labor-saving robots, but also illustrates that how we imagine such technological advancement has not progressed much beyond und the genre's early visualizations of the future made popular in the B-movies, of the 1950s« (Geraghty 2009a, 158).

Oder pointierter: »[FUTURAMA uses] new technologies and techniques in order to imagine the future by revisiting the past« (ebd., 162).
Natürlich ist dieser ungetrübte Technik-Optimismus in FUTURAMA bereits postmodern gebrochen. So lauern hinter den farbenfrohen Retro-Sci-Fi-Kulissen dystopische Visionen, die mehr mit Terry Gillians BRAZIL (1985) als mit William Menzies' THINGS TO COME (1936) gemeinsam haben.

Abb. 38: *Futurama* (1939)
Abb. 39: Stadtarchitektur in FUTURAMA

Mächtige Bürokratie-Apparate steuern die berufliche Laufbahn der Bürger über Karrierechips, die futuristische Metropole der Serie, New New York, verfügt über ein gut ausgebautes Netz an Selbstmord-Zellen und die Welt droht täglich durch Außerirdische, amoklaufende Maschinen oder die Doomsday-Devices von Professor Farnsworth zerstört zu werden. Aber letztlich verleugnet FUTURAMA zwischen diesen »utopian raves« und »dystopian rants« (Silver 2000, 20) niemals eine tiefgehende Faszination für das »Golden Age of Science-Fiction«.
Vor diesem Hintergrund erklärt sich auch die eher beiläufige und stets ironisch gebrochene Einbindung neuer Medien, die die ›heile‹ Retro-Zukunftswelt von FUTURAMA letztlich nur stören würden. Denn der ›Daseinszweck‹ neuer Technologien ist nicht ihr exploratives, sondern stets ihr satirisches Potential – ihr (flüchtiger) Gegenwartsbezug. FUTURAMA geht es somit in der Regel weniger um die narrative Kohärenz der mediatisierten Serienwelt, vielmehr kommt es zu regelmäßigen Re-Aktualisierungen der Technikgeschichte, die stets durch

extradiegetische Entwicklungen angestoßen und bewusst dilettantisch intradiegetisch kaschiert oder plausibilisiert werden.

Dies soll im Folgenden durch zwei Momentaufnahmen von (vermeintlichen) technischen Revolutionen durch neue Medien in den Jahren 2000 und 2010 verdeutlicht werden – oder um im Serienkosmos von FUTURAMA zu bleiben: Es geht um das Internet des Jahres 3000 bzw. 3010.

In der Episode »A Bicyclops Built for Two« (2;13) präsentiert FUTURAMA zum ersten Mal das Internet des Jahres 3000. Die Serie greift dabei auf bekannte Ikonen der Virtual-Reality-Debatte der 1990er Jahre (und damit natürlich auch auf Elemente des Cyberpunk) zurück: Als Interface dient ein sogenannter Net Suit, eine Art Kombination aus *head-mounted display* und Datenhandschuh (Abb. 40). Zwar ist Ivan Sutherlands (1966) Konzept des *Ultimate Displays* im Jahr der Erstausstrahlung der Episode bereits knapp 35 Jahre alt, in FUTURAMA ermöglicht die Technologie nun aber endlich die lange versprochene *full-immersive Virtual Reality*, die dem Nutzer ein vollständiges Eintauchen in die künstlichen Welten erlaubt – bei denen es sich natürlich in bester Gibson'scher Tradition um eine *riesige Neonstadt* handelt (Abb. 41).

Abb. 40: Net Suit (FUTURAMA 2;13)
Abb. 41: Neonstadt (FUTURAMA 2;13)

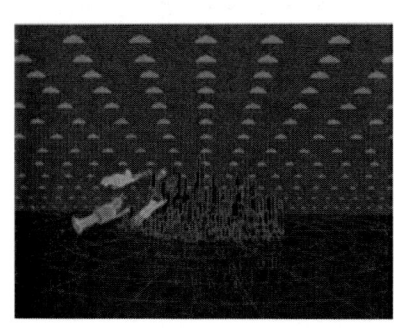

Wie das Eintauchen in die virtuelle Realität genau funktioniert und wie die Figuren mit ihren Net Suits im Datenraum navigieren, verrät FUTURAMA freilich nicht und zeigt auch im Cyberspace die Protagonisten durchgehend aus der Außenperspektive. Die Fernsehserie ist sich hier der Grenzen des eigenen Mediums bewusst, versucht erst gar nicht, die immersiven und interaktiven Qualitäten der Cyberspace-Utopie stilistisch zu emulieren.

Doch um das Parodox einer Realitätsverdopplung und um die Frage nach der »Wirklichkeit der virtuellen Welten« (Woolley 1994), die die Virtual-Reality-Debatte genauso wie den Cyberpunk beherrschte, geht es der neonfarbenen Datenwelt von FUTURAMA ohnehin nur am Rande. Vielmehr steht die Überlagerung dieser Cyberspace-Utopie (oder vielmehr: Dystopie) mit damaligen Nutzungsweisen des Internets im Mittelpunkt: So kennt auch FUTURAMAS Internet der Zukunft Probleme beim Einloggen, ist voll mit Werbebannern[73] und der Jugendschutz wird flexibel gehandhabt. Auch der futuristische Cyberspace ist nach wie vor weit davon entfernt, ein »High-End-Eden« (Schiller 1999, xiv) zu sein, und wird von den üblichen Mechanismen des Marktsystems kolonisiert. Die erfolgreichsten Inhalte sind pornographischer Natur, man trifft sich unter falschen Identitäten in 3-D-Chatrooms oder vertreibt sich die Zeit mit Sequels erfolgreicher Online-Spiele. Dieser stete Gegenwartsbezug wird zudem durch audiovisuelle Brüche des Science-Fiction-Settings, wie etwa einem seltsam vertrauten Einwahlgeräusch des Modems oder einem von Bender aufgerufenen 2-D-Optionsmenü, hervorgehoben.

2010, zehn Jahre nach der Erstausstrahlung von »A Bicyclops Built for Two«, hat sich durch den Siegeszug des Social Web in Form von Diensten wie Facebook und Twitter nicht nur das ›reale‹ Internet deutlich gewandelt, auch das Internet der Zukunft ist kaum mehr wiederzuerkennen. Auf den ersten Blick scheint sich zwar in der weitgehend zeitvergessenen Serienwelt von FUTURAMA nicht allzu viel verändert zu haben – lediglich der sichtbare Ausschnitt der Welt ist

Abb. 42: eyePhone (FUTURAMA 6;01)
Abb. 43: Entsorgung alter Mobiltelefone (FUTURAMA 6;01)

merklich breiter geworden, da das 4:3-Fernsehbild mittlerweile dem 16:9-Format weichen musste. Dann jedoch hält am 1. Juli 2010 (bzw. 3010) in der Episode »Attack of the Killer App« (6;01) ein revolutionäres Gerät namens eyePhone Einzug in die Welt von FUTURAMA. Das futuristische Gadget ist die neueste Erfindung des mächtigen (und natürlich: bösen) Technologiekonzerns Momcorp. Als die Planet Express Crew durch einen TV-Werbespot auf das eyePhone aufmerksam wird, entsorgen die Protagonisten prompt ihre alten Mobiltelefone (Abb. 42;43) und machen sich auf den Weg zum Mom Store – um schließlich mehrere Stunden in einer langen Schlange zu warten, denn natürlich ist das eyePhone bereits fast ausverkauft.

Das eyePhone macht seinem Namen alle Ehre, indem es direkt in die Augenhöhle eingeführt wird und einen holographischen Bildschirm vor das Gesichtsfeld des Users projiziert (Abb. 44, 45). Der Werbespot für das neue Gerät verspricht: »With the new eyePhone, you can watch, listen, ignore your friends, stalk your ex, download porno on a crowded bus, even check your e-mail while getting hit by a train.« Und in der Tat benutzt die Planet Express Crew das Gerät nur in Ausnahmefällen zum telefonieren. Der Hauptanwendungsbereich ist das Surfen im World Wide Web und insbesondere ein neuer Service namens Twitcher, der es erlaubt, kurze Videobotschaften an seine Freunde und Follower zu senden – und der sich natürlich im Laufe der Episode als ein Spionageprogramm von Momcorp entpuppt.

Das Internet des Jahres 3010 ist mobil geworden. Die *full-immersive*-Technologie der Net Suits ist einer flexiblen *Everyware*-Technik (Greenfield 2006) gewichen, die Ad-Flut wird durch ein personalisiertes Marketing abgelöst und der anonyme Kommerz-Apparat hat mit Momcorp einen Namen und ein Gesicht erhalten. Das Quasi-Monopol verdankt der Konzern dabei nicht nur dem cleveren Hardware-Marketing-Hype, sondern vor allem auch der strengen Kontrolle der Distributionswege für Software. Zur Gewinnmaximierung konnte zudem endlich die lästige Erstellung neuer Inhalte an die eyePhone-Nutzer delegiert werden. Diese sind zu Prosumenten (Abresch/Beil/Griesbach 2009) geworden, sorgen für ein stetes Microblogging-Dauerfeuer und Mash-ups von fragwürdiger Qualität und füllen ganz nebenbei noch die Server von Momcorp mit wertvollen Nutzerdaten. Das »technomittelalterliche Rollenspiel« (Lovink 2011, 185) ist einem personalisierten Web 2.0 gewichen.

Abb. 44: eyePhone im Auge (FUTURAMA 6;01)
Abb. 45: Holographisches Interface (FUTURAMA 6;01)

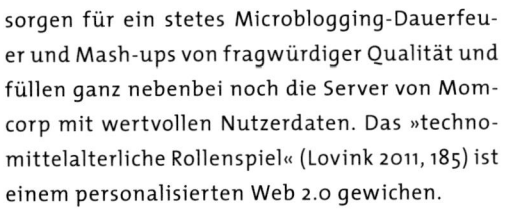

Die präsentierte Hardware ist zwar wiederum dem Bereich technologischer Zukunftsphantasien zuzuordnen – doch mutet das holographische Display als spekulative Science-Fiction-Metapher einer zu immer größeren Bildschirmen zusammenschrumpfenden Smartphone- und Tablet-Generation interessanterweise deutlich weniger utopisch an als der Net Suit. 2010, so scheint es, haben die digitalen Medienkulturen ihre Utopien schlicht allzu oft schon überholt.

Futurama und das neue Fernsehen

Abschließend soll sich der Blick noch auf das wichtigste Medium der Serienwelt von Futurama richten: das Fernsehen. Denn anders als in Battlestar Galactica, wo die mediatisierten Welten vor allem durch stetige Kombinationen, Adaptionen und Basteleien verschiedener Technologien charakterisiert sind, weist die Serienwelt von Futurama ein stabiles (selbstreflexives) mediales Zentrum auf. Auch im Jahre 3000 ist das Fernsehen immer noch das unangefochtene Leitmedium und der Couch-Potato weiterhin die vorherrschende Rezipienten-Art (vgl. Booker 2006, 123; Abb. 46). Ebenso haben sich die Programmformate nicht merklich verändert, auch wenn sich mittlerweile Roboter und Aliens unter den Talkshow-Moderatoren, Nachrichtensprechern, Fernsehköchen und Daily-Soap-Darstellern finden (vgl. Geraghty 2009a, 156-157).◄74 Zwar wird diese Vormachtstellung des Fernsehens auch in Futurama immer wieder durch neue Medien bedroht – sei es durch den Net Suit oder das eyePhone – doch entpuppen sich solche Technologien stets als kurzlebiger Hype, der nie länger als die jeweilige Episode andauert. Am Ende versammeln sich die Protagonisten der Serie wieder vor ihrem geliebten TV-Gerät.

Diese zentrale Position des Fernsehens – und insbesondere auch des Fernsehers – erscheint für eine Darstellung mediatisierter Welten der 2000er und 2010er Jahre keineswegs selbstverständlich. Zwar ist allerorts vom *neuen Fernsehen* (vgl. etwa Stauff 2005) die Rede, allerdings entpuppt sich der Zusatz *neu* dabei oft eher als eine Beschönigung, verweist er doch vielmehr auf das »Gegenteil, auf Auflösung, Entgrenzung, gar auf [das] ›Ende‹« (Wentz 2009, 151) dieses Mediums. So destabilisiert sich die ehemals weitgehend eindeutige mediale Konfiguration des Fernsehens mehr und mehr.◄75 Bereits 2004 schreiben Lynn Spigel und Jan Olsson über *Television after TV*. Das Fernsehen der *Post-Network-Era* (Lotz 2007) löst sich im neuen digitalen Medienverbund auf, wird zum *Transmedia Television* (Evans 2011) oder zum *Television 2.0* (Askwith 2007), der vertraute *Television-Flow* mutiert im *Post TV* zum *Hyperflow* (Nicholas 2006, 159). An anderer Stelle wird das Fernsehen gar vollständig ausrangiert: Wenn etwa William Uricchio (2009) von *The Future of a Medium Once Known as Television* spricht, so geht es hier schon um den vermeintlichen Thronfolger YouTube (der ohnehin bereits in den neusten *Smart-TV*-Geräten verlinkt ist). Die Debatte um das Ende des

Abb. 46: ›Couch-Potatoes‹ in Futurama

Fernsehens wird so auch zur Debatte um das Ende des Fernsehens als *Leitmedium*.◄76 Fernsehen ist seit Beginn des 21. Jahrhunderts scheinbar nur noch, glaubt man Goedart Palm, ein »Medienleitfossil« (2004, 74), ist längst vom Internet oder auch von Computerspielen aus dem gesellschaftlichen (oder zumindest medialen) Aufmerksamkeitsfokus verdrängt worden.

Verschiedene Ausformungen eines neuen, transmedialen Fernsehens werden im folgenden Kapitel ausführlich diskutiert. An dieser Stelle soll der ›prekäre‹ Status des (ehemals analogen) Mediums Fernsehen, das zunehmend dem Druck eines beschleunigten (digitalen) Medienwandels ausgesetzt ist, vor allem als Kontrastfolie für die auf die auf den ersten Blick seltsam zurückhaltende bis ablehnende Positionierung FUTURAMAS zu den neuen Medien (bzw. zum ›neuen Fernsehen‹) dienen. Die Frage nach der innerdiegetischen Medienvergessenheit der Serie wurde dabei schon, mit Verweis auf Retro-Strategien, diskutiert. Hinzu kommt nun allerdings eine extradiegetische Ebene. Schließlich ist es nicht zuletzt einer treuen Internet-Fangemeinde zu verdanken, dass FUTURAMA, nachdem die Serie 2003 von FOX eingestellt wurde, aufgrund zahlreicher Fanproteste (und damit einhergehender ausgezeichneter Verkaufszahlen der DVD-Editionen der Serie) 2008 von Comedy Central wiederbelebt wurde◄77 – die Plattform-Migration und die neue Macht der Fankulturen im Netz machten es möglich (vgl. Bailey 2005, 157-201; vgl. hierzu auch Jenkins 2006).

Betrachtet man die transmediale Expansion FUTURAMAS, ergibt sich ein zweigeteiltes Bild: Auf der einen Seite scheint FUTURAMA längst in den Neuen Medien angekommen zu sein. Die Serie ist auf verschiedenen digitalen Plattformen (etwa dem iTunes-Store) verfügbar, hat durch DVD-Boxen den Wechsel vom *Flow* zum *Publishing* vollzogen (vgl. Kompare 2006; vgl. hierzu auch Mittell 2011) und wird in Wikis und Foren durch Fans seziert und neu arrangiert (vgl. Bailey 2005, 170-188). Auf der anderen Seite erscheint das darüber hinausreichende transmediale Angebot FUTURAMAS jedoch wenig innovativ (ebd., 183). Zwar gibt es die obligatorische offizielle Website zur Serie◄78, eine Facebook-Präsenz und eine (gefloppte) Computerspiel-Umsetzung,◄79 doch als ein ›transmediales Phänomen‹ würde man FUTURAMA wohl kaum bezeichnen. Die transmediale Expansion beschränkt sich vielmehr auf mittlerweile etablierte Praktiken wie die Plattform-Migration und eine Katalogisierung durch Fankulturen – ein tatsächlicher narrativer *Overflow* (vgl. Pane 2010; Brooker 2004) findet so gut wie nicht statt. Die Serienwelt bleibt weitgehend in sich (ab-)geschlossen.

Zwar mag hier einzuwenden sein, dass auch BATTLESTAR GALACTICA weit hinter der von der transmedialen Komplexität von Serien wie LOST (ABC, 2004-2010) zurückbleibt (vgl. u. a. Piepiorka 2011; Olek 2011), jedoch finden sich zahlreiche

Expansionen in Form von Webisodes, Computerspielen, Wikis, Merchandising – und nicht zuletzt ein berühmt-berüchtigter Podcast des Serienschöpfers Ronald D. Moore.◂80 Hinzu kommt, dass BATTLESTAR GALACTICA eine für zeitgenössische Serien typische narrative Komplexität aufweist, während FUTURAMA sich in einer ›klassischen‹, streng episodischen Struktur gegen solche Entwicklungen versperrt und in den in sich abgeschlossenen Episoden eine gleichsam zeitvergessene Serienwelt präsentiert.◂81

Setzt man nun aber diese vermeintlich ›altmodische‹ paratextuelle Strategie FUTURAMAS in Bezug zur innerdiegetischen Präsentation des Mediums Fernsehen, so ließe sich die Argumentation auch umdrehen. Denn was FUTURAMA in seiner verhaltenen – oder man könnte auch sagen: weitgehend standardisierten – transmedialen Expansion vor allem demonstriert, ist, dass auch das Medienleitfossil Fernsehen längst ein *digitales Medium* geworden ist (vgl. etwa Bennet/Strange 2011), das als mediale Konfiguration zwar komplexer erscheint, aber in seinen Inhalten und Formaten teils eine erstaunliche Stabilität zeigt.◂82 So positioniert sich FUTURAMA zwar durchaus selbstreflexiv zu den aktuellen medialen Umwälzungen, aber eben stets – wie es sich für ein Format des Medienleitfossils gehört – auch mit einer gewissen Gelassenheit. Denn im Kern speist sich der Agentenstatus der Serie ja gerade aus einer ironisch-distanzierten Haltung, aus einem sicheren Rahmen des Selbstbezugs gegenüber dem Medienwandel. Der Hype um Neue Medien hält nie länger als eine Episode an und entlarvt sich zudem bereits in seiner Spiegelung mit der naiven Technikbegeisterung der 1950er Jahre.

Um FUTURAMAS Wechselspiel zwischen Stagnation und Evolution zu verstehen, sollte man gerade nicht bei narrativen und/oder transmedialen Innovationen ansetzen, wie es Beschreibungen einer *Zukunft des Fernsehens* (Olek 2011) gerne demonstrieren. Vielmehr ist die Frage, wie das Fernsehen auch im Zuge einer beschleunigten Transformation (des medialen Umfelds wie des eigenen Mediums) in seinen Inhalten und Genres (bewusst) stabil bleibt – und wie es sich sozusagen selbst als (sehr lebendiges) Medienleitfossil und damit als Doppelagent eines Medienwandels inszeniert.

Gerade diese dem Hype trotzende Stabilität kann auch als Grund(lage) für die zuvor diskutierte, vermeintlich ›veraltete‹ episodische Struktur von FUTURAMA gesehen werden. Die zeitvergessene Serienwelt von FUTURAMA funktioniert hier sozusagen als Gegenentwurf zu einer *narrative complexity*, die in ihren episoden- oder staffelübergreifenden Handlungssträngen gerade eine fortwährende Entwicklung und damit Veränderung ihrer Figuren betont. Das Fazit soll damit keineswegs lauten, dass die Fernsehserie den digitalen Medienwandel gewissermaßen ignoriert – Serien wie GOSSIP GIRL (The CW, 2007-2012),

House of Cards (Netflix, 2013-) oder 24 (Fox, 2001-2010), die im nächsten Kapitel dieses Buches eingehender diskutiert werden, beweisen das Gegenteil. Diese kurze, schlaglichtartige Analyse Futuramas sollte vielmehr aufzeigen, dass sich zeitgenössische ›digitale Revolutionen‹ in einem komplexen Medienverbund durchaus eigenwillig fortpflanzen können. So ist das neue Fernsehen eben nicht auf sein neues transmediales Umfeld zu reduzieren.◂83

Brave New Retro-World

Am 24. August 2011 titelte die Online-Ausgabe der *Süddeutschen Zeitung*: »Als Stanley Kubrick das iPad erfand«.◂84 Hinter dieser Überschrift verbargen sich ein Bericht über den Patentstreit zwischen Apple und Samsung und ein von Samsung in der Gerichtsverhandlung vorgebrachter – später als »Beweisstück D« bekannt gewordener – Screenshot aus Kubricks *2001 – A Space Odyssey* (1968), auf dem die Darsteller des Films mit flachen Computern ohne Tastatur zu sehen sind (Abb. 47). Die zuständigen Richter des Düsseldorfer Landgerichts

Abb. 47: Beweisstück D: Tabletcomputer in 2001 – A Space Odyssey

schien die ›prophetische Wirkung‹ des Science-Fiction-Klassiker allerdings wenig überzeugt zu haben – die Szene aus 2001 wurde letztlich nicht als Beweisstück zugelassen.◄85

Noch pointierter zeigte sich die scheinbar eher randständige Bedeutung von Science-Fiction-Narrationen im massenmedialen Diskurs um einen technischen Fortschritt zwei Monate später im Oktober 2011 auf dem Cover des Spiegels. Der Titel »Der Mann, der die Zukunft erfand« bezog sich keineswegs auf einen Science-Fiction-Visionär, sondern auf den verstorbenen Apple-Chef Steve Jobs.

Irmela Schneider formuliert in ihren Überlegungen zu *Medien der Serienforschung* die These: »Was an [...] Serien [...] am Beginn des 21. Jahrhunderts neu ist, [...] lässt sich nur dann beobachten, wenn man sich nicht nur klarmacht, was neu, sondern auch, was alt ist« (2010, 60). Diese Frage nach alten und neuen Elementen der Fernsehserie, der Schneider anhand institutioneller Entwicklungen sowie »Diskursformationen« (ebd.) nachgeht, lässt sich im Fall von BATTLESTAR GALACTICA und FUTURAMA bereits im Hinblick auf die medialen Kompositionen der Serienwelten selbst stellen. Beide Serien demonstrieren in der Darstellung ihrer mediatisieren Welten (aber auch jenseits davon in ihren Paratexten), dass medialer Wandel nicht nur von einer Dominanz neuer Technologien und Nutzungspratiken geprägt ist, sondern vielmehr von einer fortwährenden, häufig selbstreflexiven Parallelisierung und Durchdringung von neuen und alten medialen Formen und Artefakten. Dabei wird deutlich, dass auch digitale Technologien nicht auf ein Set von neuen Techniken reduziert werden können, sondern dass auch hier diskursive Aushandlungsprozesse von medialen Praktiken – wie sie eben u. a. in fiktionalen Formaten wie Fernsehserien stattfinden – eine zentrale Rolle spielen. Denn so skurril z. B. die schnurgebunden Telefone in BATTLESTAR GALACTICA oder ein Wählscheiben-Handy in FUTURAMA zunächst auch anmuten mögen, so erweisen sie sich mit Blick auf die zahlreichen nicht weniger skurrilen Gadgets etwa für das iPhone (Abb. 48; Abb. 49) in vielerlei Hinsicht als durchaus tref-

Abb. 48: iPhone-Gadget
Abb. 49: Wählscheiben-App

RÜCK-PROJEKTIONEN. 111

fende – man möchte fast sagen: prophetische – Abbildungen zeitgenössischer digitaler Medienwelten.‹86
Die gegenwärtige Entwicklung des Fernsehens innerhalb einer *Convergence Culture* (Jenkins 2006) scheint zwar auf den ersten Blick im besonderem Maße von einer ›Rhetorik des Neuen‹ gekennzeichnet – sie ist aber ebenso grundlegend von Retroisierungen oder vielmehr Hybridisierungen des neuen, alten Digitalmediums Fernsehen geprägt. Als Agenten des Medienwandels erlauben uns BATTLESTAR GALACTICA und FUTURAMA, Wandel nicht mehr technizistisch als Fortschritt, Abfolge und Ablösung medialer Apparaturen zu denken, sondern gerade in der praktischen wie diskursiven Aushandlung, Ko-Existenz und Ko-Evolution multipler Medientechniken das ›Neue‹ der Neuen Medien zu erblicken.

5. Zirkulation, Adaption, Regress. Medienwandel als serielle Transgression

Fungiert die retrofuturistische Serie als stilistischer Doppelagent eines Medienwandels, dessen Gewand sie überstreift, um darunter gerade das Fernsehen fortzutragen, so lässt sich die trangressive Serie als formale Entsprechung dazu fassen: ›Neue Medien‹ dienen ihr gerade dazu, ihre eigenen medialen Grenzen zu überschreiten, zu expandieren, sie für das eigene diegetische Universum produktiv zu machen. Gerade diese Absetzung vom Fernsehen erlaubt es der transgressiven Serie jedoch, den formalen Gehalt des Mediums – seine Serialität – in die formale Struktur des Medienwandels selbst zu projizieren. Die transgressive Serie verlässt die Television, nur um deren serielle Funktionslogik auf die Form medialen Wandels als serielle Transmediatisierung zu verallgemeinern.

Als Prototyp dieser Transmediatisierung der Fernsehserie kann Lost (ABC, 2004-2010) angesehen werden (vgl. Piepiorka 2011; Pearson 2009; Schwaab 2013, 2016). Wenngleich sich bereits bei Twin Peaks (ABC, 1990-1991) eine aktive, internetbasierte Fangemeinschaft bildete (vgl. Jenkins 2006), hat wohl kaum eine Serie bisher so massiv ihre Expansion in andere Medien vorangetrieben wie eben Lost (Beil/Schwaab/Wentz 2016). Das Universum der Serie umfasst Clip Shows, Recaps (vgl. Schabacher 2016), *mobisode*s, *webisode*s, Bücher, sogenannte *character* und *institutional artefacts* wie Internetseiten, Werbung für aus der Diegese stammende Unternehmen, Puzzles, Konsolen- und Onlinespiele (vgl. Piepiorka 2011). Daneben zeichnet sich die Serie durch eine unvergleichlich aktive Fangemeinde aus, welche die Serie auf der ganzen Vielfalt digitaler Medienplattformen rezipierte und dort mit den Themenkomplexen der Serie interagierte.◄87 Während also auf vielfältige Weise Effekte des medialen Wandels mit der Serie verknüpft sind, z. B. transmediales Erzählen und neue televisuelle Rezeptionsformen, die Serie in der Narration und Ästhetik Charakteristika des vernetzten, inter-textuellen, nicht-linearen Erzählens auf vielfältige Weise miteinander verbindet, scheint das Besondere des sogenannten *forensic fandom*, also der Epistemologisierung von Serieninhalten durch Rezipient(inn)en im Falle von Lost nicht nur darin zu liegen, dass die Serie mit ihren unzähligen Mysterien, Verrätselungen und intertextuellen

Verweisen (vgl. Niemeyer/Wentz 2016) einem verstärkten Fan-Engagement besonders entgegenkommt, sondern vor allem darin, dass LOST gerade ›Wissen‹ zum hauptsächlichen Gegenstand auch seiner transmedialen Erweiterungen machte. So taucht das *Alternate Reality Game* THE LOST EXPERIENCE tiefer in die mysteriöse Geschichte um das Forschungsprojekt *Dharma Initiative* ein und in der *Lost University* können wissenshungrige Fans sich in Seminare einschreiben, die die epistemischen Objekte der Serie selbst betreffen, etwa ›Introductory Physics of Time Travel‹.◂88

Rätsel, Mysterien und Geheimnisse, so scheint es allerdings, spielen nicht nur im Falle von LOST eine herausgehobene Rolle im Kontext der Transmediatisierung der Serie. Vielmehr scheinen diese geradezu paradigmatische Motive zu sein, anhand derer sich transmediale Expansionen nicht nur entwickeln, sondern die transmediale Expansionen und ein daran geknüpftes Zuschauer(innen)engagement geradezu herausfordern. Auf der Schwelle von Nicht-Wissen und Wissen entstehen transmediale Logiken von Geheimnissen und Verrat, Gerüchten, Intrigen und Konspiration, die anhand der Serien GOSSIP GIRL (The CW, 2007-2012), HOUSE OF CARDS (Netflix, 2013-) und 24 (Fox, 2001-2010) untersucht werden sollen. Umgekehrt, so gilt es im Folgenden zu zeigen, nehmen diese Motive und ihre televisuellen Bearbeitungen selbst seriell-expansionelle Formen an (vgl. dazu auch Maeder 2013).

Zirkulation. Das Gerücht des Medienwandels in GOSSIP GIRL

Das Gerücht, behaupten einige, sei der Welt ältestes Massenmedium (Kapferer 1997; Bruhn/Wunderlich 2004). Mit Letzteren teilt es einige strukturelle Gemeinsamkeiten, wie etwa die beinahe instantane Verbreitung von Nachrichten, ohne nähere Beachtung ihres Wahrheitsgehalts. In der Gerüchteforschung überwiegen dagegen die Annahmen, dass das Gerücht, die unbestätigte Information über ein fragwürdiges Ereignis, und der Klatsch (Gossip), die zweifelhafte Aussage über eine Person, seit jeher geradezu intrinsisch verbunden sind mit dem Sprechakt, dem sogenannten *Hörensagen*, das heißt mit oraler *face-to-face*-Kommunikation (Bühl 2000, 245; Neubauer 1998, 14; Bruhn/Wunderlich 2004, 7). Diese Annahmen allerdings, so dagegen Kay Kirchmann, missachten die Tatsache, dass »Gerüchte nicht mehr länger allein aus verbaler Interaktion entstehen, sondern zunehmend im Kontext technisch-apparativer und anderer Verbreitungsmedien (Radio, Fernsehen, Internet, Zeitung, Zeitschrift) generiert werden« (2004, 72). Kirchmann verurteilt aus diesem Grunde diese Ansichten als reduktionistisch und a-historisch, während er selbst argumentiert, dass die Funktionalität des Gerüchts nicht mehr länger in einem Bereich außerhalb technisch induzierter Massenkommunikation gesehen werden könne, sondern als ein integrales Element genau dieses Mediensystems anerkannt werden müsse. Wäre dies tatsächlich der Fall, dann muss auch davon ausgegangen werden, dass das Gerücht konsequenterweise nicht länger ausschließlich mit der spezifischen Medialität des Sprechakts in Verbindung gebracht werden kann, sondern – gemeinsam mit seinem medialen Wandel oder *medial turn* – auch seine Form, seine spezifische ästhetische und mediale Konfiguration ändern muss.

Die Serie Gossip Girl nun macht genau dies zu ihrem Thema, und zwar nicht nur, indem das Gerücht und der Klatsch hier den narrativen Interessenschwerpunkt bilden und so ihre Funktionsweise aus einer fernsehspezifischen Perspektive beobachtet wird, sondern indem sie von der Serie gemäß deren eigenen medialen Bedingungen transformiert werden, transformiert nämlich in primär audio-visuelle Objekte, die in multimedialen Räumen erscheinen und durch diese hindurch zirkulieren. Medienwandel als Wanderung von einem Medium zum anderen, als Transmediatisierung, wird hier mit der Prozessualität des Gerüchts zusammengedacht und praktisch ins Werk gesetzt. Darüber hinaus kann gezeigt werden, dass die Serie gleichzeitig einige der Eigenschaften des Gerüchts und seine Form der Ausweitung, der Expansion und Verbreitung selbst annimmt, und dies mit den Mitteln des Fernsehens selbst. Davon ausgehend, dass das Gerücht immer eine Form der Meta-Kommunikation oder der selbstreflexiven Kommunikation ist, weil es ihm nicht nur um die übermittelte Nachricht, sondern immer auch um die Form seiner eigenen Mitteilung geht und das Medium seiner Zirkulation, macht Gossip Girl vor allem anderen sichtbar, wie Gerüchte funktionieren, und analysiert damit sie selbst und ihre Kommunikation (vgl. Engell 2008). Dabei ist der narrative Fokus der Serie das spezifische Verhältnis, welches das Gerücht und der Klatsch mit dem Urbanen unterhalten, die Frage danach, wie sie unterschiedliche Räume entstehen lassen und diese unterschiedlichen Raumordnungen miteinander verbinden, und schließlich dadurch deren scheinbar ontologische Differenz unterwandern. Das Gerücht – so die These – wird so zu einem transmedialen Objekt, das die Grenzen zwischen seinem Herkunftsmedium und den Medien, in die es transfundiert, unsichtbar werden lässt.

Das Zentrum der Aufmerksamkeit im diegetischen Universum von Gossip Girl ist ein Blog, welches der Serie ihren Namen verleiht. Dieses Blog veröffentlicht und kommentiert die Aktivitäten, vor allem die amourösen Abenteuer, intimen Leidenschaften und konflikt- und eifersuchtsgeladenen Beziehungen ei-

ner Schülerschaft an einer elitären Privatschule an der Upper East Side von Manhattan.‹89
Die mehr oder weniger verlässlichen Quellen des Blogs sind die Mitglieder der Community selbst, die es durch Textnachrichten an *Gossip Girls* vielsagende E-Mail-Adresse tips@gossipgirl.net speisen, oder – und dies ist der weitaus häufigere Fall – durch mit dem Mobiltelefon aufgenommene und dann versendete Photographien. Umgekehrt erhalten alle Mitglieder der Community gleichzeitig die neuesten Gerüchte, die auf dem Blog veröffentlicht werden, als Multimedianachrichten auf ihre Telefone (vgl. Abb. 51-52).
Die Betreiberin des Blogs erscheint den Zuschauer(innen) als die anonyme *Voiceover*-Erzählerin der Serie, welche nicht nur jede Episode rahmt durch die Begrüßung und Verabschiedung des Publikums am Anfang und am Ende, sondern fortwährend und spitz die Befindlichkeiten der Proganist(inn)en und die aktuellen Ereignisse kommentiert und analysiert.
Bereits der Vorspann jeder Episode macht deutlich, dass das alles überstrahlende Gerücht der Serie die Identität von *Gossip Girl* selbst ist: Die wiederholte Frage an jedem Anfang: »And who am I?« und die Antwort: »That's a secret I'll never tell«, antizipieren das andauernde Begehren sowohl der Protagonist(innen) als auch der Zuschauer(innen), die verantwortliche Autorin oder den Autor der flottierenden Gerüchte aus der Anonymität herauszureißen, und geben doch gleichzeitig das Versprechen, dass dieses Begehren niemals erfüllt werden wird.‹90 Folgt man der Logik der Gerüchtekommunikation, so wird das Begehren nicht nur nicht erfüllt, sondern es *kann* unter keinen Umständen erfüllt werden, funktionieren Gerücht und Klatsch doch nur, wenn ihre Autorschaft unbestätigt bleibt. Beinahe überflüssig zu erwähnen, dass *Gossip Girl* eine empirische Person sein könnte, da sie diejenige ist, die das Blog

Abb. 50: Gossip Girl-Blog in der Serie
Abb. 51: Senden
Abb. 52: Empfangen

betreibt. In der Funktionalität des Gerüchts hingegen ist sie lediglich seine Repräsentantin.

Es ist ein Attribut der Gerüchtekommunikation, dass die Kommunikation kommuniziert und nicht etwa die Sender (vgl. Engell 2008; Neubauer 1998). Da die Partizipierenden an der Gerüchtekommunikation immer zugleich Sender und Empfänger sind, benutzt das Gerücht sie nur wie ein Parasit seinen Wirt, um sich selbst fortzupflanzen. In diesem Sinne sind die Stimme, welche die Zuschauer(innen) hören, und das Blog, welches die Protagonist(innen) konsultieren, lediglich Figurationen des Gerüchts, seine Emanation und Repräsentation. »Gerade auf der räumlichen Nichtpräsenz der anderen«, so Hans-Joachim Neubauer, »beruht ja das Hörensagen, das Medium des Gerüchts. Es zitiert immer die, die momentan nicht da sind. Im Gerücht spricht die abwesende Menge; sichtbar wird sie nur in der Allegorie« (1998, 46).

Verstanden als Allegorie, auf der narrativen und der ästhetischen Ebene, steht *Gossip Girl* in einer sehr alten Tradition der Darstellung des Gerüchts, insbesondere in derjenigen der griechischen und lateinischen Literatur. Wie die allegorische Fama nämlich ist *Gossip Girl* hier die Richterin über Ansehen oder Verruf, über Ruhm oder Schande, über *fame* oder *infamy*. Denn in der Tat ist die Frage nach ihrem sozialen Status die *teenage angst*, welche die Protagonist(innen) umtreibt. Wer ist die Meinungsführerin und wer steht dagegen in der sozialen Hierarchie auf der untersten Stufe, wer gehört zur Eliteclique und wer wird nicht zu den angesagten Parties eingeladen, wer setzt die Trends und wer kauft seine Designer-Schuhe im Ausverkauf? *Gossip Girl* beantwortet diesen Fragenkatalog entlang dieser spezifischen Indikatoren für die immer prekäre Position innerhalb der *Community*.

Im lateinischen Epos *Aeneis* des römischen Dichters Vergil ist es die Figur der Fama, die das Gerücht über die skandalöse Romanze zwischen dem Trojaner Aeneas und der karthagischen Königin Dido in die Welt setzt, was folgenschwer zu Aeneas Abreise nach Italien und Didos Selbstmord führt (Vergil 1979). Vergil beschreibt die Fama hier als ein wahres Monster, welches zugleich mit seiner Ausbreitung an enormer körperlicher Größe und Kraft zunimmt:

»Allsogleich geht Fama durch Libyens mächtige Städte.
Fama, ein Übel, geschwinder im Lauf als irgendein andres,
ist durch Beweglichkeit stark, erwirbt sich Kräfte im Gehen,
[...] ist sie ein Scheusal, greulich und groß; so viele Federn ihr wachsen am Leibe,
so viele wachsame Augen sind drunter [...],
Zungen und tönende Münder so viel und lauschende Ohren.
Nächtens fliegt sie, mitten von Himmel und Erde, durchs Dunkel

schwirrend, schließt niemals zu süßem Schlummer die Augen.
Tagsüber sitzt sie als Wächterin hoch auf dem Dache des Bürgers
oder auf stolzem Palast und schreckt die mächtigen Städte,
ganz so auf Trug und Verkehrtheit erpicht, wie Botin der Wahrheit.
Sie schwoll nun mit Gerücht und Gerede im Ohre der Völker,
kündete froh, was geschah, und erfand, was nimmer geschehen.«
(Vergil 1979, 145 [Viertes Buch, V.174-190])

Neben Famas beschriebenen *multimedia features*, die ihr – wie *Gossip Girl* – eine alles sehende und alles hörende Macht verleihen, ist an dieser Charakterisierung der Fama besonders interessant, dass Vergil sie vor allem als bedrohlich für die räumliche und soziale Formation der Stadt beschreibt, die sie beobachtet und überwacht. Ganz und gar adäquat zu dieser Beschreibung der Fama durch Vergil dominieren in Gossip Girl gerade in den frühen Staffeln Kamera-Nachtflüge über Manhattan, während das Voiceover spricht.

Dieses Motiv des spezifischen und komplexen Verhältnisses zwischen Gerücht und Stadt bleibt fortbestehen bis mindestens zur Mitte des zwanzigsten Jahrhunderts, wo es mit der berühmten Lithographie Paul Webers, *Das Gerücht* (1943/53), seinen vorläufigen Höhepunkt erreicht.

Die Arbeit Webers zeigt ganz klar eine Karikatur der Vergilschen Fama, eine Fama, welche durch die Straßenschluchten einer Stadt fliegt, während sie aus unzähligen Fenstern beobachtet wird, aus denen Figuren fallen, die sich zu ihrem enormen wurmartigen Körper vereinen und diesen vergrößern. Webers Bild macht zudem noch einmal das dem Gerücht inhärente Paradox deutlich, welches auch *Gossip Girls* Figuration zugrunde liegt: zugleich viele und eins zu sein (vgl. Neubauer 1998, 46). Darüber hinaus rückt dieses Attribut, zur selben Zeit eine Vielzahl und eine Entität zu sein, die Funktionalität des Gerüchts in die unmittelbare Nähe zum Konzept der Stadt. In ähnlicher, ebenfalls eindeutig kritischer Weise analysiert Michel de Certeau die Verbindung zwischen Gerücht und urbanem Raum. In *Die Kunst des Handelns* schreibt er:

»[D]as Gerücht ist immer der Ordnung verpflichtet, und die Folge einer räumlichen Gleichschaltung; das Gerücht erzeugt Kollektivbewegungen, die die Ordnung stärken, indem sie dem Zum-Handeln-Bringen ein Glauben-Machen hinzufügen [...] Die Erzählungen werden privater und ziehen sich in die hintersten Winkel der Stadtviertel, Familien oder Individuen zurück, während die Gerüchte der Medien alles überlagern und – in Gestalt der Stadt, dem Machtwort eines anonymen Gesetzes und Substitut aller Eigennamen – den Aberglauben, der ihnen immer noch widersteht, bekämpfen oder beseitigen« (1988, 204).

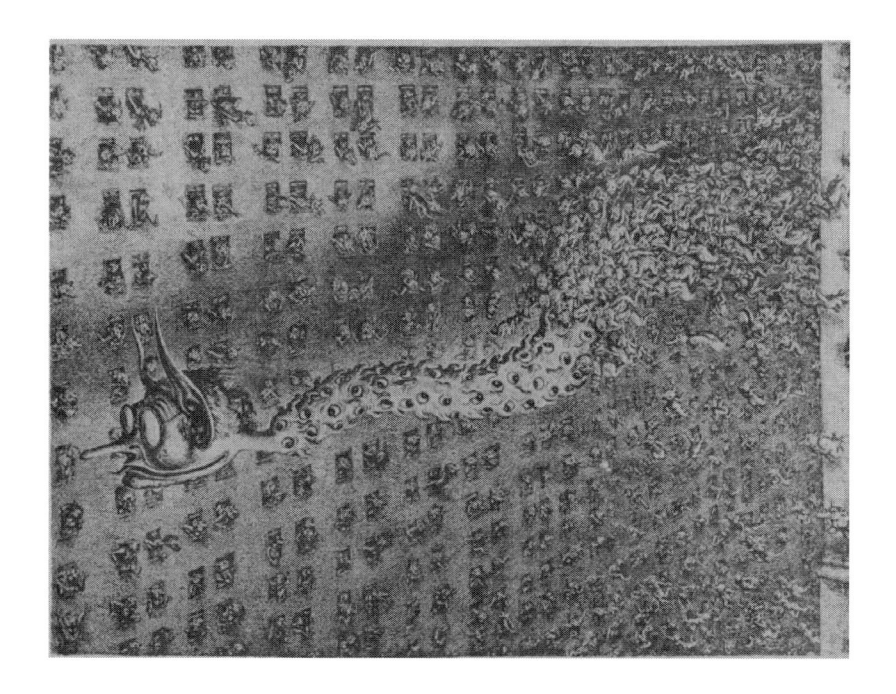

Abb. 53: Paul Weber: Das Gerücht (1943/53) [Lithographie]

Hier ist das Gerücht also geradezu identisch mit panoptischer politischer Macht, es transformiert die Pluralität der Stimmen in ein einziges, exklusives soziales Imaginäres – das Konzept der Stadt – und arbeitet im Namen der Rationalität und – natürlich – der Disziplin.
Dieses spezifische Verständnis des Gerüchts kommt einer anderen römischen Allegorie, derjenigen nämlich aus Ovids *Metamorphosen*, sehr nahe (Ovid 1979). Hier liegt der Akzent weniger auf der Darstellung, der Repräsentation der Fama selbst, als vielmehr auf einer spezifischen räumlichen Ordnung, ihrem Zuhause, dem sogenannten Haus der Fama. Dieses Haus mit »tausend Zugänge[n]« und »unzähligen Luken«, »bei Nacht und bei Tage« offenstehend, befindet sich »mitten im Erdenkreis [...] zwischen Land und Meer und des Himmel Zonen« (Ovid 1979, 437 [Buch 12, V. 40-46]). Im Gegensatz zu Vergils wanderndem, fliegendem Dämon hat sich Fama hier niedergelassen in einem »festen Wohn- und Amtssitz in zentraler Lage« (Braun 1991, 117), in dem und von dem sie alles überblicken kann. Ihr Haus in der Mitte der Welt, eine zentrale Nachrichtenagentur möchte man denken, steht in der Tat jedem offen, ist angefüllt mit Geflüster und Gerede, jedoch ist sie die Einzige, die alles sieht und alles hört: »Aber

sie selbst, sie sieht, was im Himmel, zur See und auf Erden alles geschieht und durchforscht in der ganzen Weite das Weltrund« (Ovid 1979, 439 [V.63/64]). Der entscheidende Unterschied zur Vergilschen Allegorie ist, dass Ovid hier gänzlich auf die Beschreibung der Figur der Fama selbst verzichtet: »Ihr Wirken offenbart sich allein auf der Ebene des Akustischen, sie ist omnipräsent, aber unsichtbar, das Person gewordene Prinzip der Anonymität« (Gall 2008, 38), ein panoptischer Wächter.

Hans-Joachim Neubauer zufolge ist vor allem das politische System des antiken Roms in höchstem Maße abhängig vom Hörensagen und der Verbreitung von Gerüchten (Neubauer 1998, 64-67). Dabei nehmen Wahrheitsgehalt und Verbürgtheit des Wissens graduell und in konzentrischen Kreisen vom elitären Zentrum zur Peripherie ab. Neubauer rekurriert hier vor allem auf das Patron-Klienten-System in der republikanischen Zeit, wo ein dreistufiges System der sogenannten *Salutatio* etabliert wurde, das die Verbreitung von Nachrichten organisierte. Einige der Klienten empfing der Patron dabei einzeln, einige in kleineren und einige in größeren Gruppen und versorgte sie je spezifisch mit Wissen darüber, was sie seinem politischen Kalkül nach jeweils wissen sollten (vgl. ibid., 65-66). Im Falle von Gossip Girl wird das Wissen der Protagonist(innen) nicht nur gegeneinander ausgespielt, sondern vor allem gegen das Wissen des Publikums. Mit Letzterem etabliert und unterhält *Gossip Girl* – wie ein römischer Patron – durch ihr Voiceover ein intimes System der Komplizenschaft, zugleich ein weiteres Merkmal der Gerüchtekommunikation im Allgemeinen.

Ihr Voiceover, in seiner radikalen Andersheit der Diegese gegenüber, stattet *Gossip Girl* mit einer ganz spezifischen Autorität aus, wie Mary Ann Doane sie beschreibt. »Disembodied, lacking any specification in space or time, the voice-over is, as Bonitzer points out, beyond criticism – it censors the questions ›Who is speaking?‹, ›Where?‹, ›In what time?‹ and ›For whom?‹« (Doane 1986, 341). Folgt man Doanes Argument, erhält *Gossip Girl* durch das Voiceover so nicht nur eine starke Beziehung zum Publikum, sondern eine interpretative Macht über das Bild: »It is precisely because the voice is not localizable, because it cannot be yoked to a body, that it is capable of interpreting the image, producing its truth« (ibid). Diese interpretative Kompetenz trifft nicht nur auf *Gossip Girls* exklusives Recht zu, die diegetischen Ereignisse zu kommentieren, sondern vor allem auf ihre Fähigkeit, die zahllosen Photographien ihrer Quellen in Objekte der Befragung zu verwandeln. Sie ist diejenige, die über Wahrheit oder Lüge entscheidet, die die Evidenz und Autorschaft dieser Bilder in Frage stellen kann und darf.

Abb. 54: Gossip Girl-Blog außerhalb der Serie

Es sind tatsächlich genau jene zirkulierenden Bilder, die an Gilles Deleuzes Bestimmung der Funktionalität der Gerüchtekommunikation denken lassen. In *Das Zeit-Bild* charakterisiert er das Gerücht als privilegiertes kinematographisches Objekt, weil es autonom zwischen unabhängigen Gruppen von Menschen und distinkten Orten zirkuliere, und diese hierdurch verbinde, ohne dabei aber selbst zu ihnen zu gehören (Deleuze 1991, 292). Während Deleuze hier an das Gerücht als eine spezifische Form des Gesprächs denkt, ein »auseinander gezogenes Gespräch« wie er schreibt, welches die Autonomie der Kommunikation dokumentiert, und dessen Medium der Zirkulation der Sprechakt ist, ist die Gerüchtezirkulation in GOSSIP GIRL dagegen beinahe vollkommen unabhängig von verbalem Diskurs (ibid., 296). Insofern insbesondere die Multimedia-Nachrichten und Mobiltelefon-Photographien die Aufgabe erfüllen, die unterschiedlichen Sets zu verbinden und die Bildräume und Szenen zu verknüpfen, sind sie es, die diejenige Funktion übernehmen, die Deleuze allein dem Sprechakt zuschreibt. In GOSSIP GIRL transformiert sich etwa ein flüchtiger Blick durch die Fenster ins Innere eines Cafés in ein visuelles Objekt, ein Schnappschuss mit dem Handy beispielsweise, ein Objekt, das einen ganzen Prozess der Generierung von Räumen in Gang setzt, temporalisierte Räume, in denen gänzlich verschiedene Räume ineinandergreifen.

Tatsächlich scheint das Verflechten von Räumen der Serie größtes Anliegen zu sein. Während der Bildraum des Blogs und der Mobiltelefone mit dem Raum der Diegese interferieren, verbindet das Voiceover *Gossip Girls* diesen diegetischen Raum mit dem außerdiegetischen Raum der Zuschauer(innen). Daneben unterliegen Diegese und Extradiegese einer zusätzlichen Konfusion, da sich besagtes Blog nachgerade multipliziert. Ein beinahe identisches Blog kann außerhalb der eigentlichen Serie, nämlich auf der Website des *CW Television Networks*, des produzierenden Fernsehsenders der Serie, aufgesucht werden. Dieses Zwillings-Blog imitiert einerseits den fiktiven Inhalt des diegetischen Blogs, indem die aktuellen Ereignisse innerhalb der Serie im Stile *Gossip Girls* nacherzählt werden, andererseits bietet es zusätzlich an die Fans der Serie gerichtete kommerzielle Inhalte wie PressePhotos der Schauspieler(innen), Informationen darüber, wo diese in New York ausgehen, Kauf-Informationen über die Kleidung und Accessoires, die sie in der Serie tragen, etc. Gleichzeitig ist es genau ein Bild jenes wirklichen Internet-Blogs, und eben nicht des intradiegetischen, das am Anfang jeder Episode gezeigt wird, genauer gesagt zwischen der *Previously-on-* und der Vorspann-Sequenz.

In dieser Hinsicht ufert Gossip Girl also nicht nur aus in einen Raum jenseits seines eigenen Mediums, sondern re-integriert dieses Außen in seine eigene Logik. Diese Grenzüberschreitung aus dem eigenen Medium heraus korrespondiert zugleich mit dem, was Ralf Adelmann und Markus Stauff als den generellen Stil des zeitgenössischen Fernsehens identifizieren (Adelmann/ Stauff 2006). In Anlehnung an John Caldwells Analyse der Ästhetik des Fernsehens qualifizieren sie die Spezifizität des Mediums präzise in seiner stetigen Transgression zu anderen Medien, sichtbar insbesondere in der Tendenz des Fernsehens zur, wie sie es nennen, »Re-Visualisierung« (ibid.). Dieser Begriff impliziert, dass »Bildformen, die in anderen medialen Konstellationen und Praxisbereichen definiert wurden, [...] im Fernsehen eine (modifizierte) Sichtbarkeit [erhalten]« (ibid., 69). Der Effekt dieser Re-Visualisierung ist nicht nur der einer stilistischen Differenzierung, sondern trägt zur Hybridisierung der Bildkategorie generell bei. In anderen Worten: Das Fernsehbild gibt nicht den neutralen Rahmen für die Präsentation anderer Bilder, die sich von seinen eigenen grundlegend unterscheiden, sondern es affiziert diese Bilder und wird umgekehrt auch von ihnen affiziert, wird so ein Bild unter anderen, ein Bild unter Bildern. In Gossip Girl manifestiert sich diese Ununterscheidbarkeit zwischen – in diesem Fall – Fernsehen und dem Internet bereits ganz zu Anfang, in der Vorspannsequenz, wenn sich aus distinkten, leuchtenden Punkten, die entweder an Pixel oder an eine glänzende, goldene Perlenkette denken lassen, zunächst die Skyline einer Stadt generiert, welche sich anschließend in die Buchstabenfolge des Serientitels transformiert. Diese Unterwanderung nicht nur medialer Grenzen, sondern auch medialer Ursprünge kann hier jedoch nicht allein auf die Bildästhetik reduziert werden. Vielmehr lässt sich der Grenzgang verstehen als Reflex der generellen Expansion der Serie außerhalb des eigenen Mediums. Zum Ausdruck bringen diese Bilder sowie die beiden Zwillings-Blogs den gesamten Referenzhorizont dieser Serie, welche die veränderte Rezeption zeitgenössischer Serien in der *post-network-era* einer televisuellen Beobachtung unterzieht: zum einen die zunehmende Spezifizierung des Zielpublikums mit Ausbildung ausgeprägter Fankulturen im Internet (vgl. Jenkins 2006, problematisierend dazu Schwaab 2013), zum anderen die Boulevardisierung und Ökonomisierung bestimmter medialer Formate hinsichtlich Trends und Lifestyle.

Auf ähnliche Weise nimmt Gossip Girl nämlich innerhalb der Sendung die boulevardeske Aufmerksamkeit seinen Schauspieler(inne)n gegenüber vorweg, sind doch die Protagonist(inn)en immer schon, in der narrativen Logik der Serie selbst, im Zielfernrohr der Hobby-Paparazzi. Bevor die echten Paparazzi also hinter den Büschen lauern, um die Stars der Serie zu erwischen, stehen diese bereits unter der Beobachtung der fiktiven Klatschpresse, das heißt der anderen Mitglieder der intradiegetischen Community. Der Bezug, die Referenznahme zu den Boulevardmedien und deren Themen ist dabei multi-dimensional: In der Episode »Riding in Town Cars with Boys« (5;10) etwa werden Blair und Chuck, zwei der Hauptcharaktere der Serie, von ›echten‹ innerdiegetischen Paparazzi auf Mopeds durch den Central Park verfolgt. Bei dem Versuch, sie abzuschütteln, gerät die Limousine, in der die beiden sitzen, in einen schrecklichen Unfall. Neben dieser unverhohlenen Anspielung auf einen der größten Skandale, in den die Boulevardmedien selbst involviert waren, die Geschehnisse, die zum Tod der Königin des Boulevards – Prinzessin Dianas – führten, kreist die Narration in späteren Staffeln zu einem großen Teil um *Gossip Girls* Konkurrenzmedium, ein Boulevard-Magazin mit dem sprechenden Namen *The Spectator*, welches in der letzten Staffel das Buch eines anderen Hauptcharakters veröffentlicht, ein Buch, welches nicht nur als Serie veröffentlicht wird, sondern als »serialized character study of people on the Upper East Side« bezeichnet wird und nacheinander alle Freunde behandelt. Darüber hinaus wimmelt es in der Serie von Referenzen zu ›echten‹ *socialites* und *celebrities* wie etwa Alexa Chung oder Vera Wang, die wiederum von Zeit zu Zeit selbst Cameo-Auftritte in der Serie haben.

Gossip Girl *handelt* also nicht nur von Netz-Kultur und Netz-Klatsch, Gossip Girl *provoziert* nicht nur Netz-Kultur und Netz-Klatsch, sondern die Serie *produziert* diese vor allem in ihrem zweiten Blog vielmehr selbst, produziert damit also auch die *Paratexte*, die die Serie begleiten, nur, um sie wiederum umgekehrt in das eigene Universum zu re-integrieren. Insofern Klatsch, Trends und Lifestyle innerhalb der erzählten Welt bereits Interessenschwerpunkte darstellen, verschwimmen auch in diesem Sinne die Grenzen zwischen Text und Paratext.

Dass dieses Konzept hervorragend aufgeht, zeigen die zahllosen Stories der *extradiegetischen* Klatschmedien, die genau wie *Gossip Girl* selbst über die Outfits der Schauspieler(innen), ihre Lieblingsbars, und vor allem auch über die amourösen Abenteuer untereinander berichten.

In diesem Sinne operiert Gossip Girl nicht nur mit differenten medialen Praktiken, mit Bildern aus dem Außen, sondern es *produziert* Bilder *im* Außen, die seinen eigenen ähneln wie ein Ei dem anderen. Und schließlich, indem es eben genau die Boulevardformate des Fernsehens sind, die in Zeiten des digitalen Fernsehens eher selten den Weg auf die Festplatten der Nutzer(innen) finden, die niedrigsten Downloadraten haben, und auch in der Fernsehtheorie keine oder nur rudimentäre Beachtung finden, unterwandert Gossip Girl auch die so gerne aufgerufene Differenz zwischen dem sogenannten *Quality-TV* und der Banalität des *Trash TV*. Obgleich Gossip Girls transmedialer Einsatz verglichen mit den aufwendigen Experimenten anderer transmedial operierender Serien denkbar gering ist, residiert und operiert die Serie so erfolgreich in einem Raum, wo die Lücke, die Differenz zwischen Fernsehen und seinem Außen, zwischen der Serie und den Boulevardmedien, die es umgeben, zwischen Fiktion und Realität, zwischen virtuellen und realen Räumen, und – nicht zu vergessen – zwischen Lüge und Wahrheit, nicht mehr so ohne Weiteres ausgemacht werden können.

Adaption. Steuerbarkeit von Medienwandel in HOUSE OF CARDS

Die Überschreitung der Differenz zwischen dem Fernsehen und seinem Außen in Form der Serie lässt sich in einem weiteren Schritt nicht nur von der Television, sondern eben auch von ihrer Peripherie her denken und bearbeiten. Die bislang weitestgehende Reklamation einer Zentralität des Peripheren ereignet sich derzeit mit den Bestrebungen des US-amerikanischen Video-on-Demand-Anbieters *Netflix*, der 2012 erstmals eine eigene Serie – LILYHAMMER (NRK1/Netflix, 2012-) – koproduzierte und 2013 mit HOUSE OF CARDS (Netflix, 2013-) als eigenständiger Produzent und einem kolportierten Budget von 100 Millionen US$ in den Markt der Premium-Serien eingestiegen ist (vgl. Baldwin 2012).◂91 Sämtliche 13 Folgen der ersten Staffel von HOUSE OF CARDS wurden dabei am 1. Februar 2013 en bloc online gestellt, so dass *binge viewer* die Premierenstaffel noch am Abend desselben Tages komplett geschaut haben konnten (vgl. Miller 2013). *Netflix* konnte damit einer Rezeption im Modus des Exzesses Rechnung tragen, die durch DVDs, Streaming und Download-Möglichkeiten ohnehin zu einem leitenden Paradigma eines Serienkonsums geworden ist, der die wöchentlichen Distributionsrhythmen der TV-Ausstrahlung gezielt unterläuft (vgl. Brunsdon 2010).

Nicht nur der vormals im Diskurs als deviant markierte, weil gar nicht mehr auf das Fernsehprogramm angewiesene, kompulsive Serienkonsum wird durch *Netflix*' Distributionsstrategie zentral gestellt, auch die Unternehmensgeschichte selbst zeugt von dieser neuen Zentralität des Peripheren: *Netflix* startete Ende der 1990er Jahre als Online-Videothek für postalischen DVD-Versand per Abonnement und offerierte ab 2007 – zunächst als Zusatzangebot für Abonnenten, ab 2011 als eigenständiges Produkt – das Streaming von Filmen und Fernsehsendungen. Neben dem von NBCUniversal, Disney-ABC und Fox – also den größten US-Fernsehproduzenten – getragenen *Hulu* ist *Netflix* damit binnen weniger Jahre einer der führenden Video-on-Demand-Anbieter in den Vereinigten Staaten geworden, vor allem weil es dank der Nutzung bestehender TV-Hardwareperipherien (XBox, TiVo, SmartTV, Wii, AppleTV etc.) auf dem Fernseher und nicht nur auf den Bildschirmen genuiner Online-Medien präsent zu sein vermag (vgl. Roth 2009). Im Rahmen von Lizensierungsabkommen mit einer Vielzahl von großen Film- und Fernsehstudios stellt *Netflix* dabei – aus der Perspektive der Film- und Fernsehindustrie – ein Zweitverwertungsmedium dar, das mit zum Teil erheblicher Zeitversetzung bereits im Fernsehen ausgestrahlte Filme und Serien in sein Angebot aufnimmt. Eben diese Wiederholungen, die *re-runs*, waren für das US-amerikanische Fernsehsystem seit der Möglichkeit, Fernsehsendungen aufzuzeichnen, von zentraler Bedeutung (vgl. Kompare 2005)◂92, verlieren jedoch aufgrund der Popularität von *Netflix* ihren Status als Wiederholung, weil Zuschauer zunehmend auf die Online-Veröffentlichung und die damit einhergehende Möglichkeit des *binge viewing* warten, ohne die Serie in der TV-Erstausstrahlung gesehen zu haben. Anstatt also das Fernsehen, wie es das Jahrzehnte alte System der Syndikation nahelegte, zu supplementieren, tritt *Netflix* somit in verstärktem Maße in direkte Konkurrenz zu den etablierten Fernsehsendern selbst.◂93

Gemäß einer diskursiven Logik medialer Optimierung, die insbesondere in der Geschichte des Fernsehens persistiert (vgl. Stauff 2005), wird diese Konkurrenz in den – anlässlich des Starts von House of Cards getätigten – Aussagen sowohl der *Netflix*-Verantwortlichen als auch berichtender Journalisten als Verbesserung ausphantasiert (vgl. Staun 2013). Dies resultiert vor allem aus einer veränderten Epistemologie der Rezeption: Müssen Fernsehsender in eigenen Studien Informationen über die Präferenzen ihrer Zuschauer sammeln, die über die bloße Messung der Einschaltquoten – die berühmten *Nielsen Ratings* – hinausgehen, so sind bei *Netflix* die Mikrostrukturen der Rezeption von der Auswahl eines bestimmten Films bis hin zur Betätigung der Pause-Funktion mit dem Akt der Rezeption direkt und individualisiert verschaltet. Sie werden massenhaft als *big data* aggregiert, algorithmisch ausgewertet und treten den Nutzer(inne)n als personalisierte Empfehlungen (*recommendation systems*) im *Netflix*-Interface wieder gegenüber (vgl. Harris 2012; Leonard 2013).◂94 Aufgerufen wird mit dieser Algorithmisierung großer Datenmengen eine Fiktion serieller Automation, in der die Daten sich selbst zu neuem *content* zusammenschreiben: »We know what people watch on *Netflix* and we're able with a high degree of confidence to understand how big a likely audience is for a given show based on people's *viewing* habits« (Jonathan Friedland [*Netflix* communications director], zit. n. Baldwin 2012, o.S.).

Im Falle von House of Cards soll *big data* dabei eine starke Korrelation zwischen der Vorliebe für eine fiktionale Vorlage – die britische Mini-Serie House of Cards (BBC, 1990) – das Genre des Politthrillers, einen bestimmten Schauspieler (Kevin Spacey) sowie Regisseur (David Fincher) ermittelt haben, die für das Unternehmen in der Entscheidungsfindung eine wesentliche Rolle gespielt haben sollen (vgl. Staun 2013). Ob und in welchem Maße dies zutrifft, scheint dabei zweitrangig zu sein: Die »verkaufsfördernde Legende« (ibid., o.S.), dass die anhand bestehender Objekte erfolgende Verdatung von Zuschauerdispositionen zur automatisierten Genese neuer Objekte führe, ist als Phantasma mediendifferentieller Steigerung wirksam. Sie inszeniert die Differenz zwischen Fernsehen und Digitalmedien als Unterschied der Möglichkeit intensivierten Zugriffs auf Zuschauerpräferenzen und imaginiert damit Zuschauer als Interessenssubjekte, deren binär codierte Präferenzen (Klicken/Nicht-Klicken) sich durch sie hindurch manifestieren und ihnen objektförmig wieder entgegenzutreten vermögen.◂95 Für *Netflix* als börsennotiertes Unternehmen fungiert diese Fiktion der automatisierten Rückkopplung von Präferenzen zugleich als Reaktualisierung des wesentlich älteren mikroökonomischen Phantasmas der Einhegung konstitutiver makroökonomischer Kontingenz (vgl. Bröckling 2007, 117 ff.).

Erfolgt die Attribuierung von Qualität und Neuheit bei HOUSE OF CARDS also durch die Ausstellung einer digitalen Epistemologie der Rezeption, die in ihrer imaginären Radikalisierung automatisiert in Produktionsprozesse rückgespeist wird, so erweist sich die Serie auf der bildästhetischen und narrativen Ebene gerade im Vergleich mit anderen (Online-)Serien als vergleichsweise konventionell: Sie verzichtet auf die Möglichkeit interaktiver, nicht-linearer Erzählweisen und Bildkompositionen wie sie z. B. ADDICTS (ARTE, 2010) kennzeichnen (vgl. Otto 2013), auf die intimen *small-screen*-Ästhetiken rezenter Web-Serien und *webisodes* (vgl. Creeber 2011; Dawson 2007), separate CGI-Sequenzen, wie sie in CSI (CBS, 2000-) und HOUSE (Fox, 2004-2012) häufig anzutreffen sind (vgl. Otto 2010), *split-screen*-Sequenzen à la 24 (Fox, 2001-2010) sowie – mit einer wichtigen Ausnahme, auf die noch zurückzukommen sein wird – auf digitale Bildüberlagerungen, also in der *post production* zusätzlich zum filmischen Bild hinzukommende Bildebenen wie sie z. B. bei SHERLOCK (BBC, 2010-) verstärkt zum Einsatz kommen. Auch dezidierte Formexperimente mit narrativer Zeitlichkeit, wie sie für eine Vielzahl rezenter Serien charakteristisch sind (vgl. Mittell 2006), geht HOUSE OF CARDS vordergründig nicht ein. Dieser ostentative Non-Avantgardismus auf ästhetischer Ebene wird noch verstärkt durch die Allusion auf das Buchmedium in der Episodenbetitelung.◄96
Der auffällige Kontrast zwischen einer anti-experimentellen Ästhetik und einer Distributionslogik, die sich gänzlich von den Prinzipien televisuellen *Broadcastings* löst sowie mit dem Phantasma einer unmittelbaren Verdatbarkeit von Zuschauerinteressen gekoppelt ist, nimmt jedoch keine Widerspruchsform an, weil – wie oben ausführlich gezeigt wurde – die Serie als Form selbst bereits eine formästhetische wie epistemologische Operationalisierung von (Medien-)Wandel bewerkstelligt. HOUSE OF CARDS vermag so trotz der Inanspruchnahme von medientechnischem Avantgardismus auf die Reklamation ästhetischer Innovativität zu verzichten, weil die transmediale Überschreitung des Televisiven bereits durch Serien zum Normalfall geworden ist. HOUSE OF CARDS re-iteriert und institutionalisiert diese Überschreitung – so die Leitthese für die folgende Analyse – nun aber gerade nicht vom Fernsehen her, sondern von seinem Außen, seiner zentral gestellten Peripherie. Diese Positionierung führt – wie nun gezeigt werden wird – zu einer Thematisierung von Medienwandel, die zum einen im wahrsten Wortsinne transmedial, also nahezu sämtliche Medien umgreifend, verfasst ist. Zum anderen erfolgt diese Reflexion auf einen Medienwandel, als dessen Effekt die Serie gezeigt wird und an dem sie zugleich mitwirkt, nicht im Auftrag eines Einzelmediums und schon gar nicht im Auftrag des Fernsehens. HOUSE OF CARDS denkt sich vielmehr als Agent eines *reinen* Medienwandels, der also unabhängig von Einzelmedien er-

folgt und stattdessen die handlungsbindenden Dimensionen von Vermitteltheit selbst thematisiert.

Eben diese handlungsweisende Funktion von Vermittlung dekliniert die Serie an ihrer Hauptfigur Francis ›Frank‹ Underwood (Kevin Spacey) durch, dem *whip*◄97 der demokratischen Partei im US-amerikanischen Kongress. Als solchem kommt ihm bereits ein nahezu prototypischer Agentenstatus zu, handelt er doch als Delegierter aus dem US-Bundesstaat South Carolina formal im Auftrag der Wähler(innen) seines Wahlbezirks, übt aber zugleich als verlängerter Arm des *Weißen Hauses* im Kongress im Namen der Regierung innerparteilichen Druck auf die demokratischen *congressmen* und *congresswomen* aus – und treibt nicht zuletzt seinen eigenen politischen Aufstieg voran. Entsprechend frequent muss er zwischen möglichen Zielkonflikten seiner Auftraggeber navigieren und zugleich auf Kompatibilität mit seiner eigenen karrieristischen Agenda prüfen.◄98 Denn die Funktion des *whip*, so wird direkt zu Beginn der Serie deutlich, erfüllt er zwar mehr als zufriedenstellend, strebt jedoch nach einem Ministeramt, das ihm – trotz gegenteiliger Versprechen – vom neuen Präsidenten und seiner Stabschefin verweigert wird, weil er im Kongress dringender benötigt würde.

Mit dieser knappen narrativen Exposition etabliert die Serie dabei zunächst vor allem ihren eigenen Zeithorizont, der sich erstens um die medial bedeutsamen ersten 100 Tage der neuen Präsidentschaft dreht, in denen es vor allem eine Erziehungsreform durch den Kongress zu peitschen gilt; zweitens um die Zeitlichkeit des gebrochenen Versprechens auf ein Ministeramt, das Underwood durch einen Plan substituiert, doch noch Minister (und langfristig Präsident) zu werden; drittens schließlich um die politische Zeitlichkeit der Legislaturperiode, an deren Ende die hier titelgebenden Karten neu gemischt zu werden pflegen. Diese drei Zeitlichkeiten operationalisieren dabei selbst wiederum die Zeitlichkeit des Seriellen mit seinen unterschiedlichen Fristigkeiten: Die ersten 100 Tage umfassen als relativ selbstständiges Element die ersten drei Episoden der dreizehnteiligen Staffel (die pro Episode etwa einen Monat und damit insgesamt etwa ein Jahr erzählter Zeit abbildet), das durch Underwoods Plan substituierte Versprechen gibt den Rahmen der gesamten ersten Staffel ab, während schließlich die Zeitlichkeit der Legislaturperiode(n) den weiteren, vagen Zeithorizont der Serie als ganzer evoziert. Diegetische Temporalität ist hier somit mit serieller Zeitlichkeit unmittelbar verschaltet, die narrativen Dringlichkeiten, Vorausweisungen und Wendungen geben einen Begriff seriellen Wandels.

Dabei ist aber zunächst zu beleuchten, wie HOUSE OF CARDS anhand seines Protagonisten überhaupt die politischen Prozesse konzipiert, deren spezifische

Fristigkeiten dann aufgerufen werden: Diese nehmen hier nämlich tendenziell die Form von Intrigen, Ränkespielen und Verdrängungswettbewerben an, in welche Medien – und hier zunächst die sogenannten Massenmedien – an entscheidender Stelle willkürlich wie unwillkürlich involviert sind. So wird Underwood bereits in der Pilotepisode von der jungen Journalistin Zoe Barnes der fiktiven, aber sehr deutlich an die Washington Post angelehnten Hauptstadtzeitung *The Washington Herald* aufgesucht, die ihm – um sich vom Lokalressort ins Politikressort zu befördern – eine Partnerschaft offeriert, die selbst aber wiederum unter den Bedingungen medialer Erpressbarkeit stattfindet. Anlass ist hier ein von einem *Washington Herald*-Photografen vor der Oper aufgenommenes Bild, das zeigt, wie Underwood der Journalistin in anzüglicher Art und Weise hinterherblickt. Da dieses Photo in boulevardesker Zuspitzung die Reputation Underwoods beschädigen *könnte*, stellt es für Barnes die Eintrittskarte in das Haus des Kongressabgeordneten dar.

In der Folge nutzt Underwood den Pakt mit Barnes, um ihr einen Entwurf jener Erziehungsreform zuzuspielen, die als Handlanger des zuständigen Ministers durch den Kongress zu bringen seine erste vom *Oval Office* auferlegte Aufgabe sein soll. Im Wissen darum, dass der zwar über Expertise, aber nicht über politische Erfahrung verfügende Bildungsminister wesentlich ›linkere‹ Positionen vertritt als der eher als moderat beschriebene Präsident (und die Mehrheit der Demokraten), genügt Underwood das Zuspielen des Gesetzesentwurfs an Barnes, um den – die erste Episode umfassenden – ersten Teil seines Plans umzusetzen: Die Auswertung der Dokumente resultiert in der einen Tag nach der präsidialen Inauguration erscheinenden Schlagzeile »Education bill far left of center«, was nun den Bildungsminister sowohl in seiner politischen Position als auch persönlich so stark schwächt, dass er Underwood, der sehr ›großzügig‹ seine Hilfe anbietet, damit beauftragt, das Gesetz für ihn zu verfassen. Delegiert dieser die Ausarbeitung des Gesetzes prompt weiter an ein Team aus Universitätsabsolventen, so ermöglicht ihm dieser Schachzug einerseits, das Gesetz nun tatsächlich durch den Kongress zu bringen und damit andererseits, vor allem seine eigene Position innerhalb der Regierungspartei zu stärken.

Die so individual-taktisch in die politische Prozessualität von Machtdistribution eingebundenen (Massen-)Medien sind hier offensichtlich immanente Bestandteile politischer Administration, weil sie qua ihrer Aufgabe der Bedeutungszuweisung politischer Inhalte darüber entscheiden, inwiefern politisches Handeln nicht nur programmatisch kohärent, sondern vor allem aufrichtig ist: Die Schlagworte »far left of center« sind eben nicht nur eine deskriptive Einordnung von Positionen in die ideologische Landschaft, sondern zugleich – und ohne, dass dies überhaupt noch phrasiert werden müsste – (potentieller) Vorwurf eines gebrochenen Versprechens (nämlich der Gemäßigtheit) an den Präsidenten selbst. Allein die Potentialität dieses Vorwurfs reicht aus – wie auch die schädigende Potentialität der Photographie, die Underwood zum Paktieren mit der Journalistin zwingt –, um politisches Handeln zu unterbinden und umzulenken.

Wo aber allein schon potentielle mediale Berichterstattung im politischen Handeln vorweggenommen und als Leitperspektive der eigenen Programmatik implementiert wird, da ist der Begriff Mediatisierung dienlich, um die Beziehung von Medien und Politik zu konzeptionalisieren. So unterscheidet Jesper Strömbäck (2008) zwischen vier Phasen der Mediatisierung des Politischen, die dieser Durchdringung politischer Prozessualität mit medialem Kalkül Rechnung tragen. Stellen in der ersten Phase technische Massenmedien lediglich die Primärquelle von Information über politisches Handeln dar, erlangen sie in der zweiten Phase eine Teilautonomie ihrer eigenen Handlungsmaximen, die sich in der dritten Phase zu einer vollständigen Autonomie, einer eigenen »media logic« (ibid., 238) ausweitet, so ist auf HOUSE OF CARDS erst die vierte Phase zu applizieren: Hier ist dann nämlich die autonome Rationalität von Medien zur Leitmaxime politischer Rationalität, zum internalisierten Handlungsparadigma der politischen Akteure selbst geworden:

»The fourth phase of mediatization is thus attained when political and other social actors not only adapt to the media logic and the predominant news values, but also internalize these and, more or less consciously, allow the media logic and the standards of newsworthiness to become a built-in part of the governing processes« (ibid., 239f.).

Erscheint die historische Komponente dieser Phasen-Differenzierung dabei medientheoretisch wie politikhistorisch mehr als fragwürdig, so erlaubt sie doch eine adäquate analytische Einschätzung der Figuren in HOUSE OF CARDS: Denn politisch reüssieren hier – angefangen mit Francis Underwood und endend mit dem Bildungsminister – nur jene Akteure, die ihr gesamtes Handeln auf die spezifischen Rationalitäten von Massenmedien abgestellt haben und diese zu ihrem eigenen Vorteil auszuspielen vermögen. Diese »Kollaboration« (Bourdieu 1998, 85), also die hier unhintergehbare Mediatisierung des Politischen narrativiert HOUSE OF CARDS durch die professionelle Ko-Dependenz von Underwood und Barnes, die sich im Laufe der ersten Staffel zudem sexuell und damit als (zunächst) reziproke, aber polyvalente Begehrensstruktur installiert, später aber auch von keiner Partei einfach aufgelöst zu werden vermag. Darüber hinaus nimmt sie aber temporal die Form quantitativer wie qualitativer Eskalation an: Underwood erpresst die Loyalität des Kongressabgeordneten Russo unter der Androhung, dessen exzessiven Lebensstil publik zu machen

(1;01: »Chapter One«), spielt Barnes einen 35 Jahre alten Zeitungskommentar zu, der den zukünftigen Außenminister so in Bedrängnis bringt, dass dieser in einem Fernsehinterview über die Vorwürfe lacht, was ihn zusammen mit einer von Underwood fabrizierten falschen Beschuldigung später zum Rücktritt veranlasst (1;02: »Chapter Two«), versucht in der für ihn schlecht laufenden Auseinandersetzung um die Bildungsreform durch koordinierte Öffentlichkeitsarbeit den Streik der Lehrergewerkschaft mit dem Begriff »disorganized labor« zu verschlagworten, inszeniert einen – streikenden Lehrern zugeschriebenen – Anschlag auf sein eigenes Haus und provoziert schließlich deren Vertreter so stark, dass dieser ihm einen Faustschlag verpasst und – unter Androhung der Publizierung des Vorfalls – anschließend den Streik beendet (1;06: »Chapter Six«).
Politik findet hier ausschließlich als Zirkulation von Schlagzeilen, Wörtern, Einzel- und Bewegtbildern statt, die es zu unterstützen oder zu unterbinden gilt und deren Eigendynamik bereits als antizipierte effektiv wird. Und da Underwood seinen eigenen Job als »to clean the pipes and keep the sludge moving« (1;01) beschreibt, zeichnet er sich durch eine besondere taschenspielerische Begabung in diesem Feld aus, die ihn zum offenkundig zynischen (Anti-)Helden dieser vollständig mediatisierten politischen Kultur werden lassen. Dass HOUSE OF CARDS in Form eines sogenannten *spoofs* – also eines kurzen Clips im Stil und teilweise mit den Protagonist(inn)en der Serie – im Jahr 2013 das *White House Correspondents' Dinner*◄99 eröffnete und dabei sowohl von der Hauptstadtpresse als auch der politischen Elite der USA Wertschätzung erfuhr, spricht wohl kaum gegen dieses Portrait der Ko-Dependenz von Medien und Politik in Washington.
Nicht zuletzt erweist sich in HOUSE OF CARDS' Konzeption des Politischen damit eine augenfällige Nähe zu jener transmedialen Verfasstheit des Gerüchts, die GOSSIP GIRL – wie oben gezeigt – so prägnant in Szene setzt: Auch hier zirkuliert verbale wie non-verbale Kommunikation tendenziell senderlos von Politikern zu Journalisten, Lobbyisten bis zur Regierung und zurück, von vertraulichen Konversationen in Zeitungskolumnen, Fernsehbeiträge, Blogs zurück in die präsidiale Rede. Politik ist erst einmal – der Verweis auf das Klatschportal TMZ fällt in der Pilotepisode nicht zufällig – Gerüchteproduktion, das *House of Representatives* nicht nur ein Kartenhaus, sondern auch ein *house of fame* mit all seinen Attributen: denn die Bedrohlichkeit dieser Fama betrifft – die im Serienlogo diagonal invertierte amerikanische Flagge symbolisiert dies – ganz konkret die Integrität der demokratischen Nation, der *polis* selbst.
Underwoods, als Antwort auf Journalistenfragen frequent getätigter Wahlspruch »You might very well think that, but I couldn't possibly comment« deu-

Abb. 55: Fernseher im neu bezogenen Büro (HOUSE OF CARDS 1;02)

tet jedoch darauf hin, dass die Serie sich noch für eine weitere Dimension der transmedialen politischen Klatschproduktion interessiert: nämlich ihre Steuerbarkeit.

Als Objekte spielen Medien selbst zunächst und folgerichtig eine gewichtige Rolle in HOUSE OF CARDS: Zeitungen, Blogs und Micro-Blogging-Anbieter sind als Informationsmedien allein schon durch den journalistischen Plot sehr präsent, aber auch Fernseher und Radios sind als – auch häufig benutzte – Objekte wesentliche Bestandteile insbesondere von Innenräumen. Im gerade bezogenen Büro der *chief of staff* Linda Vazquez, in dem noch Schutzfolien über den Möbeln liegen, läuft so bereits der Fernseher (vgl. Abb. 55).

Sie tauchen dabei selten als generische Medien, aber sehr oft als spezifische, logofizierte Produkte auf: Das Internet gibt es als Twitter und politico, das Fernsehen kommt in Form von CNN, Bill Maher und ABC daher, Smartphones sind erkennbar Blackberrys oder iPhones, stationäre und mobile Computer stammen von Apple oder Dell, Digitalkameras von Canon, Spielekonsolen von Sony, e-Reader von Amazon usw. Es gibt in HOUSE OF CARDS immer nur materielle wie immaterielle Medienprodukte, die einerseits markieren, dass mediale

Rationalitäten selbst wiederum an makroökonomische Rationalitäten gekoppelt sind und andererseits – so darf unterstellt werden – den mikroökonomischen Interessen von *Netflix* selbst dienen, nämlich als *product placement*.

Sehr wohl differenziert HOUSE OF CARDS aber Medien gemäß ihrer Funktionen: Computer sind hier zumeist elektronische Schreibmaschinen, in die Journalisten oder Büromitarbeiter Texte eingeben, welche zumeist in Stapelform auf Schreibtischen landen, maximal aber wieder von Zuarbeitern gelesen und mündlich zusammengefasst werden. Fernseher, Zeitungen, Radio und Internet hingegen werden durchaus von leitenden Mitarbeitern rezipiert, zumal sie als Massenmedien unmittelbaren politischen Handlungsdruck auslösen. In hoher Frequenz stellt die Serie den Akt der direkten Beobachtung von Massenmedien in Schuss-Gegenschuss-Einstellungen als direkten Durchgriff von Bildschirmgeschehen auf Handlungsträger aus, so beispielsweise, wenn Underwood und sein Assistent Dough einen Polittalk – This Week (ABC) – mit dem in die Bredouille gebrachten Außenminister schauen (1;02):

Abb. 56: Die Übergeordnetheit des Fernsehers (HOUSE OF CARDS 1;02)

Abb. 57: Das Lachen des Kandidaten (HOUSE OF CARDS 1;02)

Lange Einstellungen, in denen der Büro-Fernseher samt Rahmen beinahe die Totalität des gezeigten Bildes einnimmt, wechseln mit Aufnahmen von Underwood und Dough ab, deren sehr ruhige, gebannte Körperhaltungen mit ihrer lebhaften Mimik als Reaktion auf das Gesehene auffällig kontrastieren. Dass Medien dabei direkt handlungsweisend sein können, zeigt in dieser Sequenz bereits das vertikale Gefälle, das zwischen dem weit oben an der Bürowand angebrachten Fernseher und den sitzenden Figuren besteht: Sie schauen hier buchstäblich zum Fernseher auf und empfangen von dort aus ihre nächsten Handlungsoptionen (vgl. Abb. 56).

Als der Außenminister schließlich ob der wiederholten Vorwürfe, er habe in einer 30 Jahre alten Kolumne einer College-Zeitung die Besetzung des Gaza-Streifens durch Israel illegal genannt, in abstreitendes Lachen ausbricht, schneidet das Bild wieder auf Underwood, dessen Oberkörper sich aufrichtet und dessen Hand sich öffnend vom Tisch erhebt: »That's all we need – him laughing«

(1;02). Er stellt die weitere Zirkulation der Szene durch einen Anruf bei CNN sicher und kann kurze Zeit später bereits – diesmal online – beobachten, wie der israelische Botschafter klarstellt, dass der Nahostkonflikt nicht zum Lachen sei (vgl. Abb. 57).

Dass das Fernsehen in dieser – und vergleichbaren Sequenzen in der ersten Staffel ◂100 – zentral gestellt wird, ist dem Umstand geschuldet, dass sich der Zugriff auf Medien hier an einem Paradigma des *monitoring* orientiert, das Stanley Cavell als basales Funktionsprinzip der Television ausgemacht hat. Cavell beschreibt damit einen gleichsam vom Fernsehen aufgerufenen Rezeptionsmodus, eine »Wahrnehmungsform« (Cavell 2001, 144), die im Gegensatz zum intensiven und immersiven Aufmerksamkeitsregime des Kinos einen immer schon abgelenkten, weil sich in Äquidistanz zu den simultanen Ereignisströmen des Fernsehens haltenden Rezeptionsmodus darstellt (vgl. ibid.). Überschreiten die kontinuierlich-diskontinuierlichen Gegenwarten des Fernsehens allein schon das Maß individueller Wahrnehmungskapazitäten, so rufen sie einen – in den formästhetischen Verfahren des Fernsehens selbst vorgeführten – Rezeptionsmodus auf, der die immer schon überbordenden Welten televisueller Bildströme auf handlungsweisende, ereignishafte »Eventualitäten« (ibid., 152) hin überwacht.

Dieses *monitoring* bezieht sich in HOUSE OF CARDS jedoch und im Unterschied zu Cavells am Fernsehen gewonnenen Begriff nicht auf Weltverhältnisse in ihrer Äußerlichkeit und Kontingenz, sondern auf Ereignisketten, die selbst bereits von den Protagonist(inn)en in Gang gesetzt, beschleunigt, beeinflusst wurden. Medien werden hier nicht in ihrer Geschiedenheit von den Handlungszusammenhängen politischer Prozesse beobachtet, sondern konsequent als Verlängerung des Politischen in Szene gesetzt: In der Berichterstattung beobachten die Protagonist(inn)en in HOUSE OF CARDS – allen voran wieder Frank Underwood – den Fortlauf der von ihnen selbst im Hinblick auf die Logiken von Mediatisierung in Gang gesetzten Ereignisketten. Die Medien des *monitoring* sind somit hier zugleich Medien des *engineering*, an denen sich vor allem die Außenwirkungen und Fortsetzungen der eigenen Handlungen beobachten lassen.

Diese zweite Ebene der funktionalen Differenzierung von Medien in HOUSE OF CARDS bewegt sich mithin weg von einer Logik analoger Televisualität und implementiert eine über die Bildschirminhalte ausgetragene Rationalität von Wechselwirkungen, die viel eher einem Paradigma digitaler Interaktivität folgt, an dem HOUSE OF CARDS als Web-Serie nicht zuletzt selbst teilhat. Die Pilotepisode findet hierfür direkt das passende Bild, wenn die Redakteure des *Washington Herald* gebannt auf einen Computerbildschirm starren, der die Zugriffszahlen auf den geleakten und von der Zeitung online gestellten Entwurf der Bildungsreform anzeigt: »This web traffic's absolutely crazy«, kommentiert der Systemadministrator mit direktem Blick in die Kamera, der in diesem Paradigma der Echtzeitanalyse von Zugriffsdaten das Verhältnis von *Netflix* und HOUSE OF CARDS zu den Zuschauer(inne)n selbstreflexiv eingesteht (vgl. Abb. 58).

Verhandelt wird in diesem *engineering* der Medien aber die von der Serie aufgespannte Leitdifferenz von Kontrolle und Kontrollverlust, Ermächtigung und Entmächtigung, deren Insta-

Abb. 58: »This web traffic's absolutely crazy« (HOUSE OF CARDS 1;01)

bilität und Umverteilbarkeit das durchaus komplizierte Figurengefüge der Serie komplett durchdringt und letztlich mit der Gänze des dynamischen politisch-medialen Feldes kongruiert. Das markanteste Beispiel für dieses mediale *engineering* ereignet sich abermals im Zusammenspiel von Underwood und Journalistin Barnes anhand der Neubesetzung der Position des *Secretary of State*: Underwood möchte eine Kandidatin durchsetzen, die sich während des Wahlkampfs offen kritisch gegenüber dem designierten Präsidenten geäußert hatte, um die Administration zu schwächen und seine eigene Position im Umkehrschluss zu stärken. Er spielt Barnes den Namen Catherine Durant mit der Aufforderung zu, über sie als Favoritin des Präsidialamtes zu berichten – auch wenn dies gar nicht den Tatsachen entspricht. »Is that true?«, fragt Barnes skeptisch, »It will be after you write it«, erwidert Underwood und reiteriert später: »[...] write it down. Then watch that name come out of the mouth of the President of the United States. This is where we get to create« (1;02).

Und in der Tat – so will es hier die Serie – führt Barnes' Berichterstattung, wie wir in einer schnellen Folge von bildschirmfüllenden Fernsehkommentaren zu sehen bekommen, zu einer sich verstärkenden und beschleunigenden Zirkulation des Gerüchts, die letztlich die Regierung so stark in Handlungsnot bringt, dass sie Durant tatsächlich zur Außenministerin kürt. Um seine Meinung gefragt, kann Underwood – abermals als perfekter Doppelagent – im persönlichen Gespräch mit der *chief of staff* sogar noch kontrafaktisch behaupten, Durant sei aufgrund ihrer kritischen Haltung nicht seine erste Wahl: Nur als augenscheinlich treuer Regierungsdiener lässt sich in HOUSE OF CARDS ein veritabler Staatsstreich vorbereiten. Das im Vertrauen gesprochene Wort ist hier also radikal entwertet gegenüber der öffentlichen Dimension von massenmedialer Schrift und Bildern, denen erst die exekutive Kraft zukommt, präsidi-

Abb. 59: SMS als eigene Bildebene (HOUSE OF CARDS 1;03)

ale Sprechakte auszulösen. Politik ereignet sich hier nicht als Kammerspiel in den Hinterzimmern der Macht, sondern als intimes Tête-à-Tête, welches sich an den transitorischen, zugleich öffentlichen wie klandestinen Orten von Museen, U-Bahnhöfen und Torbögen abspielt, an denen Underwood und Barnes zusammentreffen.

Gekoppelt sind diese transitorischen Orte erstens an die spezifische Zeitlichkeit der Nacht, die bereits im Vorspann zentral gestellt wird, zweitens an nochmals von den Medien des *monitoring* geschiedene Medienobjekte: die Mobiltelefone. Sofern diese nicht als *internet browser*, sondern insbesondere in ihrer SMS-Funktionalität auftauchen, verzichtet HOUSE OF CARDS darauf, Mobiltelefone als distinkte Displays vorzuführen. Stattdessen werden sie, wiewohl in stilistischer Anlehnung an generische SMS-Applikationen, als zusätzliche Ebene über das filmische Bild gelegt (vgl. Abb. 59).

In der Überlagerung von filmischem Bild und SMS-Anwendungsoberfläche differenziert die Serie zunächst offensichtlich das Mobiltelefon funktional von anderen Medien: Gelesen und versendet werden die SMS unabhängig von anderen medialen Aufmerksamkeiten – in Abb. 60 hört Underwood nebenbei einen Telefonanruf über Lautsprecher mit –, was sich hier auch bildästhetisch und zudem auditiv durch allgegenwärtige, aber stets an der Wahrnehmbarkeitsschwelle gehaltene Klingel-, Empfangs-, Sende- und Tastentöne nachvollziehen lässt (vgl. Case 2013). Diese im Bild sicht- wie hörbare parallele Nutzbarkeit der SMS erlaubt mithin eine Distanzierung von den hier teilnahmslos überwachten Ereignisströmen, die zugleich Grundbedingung für das weitere mediale *engineering* ist: Denn gerade über das Mobiltelefon werden hier jene persönlichen – und später auch erotischen – Bande geknüpft, die für das Funktionieren der jeweiligen Beeinflussungen unerlässlich sind.◂101 Das Mobiltelefon situiert sich so funktional zwischen dem *monitoring* und dem *engineering*, stellt also mithin die Bedingung der Möglichkeit für die Kopplung beider Weisen des Medienzugriffs dar, weil es als zusätzlicher *second screen* auch bildästhetisch nicht in Konkurrenz zu anderen Medien tritt. Vielmehr erlaubt es eine Handlungsoptionen eröffnende Distanzierung von spezifischen Handlungssituationen und medialen Milieus, ohne dass diese komplett verlassen werden müssen.

Die hier im Mobiltelefon ihr bevorzugtes Objekt findende Kontrolle wird also ermöglicht durch die partielle räumliche und/oder mediale Absonderung von den Orten des Geschehens, die aber dennoch eine Nähe zu den Ereignisloki wahrt. Kontrollverlust – in Underwoods Fall ohnehin selten zu beobachten – ereignet sich erstens und folgerichtig dort, wo das Geschehen die Handelnden vollständig absorbiert. So zum Beispiel bei einer Fernseh-, genauer: einer CNN-Debatte, an der Underwood mit dem Vertreter der Lehrergewerkschaft partizipiert. Auch hier versucht er, Bilder, Schlagworte und Affekte aufzurufen, um die Debatte zu gewinnen, läuft jedoch mit dieser Taktik auf, weil er nun nicht in Semi-Distanz zur Handlung diese beeinflussen kann, sondern selbst exponierter Akteur ist, dessen Strategeme durch den ebenfalls medial versierten Diskussionspartner entlarvt werden können. Während dieser nämlich wiederholt auffordert »back to the issue« zu kommen, verlangt Underwood von ihm eine an seine im Studio anwesende Frau gerichtete Entschuldigung für den mutmaßlich von streikenden Lehrern verübten – in Wahrheit, wie sich später herausstellt, aber von Underwood selbst inszenierten – Steinwurf auf sein Haus. Der Lehrervertreter drückt daraufhin sein Bedauern über den Zwischenfall, aber auch darüber aus, dass »your husband is using you as a prop on national television to try and win a debate« (1;06: »Chapter 6«). So in seiner gegen ihn gewendeten Mediatisierungs-Strategie ertappt, verliert Underwood nun auch die Kontrolle über das hier wichtigste Medium, nämlich die Sprache. Statt »edification« entfährt seinem Mund »defacation« bis er schließlich wortwörtlich nur noch an den Signifikanten entlanggleitet und bis zur vollständigen Entsemantisierung versucht, Sätze ausschließlich mit den Vokalen im Wort »education« zu bilden.

Er scheitert hier mithin genau dort, wo er Objekt jenes Systems von Mediatisierung wird, dessen Beeinflussung aus der Distanz er ansonsten meisterhaft beherrscht. Der zweite entscheidende Kontrollverlust ereignet sich dann, wenn Underwood auf seinem eigenen Terrain, dem politisch-medialen *engineering* geschlagen wird: und zwar von seiner eigenen Frau Claire, die zwei Kongressabgeordnete nicht im aufgetragenen Interesse ihres Mannes, sondern im hier konfligierenden Interesse ihrer eigenen Wohltätigkeitsorganisation beeinflusst. Wiederum in Schuss-Gegenschuss-Montagen zeigt HOUSE OF CARDS hier das mediale *monitoring* der Abstimmung im Kongress-TV als Akt der erhofften Bestätigung eigener Einflussmöglichkeiten (vgl. 1;09: »Chapter 9«). Als die Abstimmung in den letzten Sekunden kippt, findet sich das selbstgefällige Lächeln der Macht, das sich üblicherweise auf Frank Underwoods Gesicht einstellt, direkt neben ihm in den Mundwinkeln von Claire Underwood (vgl. Abb. 60).

Abb. 60: Claires Lächeln
(HOUSE OF CARDS 1;09)

Impliziert die Serie so ein durchaus Foucault'sches Verständnis von Macht, insofern sie Kontrolle immer nur als der Wiederholung und Fortschreibung bedürftigen Akt der Ermächtigung/Entmächtigung zeigt – versinnbildlicht in den repetitiven Zügen am archaischen Ruderergometer, das just in der letzten Episode reißt – bleiben diese Kontrollverluste im Falle Underwoods weitestgehend temporärer Natur, weil sie durch tendenziell immer gewaltförmigere und schließlich in Mord gipfelnde Akte der Ermächtigung kompensiert werden. Die Permanenz von Entmächtigung findet sich folgerichtig nicht in seiner Figur, sondern in der Alkohol- und Drogensucht, die den Kongressabgeordneten Peter Russo zum politisch vollständig entmündigten Agenten Underwoods werden lässt. Sucht ist hier somit nicht das bloße Gegenteil, sondern das notwendige negative Komplement von Macht und die ›reinste‹ Form agentiellen Handelns, weil der Abhängige nur noch in ihrem Auftrag zu handeln vermag.

Adressieren zeitgenössische Serien – und HOUSE OF CARDS hier im expliziten Sinne – die Sucht, das *binge viewing* als ihre eigene Wahrnehmungsform, so ist die die erste Staffel durchziehende Konfliktlinie zwischen Underwood und Russo aber eben nicht nur als prozessuale Machtontologie, sondern zugleich als serielle Selbstreflexion zu lesen: Die Figur Underwoods funktioniert gerade trotz ihrer völligen Korrumpiertheit als Protagonist, dessen Machtspielchen die Zuschauer(innen) mit einiger Faszination zusehen, weil seine persönliche Agenda eben auch die Agenda, den Plan der Serie vorgibt und verspricht. Denn zählt die Logik zielgerichteter Steigerung zu den Basiskomponenten serieller Attraktion, so verkörpert sich das Versprechen auf ihre eigene »Überbietung« (Jahn-Sudmann/Kelleter 2012), die Vorwegnahme ihrer eigenen Zukunft in der politischen Vendetta Underwoods, die ihn schließlich tatsächlich innerhalb der ersten Staffel vom whip zum Kandidaten für die Vizepräsidentschaft befördern wird. Sich eines Stilmittels ihres gleichnamigen britischen Vorgängers bedienend, bindet HOUSE OF CARDS die Zuschauer in diese Allianz mit ihrem Protagonisten ein, indem sie Underwood frequent – und zum Teil während der jeweiligen Szenen – direkt in die Kamera ◂102 sprechen lässt (vgl. Abb. 61).

Abb. 61: Durchbrechung der Vierten Wand (HOUSE OF CARDS 1;06)

Über diese Verfremdungseffekte lässt die Serie die Rezipient(inn)en komplizenhaften Anteil – vgl. die Analyse zu GOSSIP GIRL – an der unausgesprochenen Agenda, den rhetorischen, psychologischen und machttaktischen Kalkülen Underwoods haben, die dadurch nicht nur bloß durchgeführt, sondern die in ihrer Operationalität transparent werden. Und diese Operationalität der politischen Intrige ist zugleich Bestandteil der narrativen Verfahrenslogik der Serie selbst, die sie hier selbstreflexiv Preis gibt und so zum eigentlichen ästhetischen Objekt erhebt (vgl. zur operationalen Ästhetik Mittell 2006).

Zur Logik des Planens gehört aber ob der Zukunftsbindung, dass die Realisierung an konstitutive Unwägbarkeiten gebunden ist. In HOUSE OF CARDS finden diese notwendigen Kontingenzen aufgrund der Komplexität des hier bespielten Feldes nicht nur permanent Eingang, sondern werden eben durch den Kongressabgeordneten Peter Russo auch verkörpert. Wegen seiner – zwischenzeitlich überwundenen – Sucht ein absolut kontrollierbares Subjekt, mit dem Underwood sogar eine temporäre Allianz einzugehen vermag, markiert die Rückkehr der Abhängigkeit ein Moment von Störung und Zufälligkeit, das von Underwood nur gewaltförmig – nämlich als tödliche Vergiftung durch Autoabgase – gebannt zu werden vermag. Eben dieser Mord stellt das offensichtlichste Beispiel für eine Umdisponierung, eine Anpassung bestehender Pläne dar, die konstitutiv für die erste Staffel von HOUSE OF CARDS ist, weil sie mit dem seriellen Rhythmus von »arcs«, »episodes« und »beats« (Newman 2006) mitschwingt: Designiert der »arc«, der Handlungsbogen, nicht nur die politische Vendetta Underwoods, sondern zugleich das Versprechen der Serie auf innere Kohärenz und Steigerung, so spielt HOUSE OF CARDS frequent mit der Figur, dass einzelne Handlungsschläge, »beats«, insbesondere dann, wenn sie aus den antizipierbaren Rationalitäten des politisch-medialen Systems herausfallen, eine Kontingenz freisetzen, welche innerhalb jeder einzelnen Episode wieder durch Anpassungsleistungen des Handlungsbogens eingehegt werden muss.

Eben in dieser Form, in der HOUSE OF CARDS seine operative Logik von Serialität in die Epistemologie der Intrige hineinprojiziert, handelt die Serie aber auch gar nicht vom politischen System im engeren Sinne, sondern von ihrer eigenen Serialität, die hier modellbildend für die adaptive Steuerbarkeit von Wandel schlechthin fungiert. Bewegtbildästhetisch hebt bereits der Vorspann der Serie auf diese generalisierte Form der Behandlung von Konstanz und Wechsel ab: In einer Montage einer Vielzahl von Zeitraffer-Aufnahmen, in denen zum einen identifizierbare Personen nicht vorkommen und zum anderen die ikonischen Gebäude der Macht in Washington, D.C. – insbesondere das Kapitol – eher kulissenhaft eingesetzt werden, spiegelt das zudem einen Tag/Nacht-Wechsel umfassende Intro die zeitliche Resistenz von in der Kadrierung zentral gestellten Monumenten und Monumentalbauten gegen die flüchtige und massenhafte Bewegung von Automobilverkehr und Umwelt (Wasser, Sonne, Wind). Die Widerständigkeit gegenüber einem Wandel, der hier in abstrakter Weise nur noch als Lichtspurung von Automobilen, Ampeln und Gebäuden sowie als himmlischer Farb- und Formwechsel überhaupt wahrnehmbar ist, resultiert dabei jedoch nicht aus der historisch-politischen Bedeutung der gefilmten Bauten. Durch weitestgehenden Verzicht auf Einstellungstotalen, Dehumanisierung sowie insbesondere die Vermeidung ikonischer Perspektivität – mit Ausnahme der letzten Einstellung vom Kapitol, über die sich dann aber die invertierte amerikanische Flagge als Teil des Serienlogos blendet – erlangen die Gebäude und Statuen ihre Monumentalität aufgrund ihrer jeglicher politischen Funktion enthobenen Materialität, die durch Lichtregie, im Verhältnis zur Geschwindigkeit des Zeitraffers sehr langsame, weil filmische Normalzeit imitierende Kamerabewegungen ◂103 und Perspektivverschiebungen auf der vertikalen Achse hervorgehoben wird (vgl. exemplarisch Abb. 62).

Beinahe als Kommentar zum oder Vorlage für den Vorspann differenziert Frank Underwood – wiederum in einem an die Kamera gerichteten Monolog – in der zweiten Episode Geld und Macht anhand der Materialität und Resistenz von Bausubstanzen: »Money is the McMansion in Sarasota that starts falling apart after ten years. Power is the old stone building that stands for centuries. I cannot respect someone who doesn't see the difference« (1;02). ◂104

Abb. 62: Materialität des Monumentalen (HOUSE OF CARDS, Vorspann)

HOUSE OF CARDS modelliert mithin die temporale Materialität eines Wandels, für den das politische System allenfalls Anwendungsfall ist. Gerade in der Überlagerung politischer Rationalität mit den Logiken von Mediatisierung und der ostentativen Bezugnahme auf andere Medienformate und -objekte – von der Oper über das Computerspiel, Mobiltelefon und Smartphone, Zeitung und E-Reader, Malerei und Architektur, Photographie, Laptops und Tablets, Internet und Radio schließlich bis zurück zum Fernsehen – positioniert sich die Serie dabei in transmedialer Äquidistanz zu allen konkreten Formen, Techniken und Dingen, die man als Medien bezeichnen kann. In Bezug auf Medien nimmt sie so eine Stellung ein, die homolog zu jenem Verhältnis funktioniert, das – wie oben gezeigt – ihr Protagonist Frank Underwood zu Medien im politischen Prozess unterhält: Obwohl unablässig mit Medien beschäftigt, wahrt sie Distanz zu jeglicher konkreten Involvierung.

Nicht zufällig fungieren daher Türen in der Serie als quasi meta-mediale Objekte, denen nicht nur eine besondere Aufmerksamkeit geschenkt wird, sondern die, weil sie Innen-Außen-Verhältnisse regulieren, immer schon auf der Schwelle dieser Differenz operieren. Die zumeist schweren, hölzernen Türen in den Büroräumen von Kongress und Weißem Haus werden dabei nicht nur in all ihren möglichen Schließungsweisen – sanftes Zuziehen, flüchtiges Anlehnen, bestimmtes Zustoßen, wütendes Zuschmettern – vorgeführt, sondern werden als essentielle Bestandteile jeglicher kulturtechnischer Operativität von Macht vorgeführt (vgl. Siegert 2012).

Am deutlichsten ereignet sich dies wohl erstens, wenn der politisch marginalisierte Vizepräsident im Vorbeigehen bemerkt, dass die Tür des präsidialen *Oval Office* einen Spalt weit offen steht: Beinahe spitzbübisch drückt er sie vorsichtig weiter offen, zieht sie hinter sich zu und setzt sich schließlich zufrieden auf den Schreibtischstuhl des Präsidenten (vgl. 1;07). Die versehentlich offen gelassene Tür weist hier auf die Kontingenz personaler Machtdistribution hin, die im Unterschied zur Dauerhaftigkeit des *Oval Office* ohnehin immer nur temporär sein wird. Eben diese geschlossene Tür wird später aber auch den Präsidenten selbst von einer kurzen Unterhaltung zwischen der *chief of staff* und Underwood aussperren, die Letzterem eine rasche Adaption seiner Strategie in Bezug auf die Vizepräsidentschaft ermöglicht (vgl. 1;12). Und schließlich ist es das Garagentor als automatisierte Sonderform des Türmechanismus, das sich langsam hinter dem sedierten Peter Russo im angelassenen Auto schließt und so zu dessen Tod führt (vgl. 1;11). Türen als quasi-digitale kulturtechnische Operatoren, die Innen-Außen-Verhältnisse regulieren, stehen hier für die Operativität von Macht schlechthin und somit auch für die Operationalisierung der Kontrollierbarkeit von Wandel durch die Serie selbst in Gänze ein.

In die politische Gerüchteproduktion trägt die Serie somit die Frage nach Handlungsmacht – die hier mit jeglicher Prozessualität von Macht koinzidiert – nicht darüber ein, dass sie die automatisierte Kommunikation wieder mit einer Autorschaft versehen würde. Im Gegenteil wimmelt es hier von falschen, anonymen, nicht-identifizierbaren Senderagenten, deren Auftragslagen im Dunkeln bleiben. Vielmehr geht es der Serie in der Frage politischer Ermächtigung um die adaptive Steuerbarkeit transmedialer Zirkulationsprozesse selbst: also ihre Unterbindung, Regulierung, Anreizung, Beförderung, Beschleunigung und Kaskadierung. House of Cards situiert sich so in einem anhand der Türen modellierten, schwellenhaften Außen, das aus einer generalisierten Überschreitung medialer Differenz resultiert und jedes spezifische Medium auf Distanz hält, um eine allgemeine serielle Praxis des Wandels und seiner adaptiven, agentiellen Steuerbarkeit entfalten zu können.

Regress. Der Agent des Medienwandels in 24

Auch im Mittelpunkt von 24, dem »fiktionale[n] Leitformat der Post-9/11-Ära« (Koch 2008, 102), steht ein Agent: Geheimagent Jack Bauer, der im Auftrag der *Counter Terrorist Unit* Los Angeles unmittelbar bevorstehende terroristische Anschläge abwenden und dabei verschwörerische Verwicklungen von internationalen mit nationalen Terroristen, die selbst in den allerhöchsten politischen Ämtern sitzen, aufdecken muss. Dabei handelt Bauer oft im Alleingang und gegen geltendes Recht, was zum einen bedeutet, dass er immer wieder die bestehende *chain of command* hintergehen und unterwandern und damit selbst hinsichtlich seiner eigenen Auftraggeber verdeckt und konspirativ arbeiten muss, zum anderen den mal mehr, mal weniger von den politischen Obrigkeiten gebilligten Einsatz von nicht legalen Verhörmethoden, das heißt in diesem Falle Folter, zur Informationsbeschaffung.

Wenngleich 24 eine der ersten Serien war, die ihre Narration auf das Mobiltelefon erweiterten – 24: CONSPIRACY ist wahrscheinlich das prominenteste Beispiel für eine *Mobisode*-Serie (vgl. dazu Dawson 2007; Evans 2011) – soll diese nicht das Thema dieses Abschnitts sein. Stattdessen soll in einem letzten Schritt der Blick noch einmal darauf gerichtet werden, auf welche Weise diese Serie ein durchaus transmedial zu nennendes Eigenleben entwickelt hat, das nur noch ganz bedingt überhaupt an ihre Produktionsseite geknüpft ist. Wie dabei die Serie selbst und ihr transmediales Außen miteinander interagieren, ist auch abschließend noch einmal die Leitfrage.

Vor allem die drastische und gehäuft auftretende Darstellung von Foltermethoden hat der Serie ein über ihre gesamte Laufzeit andauerndes hohes Maß an – vor allem empörter – Aufmerksamkeit eingetragen. Die sehr breite öffentliche Debatte, befeuert insbesondere auch durch die 2004 veröffentlichten Photographien der Folterungen im irakischen Gefängnis von Abu-Ghraib, beschränkte sich dabei nicht allein auf das Feuilleton, sondern bezog in bisher nicht dagewesener Weise politische, juristische und militärische Repräsentant(inn)en und Vertreter(innen) unterschiedlicher wissenschaftlicher Disziplinen mit ein. Um die moralische Integrität ihrer Kadetten besorgte Ausbilder der renommierten Militärakademie *West Point* besuchten die Macher(innen) der Serie, Think Tanks veranstalteten Symposien zum Thema *24 and America's Image in Fighting Terrorism: Fact, Fiction or does it matter?*, an denen der damalige Chef der *Homeland Security*-Behörde, Michael Chertoff, genauso teilnahm wie Clarence Thomas, seines Zeichens Richter am Obersten Gerichtshof. Dinner im Weißen Haus, zu denen die Produzenten der Serie geladen wurden, folgten (Mayer 2007; Poniewozik 2007; vgl. auch Morsch 2010).◄105 Ausgetauscht wurden indes keine noch nie da gewesenen Thesen. Auf der Seite der Kritiker(innen) der Serie wurden vielmehr alt- oder allzu bekannte Manipulationsverdächtigungen gegenüber dem Medium Fernsehen vorgetragen, dem hier, größtenteils mit drastischem Vokabular, Tabubruch, Normalisierung und schließlich die moralische Rechtfertigung von Folter vorgeworfen wurde.◂106 Auswirkungen wurden befürchtet sowohl auf das militärische Handeln der mit dem realweltlichen *war on terror* beschäftigten US-Soldat(inn)en in Irak, Guantánamo und anderswo als auch auf die Bürger(innen), denen, so die kritischen Stimmen, mit 24 die politische Agenda der Bush-Regierung untergejubelt würde. Während auf der einen Seite Menschenrechtsorganisationen ihre Sorge der Verharmlosung von Folter und die sich daraus ergebende Gewöhnung durch die fernsehsehende Nation gar als »Jack Bauer Effect« (Hill 2009) betitelten und die Serie auf diese Weise warnend in Anspruch nahmen, dienten die fiktiven terroristischen Bedrohungsszenarien der Serie aber genauso warnend auch der gegnerischen Seite der Kontroverse, den Befürwortern von *Patriot Act* und Bushs *war on terror*-Politik. Hier fungierten die narrativen Bedrohungen ganz schlicht und ergreifend als beispielhafte Drohkulissen, vor deren Hintergrund Notwendigkeit und Nutzen drastischer Maßnahmen zur Terrorbekämpfung diskutiert und vor allem verteidigt wurden. Politische Vertreter(innen) gleich welcher Couleur riefen die Serie auf diese Weise als Kronzeugin ihres jeweiligen Programms auf, wodurch sie selbst zum Spielball und *Agenten* realpolitischen Geschehens wurde wie wahrscheinlich keine andere Serie vor ihr.

Umgekehrt lässt die staffelübergreifende, ein knappes Jahrzehnt währende Geschichte der Serie selbst Rückschlüsse darauf zu, dass die Einflussnahme keineswegs eine einseitige gewesen ist. Akkumuliert die Serie in frühen Staffeln zunächst in stetiger Selbstüberbietung immer drastischere und weniger begründete Foltermaßnahmen – allerdings ohne die Schwarz-Weiß-Zeichnung, die die Kritik ihr weitgehend zuschreibt –, macht sie aus Jack Bauer dann aber, in einer Staffelpause wohlgemerkt, selbst einen Gefolterten (Chinas) und stellt ihn schließlich in der siebten Staffel vor Gericht, wo er seine gesetzesübertretenden Handlungen rechtfertigen soll. Zusätzlich dazu wird ihm ein weiblicher, strikt jegliche Art von Folter ablehnender Sidekick verordnet, eine FBI-Agentin, welche zwar während des gesamten Verlaufs der Staffel immer wieder ihre Anti-Folterhaltung artikuliert, nur um dann am Ende der Staffel ihrerseits auf den Kurs der Selbstjustiz ganz im Stile Bauers zu geraten. Wenngleich der Verlauf und die Dimensionen der Debatte und die wechselseitigen Einflussnahmen zwischen Serie und politischer Realität eine eigene ausführliche Untersuchung Wert wären, macht diese kurze Skizze doch bereits einen weiteren interessanten Punkt deutlich, der sowohl im Verlauf der Debatte,

d. h. der Unentscheidbarkeit darüber, wer eigentlich wen beobachtet, der öffentliche Diskurs die Serie oder doch umgekehrt, zum Ausdruck kommt als auch in der Art und Weise, wie sie geführt wurde: Beide Seiten bedienen sich auf je spezifische Weise eines Vokabulars und rhetorischer Strategien, die sich mit dem Topos der Verschwörung und seiner Theorie in Verbindung bringen lassen und damit der Serie selbst entlehnt sein könnten. Wenn ein Befürworter, wie etwa John Yoo, ehemals mit der Formulierung der gesetzlichen Rahmengebung für den Einsatz von Folter beauftragt, in seinem Buch *War by Other Means* (2006) Szenen aus 24 für die Entwicklung von Argumenten heranzieht, dann verfolgt er damit nicht nur die exakt gleiche Rechtfertigungsstrategie wie der Agent mit der geringen Hemmschwelle, sondern er wiederholt sie auf eine Weise, als wäre die Fiktion Realität; oder vielmehr umgekehrt: als wäre die politische Realität Teil der in der Serie entfalteten Szenarien. Die gegnerische Seite ihrerseits bedient sich eines Vokabulars, das die politischen Intentionen *hinter* der Serie und die Verstrickungen des *conservative* oder *political entertainment complex* adressiert. Einer der einflussreichsten und umfangreichsten Beiträge in diesem Zusammenhang, ein im *New Yorker* erschienener Artikel der Journalistin Jane Mayer, porträtiert und *enthüllt* nicht nur Joel Surnow, einen der Produzenten der Serie, in ihren Worten »the man behind 24«, als politisch rechts orientierten Konservativen, sondern *deckt* auch Verstrickungen auf zwischen den Machern der Serie und hochrangigen politischen Repräsentanten bis ins Weiße Haus, besagten konservativen *think tanks* etc. Das den Artikel begleitende Photo des Produzenten, das diesen mit Sonnenbrille und dicker Zigarre zeigt, ist die bildsemantische Flanke der argumentativen Zielrichtung.

Die schöne Regelmäßigkeit, mit der der mittlerweile in die Jahre gekommene Manipulationsverdacht dem Fernsehen/den Medien gegenüber geäußert wird, lässt beinahe übersehen, dass allein darin schon der Kern dessen liegt, was Markus Krause, Arno Meteling und Markus Stauff wie folgt auf den Punkt bringen: »Medientheorien – so könnte man zugespitzt formulieren – sind immer auch beziehungsweise immer schon Verschwörungstheorien« (2011, 12). Diese These erhält gerade vor dem Hintergrund der Ereignisse des 11. September gesteigerte Brisanz. Denn diese boten den zahllosen Verschwörungstheorien in noch nie da gewesenem Ausmaß Nährboden, während Letztere gleichermaßen ausufernd Medien- und Bildtechnologien zur eigenen Argumentation heranzogen. 24, deren zentrales Thema bereits »in der Darstellung von Konspiration ›an sich‹ oder – noch genauer – von Konspiration innerhalb konspirativer Konstellationen sui generis« besteht, ist die serienförmige Pointe dieses komplexen Zusammenhangs (Koch 2008, 111). Das zu keinem Zeitpunkt hinterfragte Paradox, dass die Serie offensichtlich die Bedürfnisse gänzlich konträrer

Argumentationsstrategien befriedigen konnte, zeigt nur umso deutlicher »[d]ie gegenseitige Verwiesenheit von Erlöser und Verräter, ihr darstellungstechnischer Kontrast von Licht und Schatten erzeugt eine Kippfigur, ein Vexierbild, in dem es nur eine Frage der erzählerischen Perspektive ist, was man gerade sieht: den Helden oder den Schurken« (Horn 2007, 32).

Geht man mit Eva Horn davon aus, dass der Verrat »[...] unendlich zu erzählen aufgegeben [ist]«, weil »[w]as immer erzählt wird, [...] nicht nur auf andere Versionen [verweist], die es dementiert, sondern auf die Möglichkeit, dass die Erzählung selbst nichts anderes ist als eine cover story, nur die halbe Wahrheit« (ibid.), dass die Argumentation deshalb unabschließbar bleibt, nach der Art eines infiniten Regresses, dann kann der Verrat nicht anders als seriell bestimmt werden. In GOSSIP GIRL verrichtet *Gossip Girl* das »klassische Handwerk des Verrats«, wie Neubauer die Fama charakterisiert (Neubauer 1998, 63). Das Gerücht selbst wird sowohl in GOSSIP GIRL als auch in HOUSE OF CARDS transformiert in ein audio-visuelles Objekt, dessen Verbreitung als autopoietischer, serieller Prozess beobachtbar wird, der die medialen Grenzen der Serien überwindet und die Medien überzieht, die sie umgeben. Die Debatte um 24 schließlich wiederholt nicht nur die Poetologien von Verdacht und Verschwörung, die die Serie selbst schafft, sondern interagiert in ihrer Temporalität mit dem Verlauf der Serie selbst. Auch die vom eigentlichen Medientext beinahe völlig unabhängigen transmedialen Expansionen der Serie, die Mediatisierungen als Transmediatisierungen, folgen damit selbst einer seriellen Verlaufsform und gehorchen einer nicht anders als seriell zu nennenden Logik.

6. »It's your world, I only live in it.« Der indifferente Medienwandel der Sitcom

Die Sitcom ist das Genre, das sich am ehesten Entwicklungen einer digitalen Ausweitung auf das Internet oder andere digitale Medien widersetzt. Sie versucht, die Identität des klassischen Sendefernsehens zu bewahren, sie führt immer wieder, relativ unabhängig vom medialen Wandel, ein einigermaßen stabiles, häusliches Mediensetting mit einem zentral platzierten Fernsehapparat und darauf ausgerichtete Zuschauende, mit habitualisierten, ›passiven‹ Sehgewohnheiten vor. Die Sitcom hält durchweg an einem ›einfachen‹ Serialitätskonzept des Episodischen fest, welches die Wiederherstellung einer durch komische Störungen temporär außer Kraft gesetzten Ordnung verlangt. Das Kapitel wird aber zwei Dinge deutlich machen:

Zum einen sind die scheinbar stabilen Merkmale der Sitcom nicht einzig als Aspekte einer Verweigerungshaltung gegenüber dem Wandel der Medien und der Gesellschaft zu betrachten, sondern sie führen auf das Feld einer spezifischen Medialität des Fernsehens selbst, die in der Sitcom auf besondere Weise in den Blick gerät. Denn die Sitcom lässt sich aus unterschiedlichen Gründen als ›televisuelles‹ Medium par excellence bezeichnen, das vielen dem Medium ein- oder zugeschriebenen Eigenschaften wie *Liveness*, Häuslichkeit und Alltäglichkeit, Serialität und Wiederholung Bedeutung gibt. Während die Agentenserie, die Mystery- und Science-Fiction-Serie oder neuere Varianten transmedial ausgerichteter Serien immer auch besondere Momente im Medienwandel in den Blick nehmen, erlaubt die Sitcom den Blick auf eine bestehende, vielleicht auch residual gewordene Konzeption des Fernsehens selbst. Daher ist die Sitcom ein ideales Medium zur Reflexion der Merkmale des Fernsehens, die sein Wesen zu bezeichnen vermögen.

Zum anderen bleibt auch die Sitcom von dem Wandel nicht verschont. Gerade weil die Sitcom scheinbar die Medialität oder das Unveränderbare der Medialität des Fernsehens in den Blick nimmt, sind kleinste Veränderungen von großer Relevanz und bieten eine besondere Perspektive auf den Medienwandel an. Ändert die Sitcom gar ihr Konzept, versucht sie sich dem Medienwandel anzupassen, so hat dies dramatische Konsequenzen dafür, wie sich das Medium sieht, welche Rolle die Stabilität des Mediensettings (noch) spielt, wie sich das Medium Fernsehen selbst versteht.

Dieses Kapitel wird zudem den Versuch machen, anhand eines spezifischen Genres noch einmal Fragen des Akteurstatus der Serie mit Blick auf den Medienwandel durchzuspielen. Dass Medien zugleich den Medienwandel abbilden und an ihm beteiligt sind, wird an der Sitcom überdeutlich. Zum Teil versteht sich die Sitcom geradezu als aggressive Form der Bestätigung der Zentralität des Mediums Fernsehen für die Gesellschaft und ist dabei ein eher ›widerspenstiger‹ und nicht-neutraler Agent des Medienwandels, der das Medium Fernsehen propagiert. Das auf Beobachtung des häuslichen oder beruflichen Alltags ausgerichtete mediale Dispositiv der Sitcom macht es aber unvermeidlich, dass der Medienwandel, sichtbar gemacht am Verhalten der Menschen, die ihm ausgesetzt sind, seine Abbildung findet. Die Sitcom pendelt, wie später deutlich gemacht wird, immer zwischen den Polen der Dokumentation und des Akteur-Seins.

Die widersprüchliche Medialität der Sitcom

Die Besonderheit der Medialität der Sitcom lässt sich in ihre Anfänge, die zugleich die Anfänge des Fernsehens sind, zurückverfolgen. Die 1950er Jahre stellen in den USA eine interessante Ära für die Etablierung der Programmformen des Fernsehens dar. Die Formate stellen noch deutlich eine an die Übertragungswege und Technologien gekoppelte *liveness* und Unmittelbarkeit heraus, die aber allmählich von anderen ästhetischen Formen überlagert wird. Für John T. Caldwell ist dies die Entwicklung von einer hybriden, heterogenen, von Fehlern gezeichneten frühen Form des Fernsehens, als einem Medium, das sich in einem ›textual struggle‹ befindet (Caldwell 1995, 46), hin zu der Übernahme einer vom klassischen Hollywoodkino geprägten, cinematischen Darstellungsform (ibid., 50). Es handelt sich hier aber weniger um die Entwicklung eines reifen Stils des klassischen Fernsehens. Caldwell bezeichnet den bestimmenden Stil des Fernsehens als ›bread and butter‹-Stil eines ästhetischen Kompromisses der Angleichung an das *continuity editing* oder der filmischen Auflösung des Raums (ibid., 58), bei der die genuinen televisuellen Eigenschaften der Unmittelbarkeit, *liveness* und Rauheit des Mediums zurückgedrängt werden: »Cinema did not just import programs, it imported a way of seeing narrative and a distinctive way of constructing images« (ibid., 50). Die Angleichung an Hollywood war auch eine Auslöschung der deutlichsten Kennzeichen einer ästhetischen Eigenständigkeit des frühen Fernsehens.

Das Fernsehen, so macht unter anderen die Arbeit von William Boddy zum kritischen Diskurs über das Medium der 1950er Jahre deutlich, befindet sich in einem kulturellen Konflikt, bei dem es nicht nur um die Etablierung einer televisuellen Ästhetik, sondern auch um die Etablierung des Ortes des Fernsehens geht: New York und Hollywood werden zu Antipoden dieses kulturellen Konfliktes, der auch sehr viel mit den Formen der Mediatisierung des Fernsehens selbst zu tun hat. Auf der einen Seite stehen beispielsweise Kritiker, die immer wieder auf den nicht-medialen Charakter des Live-Fernsehens als dessen künstlerischer Errungenschaft hinweisen. Am deutlichsten ist diese Errungenschaft in den Live-Dramen des Fernsehens verkörpert – die als die Vermengung einer technologisch bedingten Unmittelbarkeit mit metaphysischen Konzepten der Echtheit bezeichnet wird (Boddy 1993, 81).

Es wird ein besonderer künstlerischer Ursprung des Fernsehens in der Theaterkultur New Yorks herausgestellt, wo die meisten der Live-Dramen produziert wurden. Das Fernsehen ist dadurch mit Vorstellung von Autorschaft oder mit literarischen Traditionen verknüpft, die in ein avantgardistisches Spiel mit den Ausdrucksmöglichkeiten des Fernsehens münden können, mit dem Herausstellen einer Künstlichkeit, welche die technologischen Limitationen des Mediums in dessen Stärken umdeutet, beispielsweise als Minimalismus, der komplett darauf verzichtet, die Illusion von Räumlichkeit zu schaffen und sich einzig auf die Charaktere der Handlung fokussiert. Diese Fälle einer besonders minimalistischen Live-Drama-Ästhetik werden von Kritikern aus dieser Zeit dann auch als »*pure television*« bezeichnet (ibid., 83).

Auf der anderen Seite steht etwas, was James L. Baughman als die »Hollywoodization of the home screen« bezeichnet (Baughman 1990, 108). 1953 werden noch über 80 % aller Programme des amerikanischen Fernsehens live produziert, aber bereits Anfang der 1960er Jahre geht dieser Anteil auf 24 % zurück (ibid.) Die allmähliche Übersiedelung der Produktion von New York nach Hollywood, die sich in den 1950er Jahren vollzieht, bedeutet nicht nur das Ende des Live-Dramas, sondern auch die Orientierung an einer filmischen Darstellungsform und die Anbindung der Fernsehproduktion an die Standards der Hollywood Studio-Fabrik. ›Hollywoodisierung‹ steht in diesem Zusammenhang für die Durchsetzung episodischer Serien im Gegensatz zu den auf Einmaligkeit ausgelegten Anthologie-Programmen der Live-Dramen, aber auch für schematische, von Wiederholungen bestimmte und an klassischen Genres wie dem Krimi oder Western orientierte Programme. So wird deutlich, dass die Auseinandersetzung mit einer bestimmenden Ästhetik des Fernsehens zugleich auch ein auf die Produktionsform übergreifender kultureller Konflikt ist. Es geht um das Medium des Fernsehens, um seine Ökonomie und seinen Status in der Gesellschaft, und es geht um die Medialität des Fernsehens selbst, unter anderem um die Frage, wie sich das Medium im Unterschied zu anderen mit der Welt in Beziehung setzt. Beim Fernsehen werden besonders in seiner Frühzeit die Aspekte von *liveness* und Unmittelbarkeit betont, die zugleich auch eine widersprüchliche Form von Medialität verkörpern, eine Ästhetik, die auf der Unsichtbarkeit des Mediums insistiert und sich eher auf das Gezeigte als auf das Zeigen bezieht. (Tatsächlich machen diese extremen Formen des *pure television* die Medialität des Fernsehens erst sichtbar.)

Liveness ist zunächst der Begriff, mit dem die Identität des Fernsehens geformt wird. Sie ist ein Grund, warum das Fernsehen im Unterschied zum Kino als Medium des »monitoring«, des Überwachens der Welt, gekennzeichnet wird (Cavell 2001, 144). Dass die Eigenschaft des Überwachens schon immer ein Bestandteil des Diskurses über das Fernsehen war, wird auch daran deutlich, dass Kritiker, die das Live-Drama als größte Errungenschaft des Fernsehens bezeichnen, dieses Format und damit auch das Fernsehen als Instrument bezeichnen, das wie ein Mikroskop auf das menschliche Verhalten ausgerichtet ist oder als Skalpell uns den menschlichen Geist offenlegt (Boddy 1993, 83). Doch solche Anwendungen des Begriffes des *monitoring* sind immer mit Vorsicht zu genießen. Das *monitoring* stellt zwar eine produktive Möglichkeit der ontologischen Perspektivierung des Fernsehens besonders im Unterschied zum Medium des Films dar, aber der Begriff bietet auch immer die Möglichkeit der strategischen Besetzung, um die Besonderheiten oder Limitationen des Mediums herauszustellen. Daher gibt es bereits in den 1950er Jahren die Unmittelbarkeit einer überwachenden Bezugnahme auf die Welt ebenso sehr nur als Behauptung wie als treffende Beschreibung bestimmter televisueller Eigenschaften, denen aber ebenso viele nicht von Überwachung gekennzeichnete Eigenschaften von Fernsehprogrammen, ihrer Produktion und Rezeption gegenüberstehen.

Die Sitcom spielt in der Auseinandersetzung mit den Grundeigenschaften des Televisuellen, die sich häufig auf Aspekte der Unmittelbarkeit oder des Nicht-Medialen beziehen, als ein aus der Frühzeit des Fernsehens stammendes Genre eine besondere Rolle. Allerdings ist ihre eigene Medialität widersprüchlich. In der Auseinandersetzung mit diesem Genre können daher zwei Formen des Medialen herausgestellt werden, die auch signifikant für die Einordnung der Sitcom in den Prozess der Mediatisierung sind:

(1) Die Sitcom stellt – gerade wegen ihrer besonderen Form von Medialität – den Gebrauch von Medien dar, sie ist sozusagen die Verkörperung eines Mikroskops, das sich auf das Verhalten von Menschen in ihrem Mediengebrauch richtet, das aber tatsächlich, in einer leichten Versetzung der Perspektive, ein-

fach auch die Existenz medialer Technologien in ihrer hybriden Einheit mit den Menschen dokumentiert.
(2) Die Sitcom ist zugleich selbst ein Medium, das auf unterschiedliche Weisen seine eigene Medialität herausstellt. Sie akzentuiert entweder eine Nicht-Medialität ihrer Form, als einfaches, alltägliches, an *liveness* und Formen der Überwachung gebundenes Medium, oder sie stellt, besonders wenn sie sich von anderen Sitcomformaten abgrenzen will, gerade die Medialität durch das Offensichtlichwerden ästhetischer Darstellungsstrategien heraus. Wie diese Medialität gerade aktuelle Formen dokumentarischer oder mockumentarischer Sitcoms bestimmt und welche Konsequenzen dies für die Bezugnahme auf die Welt hat, soll der Abschluss dieses Teils der Auseinandersetzung mit der Fernsehserie im Kontext der Darstellung von Mediatisierungsprozessen darstellen.

Die doppelte Medialität der Sitcom: Dokumentarist und Agent

Bereits die Einführung der Sitcom in den späten 1940er und frühen 1950er Jahren offenbart den Akteurstatus und Momente der Nichtneutralität des Genres: Die Sitcom versucht auch, eine bestimmte Auffassung vom Fernsehen zu vermitteln und in der Gesellschaft zu implementieren. Dies zeigt sich an einem aktiven Prozess der Verdrängung.
Lynn Spigel beschreibt in ihren Arbeiten zur Einführung des Fernsehens in die amerikanische Kultur mehrere Momente, die sehr gut vorführen, wie die Sitcom an dem Prozess der Mediatisierung beteiligt ist und wie sich das Fernsehen gegenüber seiner eigenen Medialität verhält (vgl. Spigel 2001). Eine Episode der klassischen Sitcom THE HONEYMOONERS (CBS, 1955-1956) dokumentiert nicht nur den Erwerb des neuen Gerätes, sondern auch Formen der Rezeption früher Programme des Fernsehens. Ralph Cramden, die Hauptfigur der Sitcom, kauft sich das teure Gerät zusammen mit seinem Nachbar Ed Norton und trifft mit ihm ein Arrangement, das Gerät gemeinsam zu nutzen. Die Episode zeigt die Tücken der Technik, wie die richtige Ausrichtung der Antenne, um die Sendungen zu empfangen, sie dokumentiert die Auseinandersetzung oder den kindischen Streit darüber, wo das Gerät platziert werden soll, aber auch, welche Sendungen gesehen werden. Ebenso zeigt sie uns die intensive Liebe für Gegenstände des Fernsehens und ein frühes Fantum, das mit dem Programm verbunden ist, als sich Ed Norton seine Lieblingssendung CAPTAIN VIDEO AND HIS VIDEO RANGERS (DuMont, 1949-1955) ansieht und dafür einen Raumfahrthelm aufzieht, den es als Fanartikel zur Serie zu kaufen gibt.

Abb. 63: »TV or not TV« (THE HONEYMOONERS, USA 1955)

Etwa fünf Jahre nach Einführung des kommerziellen Fernsehens in den USA kommentiert die Sitcom damit den Status des Mediums im Leben seiner Zuschauer, welche Auseinandersetzungen seine Einführung begleiten, welche Vorstellung es von seinen Zuschauern hat, indem es einen Topos des kindlichen Zuschauers aufgreift, der seine »Leidenschaft für sinnlose Fernsehunterhaltung« nicht zu kontrollieren vermag (ibid. 241). Diesen Typus bezeichnet John Hartley später mit dem Begriff der ›paedocracy‹ (Hartley 1992, 108), um darauf hinzuweisen, dass das Fernsehen lange Zeit eine paternalistische Einstellung zu seinen Zuschauern hatte. Die Kennzeichnung eines meist männlichen Zuschauers als unmündigem, kindischem Rezipienten ist ein Aspekt dieses von Lynn Spigel erforschten Diskurses in den 1950er Jahren, der sich um die Mediatisierung der Lebenswelt dreht und mit den Irritationen zu Rande zu kommen versucht, die durch das Medium entstehen. In den unterschiedlichen Stimmen zum Fernsehen, zu denen Frauen- und Modezeitschriften aber auch Zeugnisse von Kulturkritikern gehören, nimmt die Sitcom eine besondere Rolle ein: Sie findet eine interessante Möglichkeit, sowohl die Ängste, die mit dem Medium verbunden sind, zu artikulieren als auch sich ihnen gegenüber zu positionieren, sie durch ihren Humor zu verharmlosen.

Mit dem Beispiel von THE HONEYMOONERS kommt noch eine interessante Note ins Spiel, die deutlich macht, wie die Sitcom zu einem sehr subtilen und raffinierten Agenten des Medienwandels wird. Caldwell ordnet CAPTAIN VIDEO AND HIS VIDEO RANGERS in die Programme des Fernsehens ein, bei denen der oben angesprochene *textual struggle* noch überdeutlich ist (Caldwell 1995, 49). CAPTAIN VIDEO ist ebenso unfreiwillig komisch wie unfreiwillig künstlerisch. Im Unterschied zu dem von Caldwell behandelten Live-Drama, das die technologischen Limitationen einer Liveproduktion stolz herausstellt (ibid., 48), oder frühen Comedy-Formaten wie THE JACK BENNY PROGRAM (CBS/NBC, 1950-1965), in dem der Komiker immer wieder die Dürftigkeit des Bühnensets oder die Anwesenheit des Kameramanns zum Anlass einer ironischen Auseinandersetzung mit den Repräsentationsformen des Fernsehens nimmt, findet sich in CAPTAIN VIDEO eine Heterogenität der Darstellungsformen, welche die Unsicherheit des Mediums Fernsehen in der Bestimmung seiner Ästhetik zum Ausdruck bringt. Das Ergebnis ist widersprüchlich und lässt sich mit dem von Bolter und Grusin skizzierten Konzept der doppelten Logik des Prozesses der Remediatisierung beschreiben: Das Medium zielt darauf, jedes Anzeichen von Mediatisierung auszulöschen und einen direkten Zugang zur Welt zu verschaffen; zugleich hat es auch die Tendenz dazu, die Möglichkeiten des Mediums auf übersichtbare, ›hypermediale‹ Weise auszustellen, und damit wieder den unmittelbaren Zugang zur Welt zu verstellen (Bolter/Grusin 2000, 5). Auf diese Unterscheidung soll noch einmal im Zusammenhang mit aktuellen mockumentarischen Sitcom-Formaten zurückgekommen werden, aber hier soll sie zunächst darauf hinweisen, dass das Unbedarfte nicht nur das Unmittelbare, sondern auch das Übermediatisierte ist, das, was die Aufmerksamkeit gerade auf den medialen Charakter eines televisuellen Gegenstands richtet.

CAPTAIN VIDEO weist zwar als live gedrehte Science-Fiction Serie den Live-Charakter und viele Formen der Unmittelbarkeit, des Ungeprobten, des Fehlerhaften auf. Die Serie ist aber auch ein hypermediales Beispiel eines frühen Fernsehtextes, dessen Künstlichkeit deutlich vor die Augen des Fernsehzuschauers tritt: Die erste, endlos lange Einstellung zeigt uns eine gemalte Berglandschaft, in der sich das Hauptquartier des Helden befinden soll. Eine aufgeregte Off-Stimme führt in die Handlung dieser Episode ein, die Kamera fährt langsam auf die gemalte Landschaft zu. Nach der Einblendung des Titels der Serie finden wir uns in den äußerst engen, billigen Sets einer Kommandozentrale wieder, von der aus die Hauptfigur die Aktionen plant, von denen wir wenig sehen. Die zukünftigen Technologien sehen aus wie primitive Haushaltsgeräte, einzig der Bildschirm, der den Blick auf einen weiteren Handlungsraum freigibt, verkörpert die etwas futuristischere Technologie der Videotelefonie. Als ein äußerst hybrides, heterogenes Programm nutzt CAPTAIN VIDEO aber diesen Bildschirm als Vorwand, in das Programm eine alte Pferdeoper, ein für das Kino produziertes Westernserial zu integrieren, das mit der eigentlichen Handlung nichts zu tun hat (einfach nur, um Zeit zu füllen) und das damit auch den ›medialsten‹ oder ›mediatisiertesten‹ Moment dieses Programms darstellt.

Abb. 64: Still aus CAPTAIN VIDEO AND HIS VIDEO RANGERS (1949)

Kein Medium könnte stärker als Medium in diesem ungeschickten Beispiel von Konvergenz von Film und Fernsehen hervortreten. Dennoch handelt es sich um ein überaus erfolgreiches Format der frühen Jahre, dessen Popularität in der Sitcom THE HONEYMOONERS reflektiert wird. Die Sitcom thematisiert hier nicht nur den Mediengebrauch der Menschen und gibt damit dem Potenzial der Sitcom und des Fernsehens zur Überwachung und Erforschung des Alltags Ausdruck, sondern sie setzt sich auch bewusst zu diesem Format in eine Beziehung und grenzt sich aggressiv von ihm ab, indem es dessen Zuschauer als naiv deklariert. Hier wird deutlich, wie Mediatisierung in der Fernsehserie nicht nur eine Darstellung des Prozesses der Mediatisierung ist, sondern auch die medialen Eigenschaften der Form selbst in den Blick nimmt: THE HONEYMOONERS teilt mit CAPTAIN VIDEO, die beide live gedreht wurden, die Limitation auf ein enges Bühnenset, das die Sitcom auszeichnet. Aber THE HONEYMOONERS, eine Show, die bis heute in den USA im Fernsehprogramm zu sehen ist und die gro-ßen Einfluss auf Sitcoms wie KING OF QUEENS (CBS, 1998-2007) hatte, inszeniert nicht nur die Popularität dieses primitiven Programms, sondern setzt sich auch deutlich von ihm ab, macht es zum Gegenstand einer komischen Darstellung eines kindlichen Fernsehvergnügens.

Abb. 65: Still aus CAPTAIN VIDEO AND HIS VIDEO RANGERS (1949)

Diese Inszenierung eines Mediums durch ein anderes Medium ist interessant, denn es handelt sich bei THE HONEYMOONERS um ein Produkt des Senders CBS, neben ABC und NBC einer der drei großen Fernsehsender der USA. CAPTAIN VIDEO ist ein Produkt des Senders DuMont, der in den ersten Jahren des Fernsehens lange Zeit zu den dominierenden Sendern des US-Fernsehens gehörte (vgl. Murray 2003, 38). Die Firma DuMont, Produzentin von Fernsehapparaten und zugleich ein Sender, musste im Laufe der 1950er Jahre den Betrieb einstellen. Sie konnte sich nicht gegen das Oligopol aus CBS, ABC und NBC durchsetzen, die aus großen Radiosendern hervorgegangen waren, auf größere Rücklagen zurückgreifen konnten und zudem noch von der Gesetzgebung bevorteilt wurden (Mittell 2003, 47). THE HONEYMOONERS wurde zunächst für den Sender DuMont produziert und war als Proto-Sitcom in einer Reihe von Sketchen Bestandteil des übergreifenden Formats der JACKIE GLEASON SHOW (DuMont/CBS, 1950-1957) (vgl. Jones 1992, 108). Später wurde das Programm von CBS übernommen und dort in dem uns heute geläufigen ›traditionellen‹ Sitcomformat ausgestrahlt (ibid., 109). THE HONEYMOONERS kommentiert damit nicht nur frühe Formen des Fernsehfantums und einer kindlichen Begeisterung für das Medium, das in einer für uns sehr ungewohnten Form auftritt, sondern auch die Emanzipation der Sitcom vom frühen Fernsehen und einer ökonomischen Organisation (die Einheit der Produktion von Medientechnologie und Medieninhalten), die erst im Zeitalter der Konvergenz wieder eine Rolle spielen sollte.

Hier wird deutlich, wie die Auseinandersetzung mit Medialität immer auch die eigene mediale Identität des Fernsehens und eines Formats im Blick hat und diese zu festigen versucht.

Die Sitcom grenzt sich jedoch nicht von der Hybridität und Heterogenität ab, die das frühe Fernsehen auszeichnet, sie versucht aber, ihr eine Form zu verleihen. Auch wenn die Unmittelbarkeit und Einfachheit der Sitcom immer Anlass für Kritik an ihr war, ist sie doch eher das Format, das die *liveness* des Fernsehens zwar übernommen, aber auf entscheidende Weise gezähmt und in eine spezifische Medialität überführt hat. Diese komplexe Form von Medialität gestaltet ein ebenso spezifisches Verhältnis zur Welt, von dem auch die Evidenz abhängig ist, etwa bezogen auf den Mediatisierungsprozess, die von der Sitcom erzeugt wird.

Dieses Verhältnis zur Welt lässt sich gut mit den Begriffen der Filmphilosophie Stanley Cavells erfassen. Cavells Unterscheidung zwischen dem *monitoring* des Fernsehens und dem *viewing* des Films stellt heraus, wie die beiden Medien ihr Verhältnis zur Welt gestalten. Das *viewing* im Kino richtet sich auf ein Gefühl der Totalität, das von den Weltkonstruktionen des Films ausgeht: Die realistische Illusion von Welt ist hier gebunden an ein Gefühl der Überzeugung, als ein Produkt der Ästhetik eines filmischen Formats und seinen Darstellungsformen, eine Welt, die auf unproblematische Weise ungesehenes Betrachten erlaubt (Cavell 1979, 102) und die ohne mich als Betrachter vollständig ist (ibid., 160). Das *monitoring* des Fernsehens bezieht sich auf Ausschnitte aus der Welt. Sie basiert auf dem Prinzip der live-Übertragung, das uns die Tatsache bestätigen soll, dass die Welt noch da ist und sich, wenn möglich, nichts verändert hat, was eine besondere Ausrichtung des Fernsehens auf den Alltag impliziert. Der Modus der Überwachung drückt sich beispielsweise in einer Unterscheidung zwischen dem filmischen Schnitt, der etwas Neues hervorbringt, und einem Umschalten bei einer Live-Übertragung aus, bei dem es eher darum geht, den besseren Blick auf ein Areal, das von mehreren Kameras abgedeckt wird, zu finden (Cavell 2001, 150). Der Betrachter des Fernsehens lebt in dem Gefühl einer problematisch und unwohnlich gewordenen Welt, das Fernsehen soll durch Überwachen das Verhältnis zu dieser Welt gestalten und verwalten (Cavell 2001, 161f.).

Monitoring hängt mit dem viel diskutierten Aspekt der *liveness* des Fernsehens zusammen. *Liveness* wird von John Ellis nicht als tatsächliche Bedingung der Liveproduktion des Fernsehens definiert, sondern eher als eine bestimmte Grundtendenz des Fernsehens, die sich aus der Geschichte und den Produktionsformen des Fernsehens ergibt (vgl. Ellis 2002), und die sich in alle Formate des Fernsehens (auch als Negation) einschreiben kann. *Liveness* oder das *moni-*

toring basieren nicht auf eindeutigen ontologischen Unterscheidungen, sondern sind eher ein Hinweis darauf, dass Konnotationen der *liveness* und Simultanität bereits in der Vorgeschichte des Mediums (vgl. Uricchio 2001, 292) und immer wieder die Diskussion um eine Vielzahl von Aspekten des Fernsehens bestimmt haben. Wie auch immer die Möglichkeit der Aufzeichnung beispielsweise die Eigenschaft der *liveness* in Frage stellen mag: Unbestreitbar bleibt, dass viele Formen des Fernsehens einen anderen Zugang zur Welt bieten als das Kino, das Fernsehen einer anderen ästhetischen Logik folgt.

Wie sich der besondere Aspekt von Mediatisierung der *liveness* in der Sitcom auf zwei verschiedene Weisen ausdrückt, lässt sich gut an der Sitcom I Love Lucy (CBS, 1951-1957), einem der ersten klassischen Vertreter des Genres festmachen.

(1) Dass die Sitcom mit Kameras mehrere bühnenartige Settings überwacht, gibt ihr den Charakter des Unmittelbaren. Anders als die Filmkamera und der Filmschnitt modelliert sie nicht eine Welt, sondern bildet die Welt ab, die sich vor den Augen der Kamera befindet. Die Kamera folgt den Akteuren und nicht umgekehrt. Die Aufstellung der Kamera, das sogenannte ›three-camera-set up‹ (vgl. Abb. 66) soll möglichst sicherstellen, aber kann niemals garantieren, dass keine Bewegung, keine Geste und kein Wort verloren gehen. Die Kameras richten sich auf längere Vorgänge, die Performance ist nicht fragmentiert, nicht das Produkt einer Zusammensetzung unterschiedlicher Einstellungen, was auch bedeutet, dass Montage durch das Umschalten von Kamera zu Kamera nur imitiert werden kann, und dies den Bildern einen anderen Charakter und Status gibt (vgl. Abb. 67-69). Von den Figuren wird die Gabe der Improvisation gefordert, sie bewältigen einen Alltag sowie die Widerstände und Irritationen, welche die unterschiedlichen Situationen der Sitcom hervorbringen (vgl. Cavell 2001, 150). Es handelt sich um eine transparente Form von Medialität: Das Medium macht sich unsichtbar, weil auf der Ebene der Kamera nur eine Verteilung der Positionen zu finden ist, aber die Kamera darauf verzichtet, diesen Welten allzu deutlich durch Bewegungen und andere Formen des Einwirkens Bedeutung zu geben. Zusammen mit dem alltagsnahen Setting, das keine filmischen Attraktionen ermöglicht, aber auch mit den Belanglosigkeiten der undramatischen Handlungen, entsteht auf verschobene und vielleicht auch verschrobene Weise ein Gefühl von Realismus und Alltagsnähe, das der Sitcom einen dokumentarischen Charakter (beispielsweise als Dokument einer Performance) geben mag und vielleicht erklärt, warum die Sitcom immer als Medium betrachtet wurde, das einen Blick auf die Gesellschaft und auf die Probleme, die sie beschäftigen, freigibt (vgl. Newcomb/Hirsch 2009, 194; Brown 2005, 259). Sie kann als Spiegel, wenn auch als »foggy mirror«, be-

Abb. 66: Beispiel für three-camera setup für die Sitcom I Love Lucy

zeichnet werden (Jones 1992, 5). Das überwachte Areal ist überschaubar, mit der Kleinheit der übertragenen Welt korrespondiert auch eine Stabilität des häuslichen Settings: der Fokus auf den Alltag impliziert immer das Verständnis oder die Wunschvorstellung einer unveränderbaren, von Routinen und Wiederholungen bestimmten Welt, als Schutzschirm gegenüber den unvermeidlichen und ständigen Veränderungen der Welt.
(2) Im Widerspruch zu den Eigenschaften von Unmittelbarkeit und Realismus, welche der Sitcom zugesprochen werden, gibt es viele Argumente dafür, sie als ein von Künstlichkeit geprägtes Genre zu bezeichnen: die Limitation auf wenige Sets; die nicht-realistische, auf Reaktionen ausgerichtete Performance, die sich in vielen Momenten direkt an die Zuschauer im Studio und am Fernseher richtet; die Fehler, die im Live-Medium auftreten können; die Ausrichtung der Repräsentation auf drei Kameras; die Begrenzung der Kamerabewegungen, die nie in den Bühnenraum eindringen (vgl. Abb. 66), von außen betrachten und sich auf eine horizontale Fläche ausrichten (vgl. Barker 2000, 172); die unwahrscheinlichen Vorkommnisse als Auslöser komischer Reaktionen; aber auch die zeitliche Strukturierung, das Episodische; die Ausleuchtung im sogenannten

›flat-key lighting‹; die fehlende Tiefe des Raums; die Kulissenhaftigkeit der Einrichtung etc (vgl. Abb. 67-69). Die Sitcom ist alles andere als realistisch, tatsächlich findet sich dort eine starke Formatierung oder Mediatisierung des Lebens, schon allein dadurch, dass es in den mit mehreren Kameras live gedrehten Sitcoms eine deutliche Formatierung des dargestellten Lebens gibt. Es werden Kamerapositionen und -entfernungen, Bewegungen und Schnitte vorgegeben, denen sich das dargestellte Leben unterzuordnen hat. Die Mediatisierung ist hier die Folge eines Live-Dispositivs, das zwar den Ereignissen folgt, aber eine sehr schematische Ästhetik hervorbringt, weil es einen guten Blick auf die Ereignisse und die Aufführungen der Figuren finden möchte, was beispielsweise eine Begrenzung des zu überwachenden Areals auf einige wenige Bühnensettings zur Folge hat oder den Einsatz einer neutralen Ausleuchtung fordert. Die Sitcom ist tatsächlich ein Format, das sehr stark von diesem Widerspiel des Unmittelbaren, Nicht-Mediatisierten, und dem Künstlichen, Formatierten, Mediatisierten geprägt ist. Sie erscheint auf der Ebene der Alltäglichkeit ihrer Darstellungsformen realistisch, weil sie ähnlich wie das *continuity editing* des klassischen Hollywoodkinos eine Opazität des Medialen durch Geläufigkeit erzeugt (Bordwell/Staiger/Thompson 1985, 4).

Abb. 67-69: Beispiel für Auflösung mit drei Kameras in Halbtotale und halbnahe Einstellungen (medium close-up), aber auch für das ›flat-key lighting‹ bei I LOVE LUCY

Unmittelbarkeit findet sich auch auf der Ebene der Alltägsnähe der Settings, Figuren und der undramatischen Geringfügigkeit der Probleme. Allerdings verzichtet die Sitcom auf jeden Realismus in der Darstellung. Sie stellt in den 1950er Jahren das genaue Gegenteil des damals aufkommenden ›method act-ing‹ dar, sie kümmert sich nicht um eine Rhetorik, welche die Auslöschung und Verbergung des schauspielerischen Aktes durch komplettes Einleben in die Figur fordert. Die Sitcom remediatisiert nicht nur das Theater, die Bühne, das Vaudeville, sondern auch den

Film und seine auf Unmittelbarkeit ausgerichteten Darstellungstechniken des *continuity editing*, das in der Montage aus den drei Kameras, ihren Imitationen von Schuss-Gegenschuss, dem Gebrauch raumorientierender Totalen und von *establishing shots* aufscheint. In diesen Momenten einer offensichtlichen Mediatisierung von Welt, was auf die vielen Differenzen hinweist, die eine mediale Darstellung in die Repräsentation von Leben und Alltag einführt, ist auch der nicht-neutrale Agentenstatus der Sitcom mit Blick auf den Medienwandel verborgen. Sie agiert geschickt zwischen den Polen der Dokumentation und des Akteur-Seins. Ihre statische Ästhetik akzentuiert den Aspekt des Unveränderlichen, daher nimmt sie eine verschobene Perspektive auf den Prozess der Mediatisierung ein, bei dem eine Präferenz für bereits domestizierte Medien festzustellen ist sowie ein Widerstand gegenüber den Veränderungen der Medienwirklichkeit.

Diese offensichtliche Formatierung oder Mediatisierung des Lebens in der Sitcom ist auch ein Grund, warum sie häufig kritisiert wurde, etwa in David Grotes Abrechnung mit der Sitcom, die als Format keine Entwicklung und kein Ende kenne und nur den Status quo erhalte (Grote 1983, 121). Diese Einstellung, die als Referenzpunkt die großen Komödien von Shakespeare nimmt und deren philosophisches Potential der Verwandlung und der Versöhnung herausstellt, bemerkt zu Recht die anti-dramatische Natur der Sitcom, die Leben nur als eine episodische Reihung von Wiederholungen versteht. Etwas neutraler betrachtet geht es tatsächlich nur um zwei unterschiedliche Formen einer Mediatisierung von Leben, um dessen vermittelte Darstellung und auch Formatierung durch unterschiedliche populäre und nicht-populäre Formate. Raymond Williams hat in *Television: Technology and Cultural Form* einmal darauf hingewiesen, dass es nie so viel Drama gab wie heute, und damit auch eine Formung unseres Lebens durch die Ausstrahlung unterschiedlicher dramatischer Formate im Fernsehen gemeint (Williams 1974, 56). Damit spricht er diesen formatierenden Aspekt von Fernsehgenres an: Die Sitcom als undramatisches und komisches Format stellt nur eine andere Variante von etwas dar, was als Effekt von Mediatisierung betrachtet werden kann und die Agententätigkeit des Fernsehens herausstellt: Die Sitcom ist, trotz einiger signifikanter Ausnahmen, in denen sie für kurze Momente zum Melodrama werden kann, keine dramatische, auf ein Ende ausgerichtete Form. Sie deutet und formt das Leben auf ihre Weise. Nicht nur reflektiert und propagiert Fernsehen den Mediengebrauch, als serielles Fernsehen wirkt es sich auch unmittelbar auf das Leben aus: es strukturiert den Alltag, die seriellen Formate werden zu Bezugspunkten einer Veränderung der räumlichen Konstellationen, das Format bietet Formen an, in denen das Leben zu denken und zu erfahren ist, es konditioniert das Verhalten der Menschen durch das ständige Angebot wiederkehrender Verhaltensweisen.

Stig Hjarvard weist mit den Arbeiten von David Riesman auf diese Dimension von Mediatisierung hin, bei der das Fernsehen auf die Lebensformen der Zuschauer einwirkt: Riesman nennt das Fernsehen als einen Grund dafür, warum sich der Stil der sozialen Interaktion in den 1950er und 1960er Jahren zu einer umgänglicheren, verbindlicheren Form eines ›soft individualism‹ verändert hat (Riesman, zit. n.: Hjarvard 2009, 162). Vor allem in der Sitcom, aber auch in Fernsehshows spielt das Fernsehen seit den 1950er Jahren immer wieder einen auf Ausgleich und Kommunikation ausgerichteten Lebensstil vor, bei dem versucht wird, die alltägliche Interaktion zwischen Menschen auf elegante Weise zu meistern, das Private auf eine unterhaltsame Weise sichtbar werden zu lassen und Vorderbühne und Hinterbühne miteinander zu verbinden. Der sich aus den Anleitungen des Fernsehens ergebende ›soft individualism‹ bedeutet, dass der Einzelne nicht egoistisch nach der Erfüllung aller Ziele strebt, sondern eher die Bestätigung anderer sucht und den Ausgleich mit ihnen anstrebt. Aufgrund solcher möglicher Effekte des Fernsehens ist es interessant, über die spezifischen ›mediatisierenden‹ Formen dieses Denkens von Leben in der Sitcom nachzudenken, und unter anderem auch die Frage danach zu stellen, was den Mehrwert dieser Mediatisierung und Formung darstellt. Auf jeden Fall lassen sich auf diese Weise erstens eine Mediatisierung in der Sitcom und zweitens eine Mediatisierung durch die Sitcom unterscheiden. Beide Aspekte gilt es in einem kleinen Durchgang durch die Sitcomgeschichte zusammenzudenken.

1950er Jahre: Die Implementierung der Sitcom im Alltag der Zuschauer

Die Sitcom stabilisiert und schematisiert in den 1950er Jahren ihre zunächst ungelenken Darstellungsformen. Sie entwickelt sich von einer unspezifischen, beobachtenden Kameraführung in Sitcoms wie THE GEORGE BURNS AND GRACIE ALLEN SHOW (CBS, 1950-1958), deren Einstellungswechsel keiner klassischen Auflösung folgen, bis zum sogenannten *three-camera setup*, das für die Sitcom I LOVE LUCY (CBS, 1951-1957) entwickelt wurde und das durch seine Orientierung an Konventionen eine Geläufigkeit des Fernsehstils und damit eine (vermeintliche) Transparenz seiner Darstellung erzeugt, gerade weil die beobachtende Rauheit einer radikalen *liveness* wieder etwas zurückgenommen wird. Dies muss nicht mit Caldwell als eine Verleugnung der Televisualität und der interessanten Hybridität früher Fernsehtexte betrachtet werden, sondern eher als eine Modifikation eines Fernsehstils, der immer noch Anschluss an die Traditionen des Vaudeville und an die Improvisation hält.

Interessant ist aber hier, dass es sich bei der Entwicklung der Sitcom um keine einfache Fortschrittsgeschichte handelt. Bereits in den 1950er Jahren gibt es *single-camera sitcoms* wie AMOS 'N ANDY (CBS, 1951-1953) oder FATHER KNOWS BEST (CBS/NBC, 1954-1960), in denen *liveness* keine Rolle spielt. Im Fall der problematischen Sitcom AMOS 'N ANDY, die auf einen Blackface Vaudeville-Act zweier Komiker zurückgeht, liegen die Gründe wohl in einer billigeren und einfacheren Form der Produktion, bei FATHER KNOWS BEST begründet sich der Einsatz filmischer Darstellungsformen, wie Mary Beth Haralovich ausführt, in einer realistischen Repräsentation moderner suburbaner Lebenswelten, die von einer filmischen Kamera und Ausleuchtung erfasst und beworben werden sollten (Haralovich 1992). Hier richtet sich der Blick der Kamera explizit auf die Bewerbung der Modernisierung der Lebensformen aus, die zugleich auch immer mit dem Mediatisierungsprozess verbunden ist.

In der live gedrehten Sitcom wird der Prozess der Mediatisierung eher durch das Verhalten der Menschen in den stabilen häuslichen Settings erfasst. In diesem Setting sind Gegenstände immer auch Störungen, die bewältigt werden müssen. Auch der Fernseher gehört zu diesen Störungen, was sich in I LOVE LUCY oder THE HONEYMOONERS als eine Ohnmacht gegenüber der technologischen Komplexität des neuen Mediums zeigt. Hier geht es immer auch um eine vor allem männliche Ohnmacht, die sowohl Ängste vor dem neuen Medium als auch Ängste vor der Bedrohung durch die dominante Frau in den konservativen 1950er Jahren verkörpert (vgl. Spigel 2001, 239). Es ist aber nicht nur ein Beispiel für einen von technologischen Problemen bestimmten Mediatisierungsprozess, der den Fernsehmonteur zu einem viel gesehenen Gast der heimischen Wohnzimmer werden lässt, sondern lässt - wie die Arbeiten von Lisa Parks (2002) zeigen – relativ akkurat auch die Faszination und das Interesse für die Technologie und nicht allein den Inhalt des damals neuen Mediums Fernsehen deutlich werden.

Das Ausmaß einer vom Fernsehen ausgehenden Mediatisierung zeigt sich daran, dass das Fernsehen selbst zum Ereignis wird, das auf unmittelbare Weise in den Alltag eingreift und mit der Wirklichkeit verschränkt ist. Die tatsächliche Schwangerschaft von Lucille Ball wird in ihrer Rolle als Lucy in I Love Lucy zum Teil der Handlung. Die Episode über die Geburt ihres Kindes wird 1953 mit einer Zuschauerschaft von 44 Millionen zu einem der meistgesehenen Programme des Fernsehens bei einem Marktanteil von 71 % (Kanfer 2003, 161). Die Sitcom nutzt das Merkmal der Serialität zu einer für die Sitcom trotz ihres episodischen Charakters typischen Synchronisierung mit den Zeiten ihrer Zuschauer, um analog zur tatsächlichen Schwangerschaft der Performerin Lucille Ball die Schwangerschaft der Figur Lucy Ricardo zu begleiten.

I Love Lucy ist auch deswegen ein frühes Format, das sich mit seiner Medialität beschäftigen muss, weil es seine Existenz den Versuchen des Paares Lucille Ball und Desi Arnaz verdankt, durch ein Format ein gemeinsames Projekt zu schaffen und ihre Ehe zu retten. Beide waren aus diesem Grund auch an der Produktion beteiligt; ihre Entscheidung, nicht in New York, sondern in Los Angeles zu produzieren (ibid., 126), mündet in der Etablierung der bis heute gültigen, neutral erscheinenden, beobachtenden Sitcomästhetik, deren Mediatisierungseffekt, wie bereits erwähnt, auf sehr widersprüchliche Weise zu spüren ist (vgl. Abb. 67-69). Durch die Zusammenarbeit mit dem Kameramann Karl Freund, der aber eher Hinweise für die Ausleuchtung gibt (ibid., 127f.), werden hier auch die Anteile des Filmischen am Live-Gedrehten deutlich.

Die besondere Medialität und Serialität von I Love Lucy ist auch von der Aufgabe bestimmt, die Grenzen zwischen Realität und Fiktion zu managen, da sich während der gesamten Laufzeit die Ehe der Hauptdarstellerin Lucille Ball und des Hauptdarstellers Desi Arnaz in einer Krise befand (vgl. Carini 2003). Die Sitcom als serielles Format konstruiert einen Alltag, den sie dann abzubilden vorgibt, und sie schöpft ihr Material durch die Vermischung von Wirklichkeit und Fiktion. Diese Momente der Überschneidung der Figuren und der Wirklichkeit ihrer Darsteller sind immer wieder in der Sitcomgeschichte zu finden. Das Outing der Serienfigur in der gleichnamigen Sitcom Ellen (ABC, 1994-1998), die Kapriolen von Charlie Sheen im Zusammenhang mit dem Ende seines Engagements bei Two and and Half Men (CBS, 2003-2015) oder die eigenartige Auseinandersetzung zwischen dem amerikanischen Vizepräsidenten Dan Quayle und der Sitcomfigur einer Nachrichtenmoderatorin in MURPHY BROWN (CBS, 1988-1998) in den 1990er Jahren stehen für eine zum Teil prädigitale Form von Transmedialität. Die Serialisierung des eigenen Lebens und die Auseinandersetzung mit den Grenzen zwischen Wirklichkeit und Medium können hier als Effekte eines Mediatisierungsprozesses betrachtet werden, der zugleich die Überschneidungen der Sitcom mit der Wirklichkeit anzeigt.

1960er Jahre: Verdrängung der *liveness* und Rückzug aus der Realität

Die Unterschiede zwischen der rudimentär filmischen *single-camera sitcom* und der *liveness* und filmische Darstellungsformen vereinigenden *multi-camera sitcom* treten in den 1950er Jahren noch nicht so deutlich vor Augen. Dass aber die *single-camera sitcom* FATHER KNOWS BEST einen modernen, suburbanen, mit neuen Haushaltstechnologien ausgestatteten Lebensstil bewerben soll, ist vielleicht ein kleiner Hinweis darauf, dass die *multi-camera sitcom* im Gegensatz dazu eher als beobachtende Versuchsanordnung zu betrachten ist, die ein häusliches Setting überwacht und das Verhalten der Menschen in diesem Setting dokumentiert oder zumindest der Vorstellung Nahrung gibt, Menschen und ihr Verhalten zu dokumentieren. Dementsprechend findet sich darin weniger eine Projektion auf den Medienwandel, sondern eher dessen Repräsentation, was oft bedeutet, dass die Menschen in der Sitcom – aufgrund ihrer Orientierung am häuslichen Alltag und der Stabilität, die dieses Setting verkörpert – neue Medien oder auch das moderne Leben distanziert betrachten, so dass eher die Störungen durch Prozesse der Mediatisierung thematisiert werden. Allerdings steht dahinter immer die Medialität der Sitcom selbst, die auf vielfältige Weisen auf den Alltag einwirkt oder mit ihm verbunden erscheint und in der es ein komplexes Verhältnis von Distanz und Nähe, des Unmittelbaren und des Hypermedialen gibt.
Dass die Entscheidung für eine bestimmte Ästhetik auch die Entscheidung für ein bestimmtes Verhältnis zur Wirklichkeit ist, wird daran deutlich, dass die Sitcoms der 1960er Jahre, die zumeist im filmischen *single-camera*-Modus gedreht sind, die Neigung dazu haben, bestimmte Aspekte der Wirklichkeit zu verdrängen und eher eskapistische Züge zu zeigen – sei es in der Verbindung der Sitcom mit übernatürlichen Inhalten wie in BEWITCHED (ABC, 1964-1972) oder I DREAM OF JEANNIE (ABC, 1965-1970), die zudem Anschluss an moderne Technologien durch den Handlungsort NASA sucht, oder der Vereinigung von Sitcom und Zeichentrick in THE FLINTSTONES (ABC, 1960-1966), die die Gegen-

wart auf die Vergangenheit projiziert und über das moderne Leben und moderne Technologien reflektiert, oder THE JETSONS (ABC/div., 1962-1987), die ebenfalls als animierte Sitcom zwar in der Zukunft spielt, aber keine dystopischen oder utopischen Welten entwirft, sondern den Alltag in eine andere Zeit versetzt. Zu dieser Veränderung gehören auch Aspekte wie die Einführung von Farbe (beispielsweise in I DREAM OF JEANNIE) oder der Umstand, dass in MR. ED (CBS, 1961-1966) zum ersten Mal ein Tier, ein sprechendes Pferd, zur Hauptfigur einer Sitcom wird, die natürlich nicht live gedreht werden kann. Gerard Jones stellt diese Veränderungen als eine eskapistische Verdrängung der Wirklichkeit in den 1960er Jahren in ein ›Fantasyland‹ heraus (Jones 1992, 164).

Das stärkste Symptom dieser Verdrängung und das stärkste Gegenargument zu einer Ansicht, dass die Sitcom die gesellschaftliche Wirklichkeit wiederzugeben mag, sei, so Jones, der immense Erfolg der *single-camera sitcom* THE BEVERLY HILLBILLIES (CBS, 1962-1971). THE BEVERLY HILLBILLIES bringt am deutlichsten die von John Ellis formulierte Vorstellung zum Ausdruck, dass die Serie nur den stabilen Zustand, die temporäre Irritation und die Rückkehr zum Status quo kennt und somit keine Entwicklung darstellen könne (vgl. Ellis 2002). THE BEVERLY HILLBILLIES etabliert eine komische Situation, aus der immer wieder die Komik des Programms generiert werden soll, die Versetzung einer zu Reichtum gekommenen Hinterwäldlerfamilie in den reichen Vorort Beverly Hills.

Die Betonung von Stabilität und der Unveränderbarkeit der Welt, die der Sitcom immer unterstellt wird, ist hier so stark, dass sich sogar so etwas wie eine Kritik an einer tatsächlich unveränderbaren Welt diesem überaus einfachen Format einzuschreiben versucht: Es geht nur noch um einen kulturellen Konflikt in seiner Reinform, durch dessen exzessive Wiederholung verweigere sich die Sitcom jeder Formulierung einer einfachen Lösung (David Marc, zit. n. Feuer 1992, 150).

Tatsächlich ist BEVERLY HILLBILLIES auch das typische Beispiel für ein Fernsehen der 1960er Jahre, das auf eine möglichst breite Basis von Zuschauern rechnet, den kleinsten gemeinsamen Nenner mit dem ›least objectionable program‹ bedient. Dieses Fernsehen gibt tatsächlich einem stereotypen Urteil über das Fernsehen Nahrung. Newton Minow, den Kennedy zum Kopf der Federal Board of Communication Commission (FCC) gemacht hatte, prägt Anfang der 1960er Jahre als Reaktion auf die Veränderungen der Produktionsformen des Fernsehens den Begriff des ›vast wasteland‹, der kulturellen Einöde des Fernsehens, die durch zu massentaugliche Programme geschaffen wird. In der Tat orientiert sich BEVERLY HILLBILLIES wie viele andere Programme dieser Zeit überdeutlich an bereits etablierten Formaten und variiert diese nur minimal. Aber diese Sitcom lässt sich auch als eine episodische Serie in Reinkultur verstehen, an der die Funktionsweisen und Mechanismen einer Serie, deren Existenz in der Verarbeitung eines Inputs in Form von Irritation und der Herstellung des Ausgangszustands begründet liegt. Die Abscheu vor BEVERLY HILLBILLIES ist eher Ausdruck eines Widerwillens vor der Erkenntnis, dass die Serie (jede Serie) eine Maschine ist und dass darin tatsächlich die Komplexität (ihre Medialität und ihre Mediatisierungseffekte) verborgen ist, welche die vermeintlich komplexe Serie des *Quality Television*, die allenfalls eine größere Maschine mit zusätzlichen Bausteinen ist, zu verdrängen versucht.

Die 1970er Jahre: Die affirmative Reflexion des Wandels

Da sich die Orientierung am kleinsten gemeinsamen Nenner zumindest für die Werbekunden und Sponsoren von Programmen als Sackgasse erweist, richtet sich das Fernsehen der 1970er Jahre zielgenauer an spezielle Publika, beispielsweise an ein junges, urbanes, konsumfreudiges Publikum. Jane Feuer, Paul Kerr und Tise Vahimagi (1984) verbinden mit dieser Entwicklung das Entstehen einer ersten Welle des *Quality Television*, das aber im Unterschied zu *Quality Television*-Produktionen seit den 1980er Jahren nicht mit einem besonderen Look, einer auffälligen Televisualität hausieren geht. Die Sitcom entscheidet sich analog zu diesem Interesse an einem anderen Publikum wieder vermehrt dazu, die Wirklichkeit im Modus der Überwachung wiederzugeben und live vor einem Publikum mit dem *three-camera setup* zu drehen.
In diesem Kontext ist die Rückkehr zur *liveness* und zu einem ebenso primitiven wie konstitutiven Verfahren des Fernsehens ein Hinweis auf die Relevanz des Programms. Mit dem Konzept der Remediatisierung (Bolter/Grusin 2000) gesprochen, ist hier genau das Moment der Unmittelbarkeit der Grund dafür, warum der Blick auf die Welt durch das Medium verstellt wird und es vor die Augen der Zuschauer tritt und seinen besonderen Nimbus (im Kontrast zu den unspezifischen, der Wirklichkeit eher ausweichenden Sitcoms der 1960er Jahre) anzeigt. Dabei greift dieses frühe Qualitätsfernsehen, wie Kirsten Marthe Lentz ausführt, auf unterschiedliche Strategien zurück: In der auf Filmmaterial gedrehten MARY TYLER MOORE SHOW (CBS, 1970-1977) findet sich eine Tendenz zu einer filmischen Live-Produktion, die mit ihren Farben und der von den weiblichen Hauptfiguren getragenen Mode auch so etwas wie einen modernen Lifestyle der 1970er Jahre repräsentiert, oder besser dokumentiert, da der Lifestyle hier explizit auf die Ebene des Inhalts, auf die Ebene dessen, was von den Kameras gezeigt werden kann, gerückt wird. Politisch liegt der Fokus auf dem Thema der Emanzipation, das mit der Darstellung dieser Lebenswelt kor-

respondiert. Die auf Video gedrehte Live-Sitcom ALL IN THE FAMILY (CBS, 1971-1979) setzt dagegen auf eine rauere, dokumentarischere Ästhetik, deren politischer Fokus auf dem Thema des Rassismus und der sozialen Wirklichkeit liegt und die daher eher einem Realismusparadigma und dem Label der ›Relevanz‹ verpflichtet ist (vgl. Lentz 2000).

Im Fall der MARY TYLER MOORE SHOW ist die Darstellung von Mediatisierung wenig auf moderne Medientechnologien ausgerichtet, mehr auf andere Aspekte moderner Lebensführung, die eher mit Mode oder neuen Beziehungsformen zu tun haben. Allerdings erscheint die Serie auf den ersten Blick als hochgradig selbstreflexiv und damit auch als Serie, die sich offen mit ihrer Form der Mediatisierung auseinandersetzt. Mit dem Handlungsort einer Nachrichtenredaktion eines regionalen Fernsehsenders spielt das Medium des Fernsehens selbst eine zentrale Rolle, wenn auch auf eine verschobene Weise. Die Show thematisiert nicht die Rolle des Fernsehens für die Gesellschaft, ebensowenig die Wirkung auf ihre Zuschauer, sie stellt eher schlampig die Arbeit in der Redaktion und die dabei erzielten kümmerlichen Ergebnisse dar. Fernsehen ist, im Kontrast zu der Bedeutung, die diese Sitcom sich selbst als Qualitätsfernsehen gibt, ein eitles Medium, vor allem verkörpert in der Person des unfähigen und egozentrischen Nachrichtenmoderators Ted Baxter.

Die Einblendung des Fernsehapparats mit der Figur des Nachrichtensprechers und dessen Interaktion in der Nachrichtenredaktion erscheint im ersten Moment wie ein ernsthaftes Spiel mit selbstreflexiven Elementen, die als Auseinandersetzung mit der Medienkultur verstanden werden können. Tatsächlich geht es eher darum, wie in der Episode »It's Whether You Win or Loose« (3;05), die Dummheit von Ted Baxter deutlich werden zu lassen, wenn Mary und andere Mitglieder der Nachrichtenredaktion darauf wetten, dass er in der kommenden Sendung den Namen des japanischen Außenministers falsch aussprechen wird. Die Reaktionen der Figuren in der Redaktion auf den von Ted Baxter eingenommenen Bildschirm während seiner Moderation sind nur die versetzten typischen Reaktionen auf das peinliche Verhalten einer Sitcomfigur in einem *reaction shot*.

Sie hebt nicht die Medialität der Sitcom durch eine Brechung auf, sondern erweitert und versetzt nur die Ebenen. Den Rückkanal, der eine unmittelbare Reaktion auf eine Bildschirmrepräsentation erlaubt, gibt es nur für die privilegierten Betrachter in der Redaktion.

Die MARY TYLER MOORE SHOW mag ein modernes Format sein, das explizit auf einen demographischen Prozess reagiert, der konsumfreudige, selbstständige, städtische Zuschauer hervorbringt, denen der Versuch einer alleinstehenden jungen Frau, Karriere zu machen, nicht fremd ist. Tatsächlich vollzieht sie aber eine ähnliche Bewegung wie THE HONEY-MOONERS, eine affirmative Reflexion, die einen sicheren Selbstbezug des Mediums herstellt und bei der der Verweis auf ein primitives Programm die Avanciertheit des eigenen Programms herausstellen soll. Die Sitcom ist in diesem Fall ein Format, dessen enger Rahmen auch mit einem engen Rahmen der Selbstreflexion korrespondiert und die allein schon aus diesem Grund wenig über Entwicklungen der Mediatisierung zu spekulieren vermag. Kameras, Schnittplätze und weiteres technologisches Wissen sind nicht im Besitz der Betrachtenden, sondern werden einzig von der Institution des Fernsehens selbst besessen, was durchaus auch eine akkurate Wiedergabe des Verhältnisses der Menschen zu Medien ist, als die Videokultur noch in ihren Anfängen steckte.

Während die MARY TYLER MOORE SHOW zwar selbst die Produktion eines Programms zum Inhalt hat, aber sich wenig für die Rezeption interessiert, stellt ALL IN THE FAMILY, das eine Arbeiterfamilie um die Hauptfigur des bigotten Archie Bunker in Queens, New York, porträtiert, wenigstens einen um das Medium Fernsehen kreisenden Medienalltag dar (der in den 1960er Jahren aus dem Fokus des Fernsehens gerückt war): Die Stabilität dieses Medienalltags bildet sich darin ab, wie tief der Patriarch in seinem Sessel versinkt und wie sehr sich das Leben um diese feste Konstellation bewegt. Direkte Effekte einer Durchdringung des Alltags durch Medien zeigen sich gelegentlich, beispielsweise in der Episode »Archie and the Editorial« (3;01), in der Archie Bunker sich in einer Sendung eines regionalen Senders sieht, in der er ein Statement abgibt, das für den Besitz von Waffen eintritt, dieses Statement aber bereut, als er wenig später in einer Kneipe von einem Mann mit Waffe ausgeraubt wird. Diese Reflexivität und Selbstreferenz bewegt sich in einem überaus engen Rahmen, der in dem Fall der MARY TYLER MOORE SHOW wenig über die Arbeit im Medium Fernsehen zu sagen hat und in ALL IN THE FAMILY eine Kopräsenz von Alltag und televisueller Repräsentation vorführt.

Abb. 70: Still aus MARY TYLER MOORE SHOW (3;05)

Abb. 71: Still aus MARY TYLER MOORE SHOW (3;05)

Fernsehen, so lässt sich für die 1970er Jahre resümieren, ist längst nicht mehr technologische Irritation oder Eindringling, es wird als das gezähmte und verhäuslichte Medium begriffen und bietet in seiner Selbstverständlichkeit keinen Anlass, über es zu sprechen und viele Worte zu verlieren. Fernsehen ist zu einem Teil eines natürlichen Habitats des Menschen geworden, so natürlich, dass es im Fall der Sitcom nicht mehr die Aufgabe übernimmt, anderes zu repräsentieren und als Fenster zur Welt zu fungieren, sondern die eigene Welt zu repräsentieren und einen *closed circuit* zu bilden aus Alltag und Formen der Selbstrepräsentation von Alltag. So lässt sich ab hier eine eindeutige Tendenz ausmachen, den Medienalltag bezogen auf das Fernsehen zu thematisieren, sich zum Agenten eines bereits veralltäglichten Mediums zu machen, und andere Medien eher zu marginalisieren oder als Störung zu betrachten. Dadurch wird bereits die zurückhaltende Perspektive vorgegeben, mit der die Sitcom seit den 1980er Jahren auch das Aufkommen der Neuen Medien begleitet. Es erklärt aber auch, welches verschobene Verhältnis die Sitcom zur Postmoderne hat, die in denselben Dekaden zu verorten ist und die, laut Fredric Jameson, mit Prozessen der Mediatisierung verbunden sein kann. Mediatisierung gilt hier als eine Folge des *linguistic turn*, als eine Variante der Überbetonung von Form gegenüber dem Ausdruck. Kulturelle Gegenstände werden in Fragmente aufgelöst, auf die in einer prozessualen Ästhetik nostalgisch oder parodistisch Bezug genommen werden kann (vgl. Jameson 1984; Bolter/Grusin 2000, 56). Während Jameson diese postmoderne Ästhetik vor allem in der Videokultur und in MTV verkörpert sieht (vgl. Jameson 1994), reagiert die Sitcom nicht direkt auf diesen Prozess. Er zeigt sich aber beispielsweise in einer angedeuteten Metaperspektive auf die Sitcom, in der sich einzelne Vertreter des Genres als Kritik an der in der Sitcom dargestellten Welt verstehen, z. B. als Kritik am Fokus der Figuren auf die Alltags- und Populärkultur in LAVERNE & SHIRLEY (ABC, 1976-1983), in den parodistischen Bezugnahmen auf die Sitcom oder andere Formate und den Übertreibungen der Populärkultur in der von Norman

Abb. 72: Still aus ALL IN THE FAMILY (3;01)

Abb. 73: Still aus ALL IN THE FAMILY (3;01)

Lear produzierten Anti-Sitcom MARY HARTMAN, MARY HARTMAN (div., 1976-1977) (vgl. Jones 1992, 234).
Ähnlich wie MARY HARTMAN, MARY HARTMAN parodiert auch SOAP (ABC, 1977-1981) zunächst scheinbar die Soap Opera, nimmt aber durch die Verwandtschaft der beiden Formate, die beide einfache, auf Elemente der Live-Produktion basierende Programmformen sind, auch die Sitcom selbst in den Blick. Hier gibt es wieder eine leichte Absetzbewegung gegenüber der Soap Opera als eher minderwertig betrachtetem Format, welches die Parodie auch als Form der Selbstversicherung des Status des Medium Sitcom verstehen lässt. MARY HARTMAN, MARY HARTMAN geht in der Parodie allerdings noch einen Schritt weiter und lässt, obwohl sie unter Live-Bedingungen gedreht ist, den *laugh track* weg, wodurch noch deutlicher wird, dass es sowohl um die Medialität der Soap Opera als auch der Sitcom geht.
Sekundäre Aspekte einer Postmodernisierung der Sitcom zeigen sich ebenso in dem nostalgischen Blick auf die erste große Dekade der Jugendkultur in HAPPY DAYS (ABC, 1974-1984), aber auch hier wie in den bereits genannten Formaten bezieht sich die Parodie immer auf den Inhalt, die Form der Sitcom oder des Live-Drehs wird nicht angetastet, der Blick der Sitcom und seiner drei oder vier Kameras selbst scheint von dieser nostalgischen und parodistischen Perspektive vollkommen unberührt.
Als verschobene Form der Postmodernisierung mögen auch die vielen Spinoffs gelten, die THE MARY TYLER MOORE SHOW initiiert hat, mit Nebenfiguren, die zu Hauptfiguren werden in RHODA (CBS, 1974-1978) und PHYLLIS (CBS, 1975-1977) oder in LOU GRANT (CBS, 1977-1982), das auf vielfältige Weise einen interessanten Medienübertritt inszeniert: Wenn Lou Grant in der ersten Episode zu einem Vorstellungsgespräch aufbricht und einen ganzen Kontinent durchquert, sehen wir nicht nur den buchstäblichen Wechsel von einer Sitcom zu einer 45-minütigen Dramaserie, sondern auch den Wechsel von dem eher die Ost-küstenkultur repräsentierenden Minneapolis nach L.A. und Hollywood, von einer Fernsehredaktion zu einer Zeitungsredaktion, von einer Limitation auf die Studiowelt in THE MARY TYLER MOORE SHOW zu einer Öffnung auf den Off-Raum – deutlicher kann der Prozess der Mediatisierung der Sitcom in so wenigen Einstellungen kaum wiedergegeben werden. Dennoch weisen alle diese Formate immer noch eine relative Transparenz ihres Mediums auf. Alle Formen der Darstellungen, die unmittelbar auf die Ästhetik bezogen werden und als typisch postmodern bezeichnet würden, finden sich in *single-camera sitcoms* oder in animierten Sitcoms, die seit den 1990er Jahren produziert werden: die hörbaren Wischblenden in PARKER LEWIS CAN'T LOSE (Fox, 1990-1993), die direkte Adressierung in MALCOLM IN THE MIDDLE (Fox, 2000-2006), Zeitlu-

pe, Zeitraffer und alternative Realitäten in SCRUBS (NBC/ABC, 2001-2010), die unzähligen Bezugnahmen auf die Medienkultur in THE SIMPSONS (Fox, 1989-).

Die 1980er und 1990er Jahre: Die Sitcom als Medium von Politik und Kommunikation

Für die 1980er und 1990er Jahre lassen sich in der Sitcom vor allem zwei Tendenzen festmachen: zum einen der stärkere Bezug auf Medien- und Populärkultur, zum anderen eine Überbetonung der Rolle des Fernsehens, was seine politische Funktion oder seinen Platz im Zuhause angeht.

Allerdings begrenzt sich die Auseinandersetzung mit der Populärkultur auf den Inhalt der Sitcom, der Stil bleibt von diesen Verweisen noch unberührt. Dennoch verschafft sich die Postmoderne Eintritt in die Sitcomwelt. Denn es lässt sich als eine Veränderung des Ansatzes der Sitcom in den 1980er Jahren betrachten, dass sie zunehmend die Verankerung des Lebens der Figuren in der Populärkultur thematisiert und damit eine Facette des Alltags der Menschen abbildet. Tara McPherson spricht im Zusammenhang mit der Sitcom DESIGNING WOMEN (CBS, 1986-1993) von einer »deep immersion into popular culture and everyday life« (McPherson 1993, 107). Sie zeigt, wie sich die Identität der Figuren über den Aspekt der Populärkultur konstituiert, was auch ein wichtiges Element in vielen Sitcoms von KING OF QUEENS bis THE BIG BANG THEORY (CBS, 2007-), aber auch in dem Comedy-Drama GILMORE GIRLS (The WB/the CW, 2000-2007) darstellt. Interessant ist daran, dass das Verhältnis zur Populärkultur sich eher über Inhalte und Referenzobjekte und weniger über Objekte wie Medientechnologien oder mediale Träger wie die DVD gestaltet. Diese neue Qualität einer Auseinandersetzung mit Medienkultur spielt erst in einer Gesellschaft eine Rolle, deren Mediatisierung stärker von kleinen Geräten als von undurchsichtigen Technologien und Institutionen wie dem Fernsehen bestimmt ist.

Die zentrale Rolle, die dem Fernsehen als Medium der Kommunikation und Politik spätestens in dieser Dekade gegeben wird, zeigt sich beispielsweise in den offensichtlichen Versuchen einer Sitcom wie CHEERS (NBC, 1982-1993), das Format und den Handlungsort der Kneipe selbst zu einem Forum für eine Auseinandersetzung mit der gesellschaftlichen Wirklichkeit zu machen, als Herstellung eines herrschaftsfreien Raums, in dem sich eine Öffentlichkeit zu artikulieren versteht (vgl. Brown 2005, 255) und sich die unterschiedlichsten Gruppen in diskursiven Auseinandersetzungen als Gleiche begegnen (ibid., 257). Der Neutralität eines Mediums und des Fernsehens entsprechend werden die dort auftauchenden Probleme meist nur artikuliert und nicht gelöst: Das

Fernsehen vertritt keine weltanschaulichen Positionen, sondern kommentiert nur (Newcomb/Hirsch 2009). CHEERS idealisiert einen Raum, der zur Vermittlung politischer Wirklichkeit genutzt und damit auch, ähnlich wie das Fernsehen, als Medium zur Konstitution von Öffentlichkeit betrachtet werden kann. Mit derKneipe als Ort, der nicht unmittelbar mediatisiert erscheint, verschleiern das Fernsehen und die Sitcom ihre eigene mediale Funktion zur Konstitution oder zur Sichtbarmachung von Öffentlichkeit.

Der politische Impetus, der in einer Deutung der Sitcom als Forum zum Ausdruck kommt, drückt sich auch in den frühen 1990er Jahren in den transmedialen Auseinandersetzungen zwischen Murphy Brown als ›single mother‹ und Vizepräsident Dan Quayle aus. Die Sitcom MURPHY BROWN scheint hier eindeutig eine Position gegenüber dem konservativen Familienmodell von Dan Quayle zu beziehen. Allerdings ist die deutlichste Geste hier, eine Gruppe wirklicher Alleinerziehender inszeniert als griechischen Chor im Nachrichtenstudio sichtbar werden zu lassen und damit auch bereits das begrenzte Potenzial der auf enge Settings bezogenen Sitcom auszureizen, die ganze Gesellschaft zu meinen und nicht nur zu repräsentieren. So offensichtlich sich aber beide Medien mit Öffentlichkeit, Politik und Medienrealität beschäftigen, ihr Stil bemüht sich um Neutralität und das Ins-Bild-Setzen der dokumentierten Räume. Wenn die Sitcom ihre auf das Medium Fernsehen bezogene scheinbare Medienreflexion fortführt, die in Formaten wie THE MARY TYLER MOORE SHOW oder MURPHY BROWN zu finden ist, dann auch, um diese Neutralität überzubetonen und den Fernseher in HOME IMPROVEMENT (ABC, 1991-1999) gar als Medium für die innerfamiliäre Kommunikation zu missbrauchen. Hier wird die Interaktion zwischen dem häuslichen Alltag Tim Taylors und der von ihm moderierten Heimwerkersendung als nahezu geschlossener Regelkreis inszeniert: Ein häusliches Problem zwischen Tim und seiner Frau Jill führt zu deren Diskussion in der Sendung, die durch das begrenzte Publikum und die Marginalisierung dieser Kultur nur bedingt eine Öffentlichkeit konstituiert. Die Diskussion schafft durch die häusliche Rezeption neue Irritationen, die wiederum durch eine Diskussion in der Sendung selbst gelöst werden müssen. Im Zusammenhang mit dieser Serie lässt sich vielleicht behaupten, dass das Fernsehen als Medium dermaßen veralltäglicht erscheint, dass sich darüber gar die häusliche Kommunikation gestaltet.

Die Überbetonung der Rolle des Fernsehens, das hier zu einem häuslichen Kommunikationsmedium umgedeutet wird, geht einher mit einer Distanz von HOME IMPROVEMENT und den meisten *multi-camera sitcoms* gegenüber den Neuen Medien. So nutzt die außerirdische Hauptfigur der Sitcom ALF (NBC, 1986-1990) zwar bereits in den 1980er Jahren Vorformen des Online-Shoppens über den Fernseher und findet über das Telefon Zugang zu Aktientransaktionen, aber der Fokus liegt eher auf den Problemen, die diese virtuelle Form des Handelns und der Verkennung ihrer realen Folgen für die Menschen haben: An diesem meist negativen Fokus ändert sich in den folgenden Jahrzehnten wenig. Neue Medien werden entweder problematisiert oder marginalisiert.

HOME IMPROVEMENT thematisiert beispielsweise in einer Folge in den späten 1990er Jahren den Erwerb eines Home Computers samt Modem: Jill kämpft mit der Technologie, die sie für ihre Arbeit braucht, sie nimmt die Hilfe ihrer Söhne in Anspruch, um die vielen Komponenten ihres Gerätes miteinander zu verschalten und es gelingt schließlich am Ende der Episode, das Gerät zu verwenden, das in einer weiteren Szene von ihrem Mann zum Spielen eines 1980er Gorilla-Computerspiels missbraucht wird. Neue Medien sind in dieser Folge ein Thema, aber sie sind kein zentraler Inhalt, sie erscheinen als nicht weiter bemerkenswerter Teil einer Umwelt.

Episode 24 der dritten Staffel von HOME IMPROVEMENT gehört allerdings auch zu einem der frühesten Beispiele in der Sitcom, das Internetkommunikation kommentiert, als der zweitjüngste Sohn über eine Dating-Seite eine junge Frau kennenlernt und sich ihr gegenüber als 32-jähriger Hautarzt ausgibt. Die Episode illustriert Diskurse über Identity Switch und den Missbrauch der Chatrooms im Internet und offenbart damit die Distanz gegenüber dem Medium, verkörpert damit ein Gefühl des Unheimlichen, das neuen Medien entgegengebracht wird. Konvergenz interessiert diese Sitcom allerdings eher auf der Ebene einer Verschmelzung alter Technologien, wie in dem in dieser Episode angebotenen Hybrid aus Damenhandtasche und Werkzeugkoffer deutlich wird.

Die 2000er Jahre: Die Sitcom als Residuum gegenüber der neuen Medienkultur

Am deutlichsten in den 1990er und 2000er Jahren übernimmt die Sitcom mit KING OF QUEENS ihren Auftrag zur vermeintlich neutralen Dokumentation oder Überwachung des Medienwandel, was vielleicht ein letztes Aufbäumen gegenüber einem Medienwandels ist, der die Zentralität des Mediums nicht mehr selbstverständlich erscheinen lässt. Die mit I LOVE LUCY etablierte Live-Überwachung eines Areals mit Kameras, deren Anzahl und Positionen klar definiert sind, die ein Handlungsareal festlegt und reagierend auf die Handlungen der Akteure ausgerichtet ist, findet sich auch über 40 Jahre später immer noch in KING OF QUEENS wieder. Diese überaus auffällige und schematisierte Darstellungsform, mit der die Sitcom immer wieder ähnlich bemessene Räume und Bewegungen schafft und dabei Unauffälligkeit durch Geläufigkeit erzeugt, richtet sich auf einen Alltag, der möglichst von Irritationen und Veränderungen frei gehalten werden soll. Diese Perspektive lässt sich sehr gut mit einer Vorspannsequenz der Episode »Deacon Blues« (3;15) illustrieren. Arthur sitzt zu Hause und nimmt einen Anruf seines Schwiegersohnes Doug entgegen, der allerdings darum bittet, beim nächsten Anruf nicht abzuheben, damit er den Anrufbeantworter abhören kann. Erst beim zweiten Anruf Dougs scheint Arthur dessen Ansinnen verstanden zu haben, auch wenn er es nicht wirklich nachvollziehen kann: »It's your world. I only live in it.« Dennoch hebt er auch bei den weiteren Anrufen ab und versucht sich beim ungeduldig werdenden Anrufer mit Erklärungen zu rechtfertigen: »I'm sorry, it's habit«, was er bei einem weiteren angenommenen Anruf ergänzt: »I'm sorry, I've been answering the phone my whole life. You're asking me to undo 75 years of instinct in a moment. That is not easy.«

Die kleine Szene, die wie viele andere Szenen nichts mit der eigentlichen Episodenhandlung zu tun hat, endet damit, dass Arthur Doug anbietet, in sein Zimmer im Keller zu gehen, um ein weiteres versehentliches Abheben zu vermeiden. Allerdings schafft der Weg in den Keller eine neue Kommunikationssituation, als das Telefon in der Küche klingelt. Arthur hebt ab, lässt erschreckt den Hörer fallen, flüchtet in den Keller und lässt einen entnervt schreienden Doug am anderen Ende der Telefonleitung allein zurück.

Die Serie eignet sich durch ihre lange Laufzeit dazu, gesellschaftliche Veränderungen zu dokumentieren. KING OF QUEENS synchronisiert sich mit den von 1998 bis 2007 gedrehten Staffeln mit der Phase der Veralltäglichung solcher Medientechnologien wie Notebook, Internet und Handy, den damit veränderten Kommunikationsstrukturen und dem Aufkommen eines mobilen, von Flexibilität geprägten Lebensverhältnisses. Aber bereits die einfache Erweiterung des stationären Telefons durch einen Anrufbeantworter überfordert die Figuren der Sitcom. Die Distanz gegenüber einer mit Medientechnologien aufgerüsteten Welt, das duldsame Einrichten in einer von ihnen veränderten Umwelt, kommt in dem Diktum von Arthur sehr gut zum Ausdruck: »It's your world, I only live in it.« Mögen Neue Medien auch mit einem Begehren nach Aktivität, Interaktivität, Mobilität und Flexibilität verbunden sein, die Beharrungskraft des Alltags, die mit der Beharrungskraft der Sitcom und ihrer kaum modifizierten Gestaltung und Motive korrespondiert, verhindert, dass diese Werte und Begriffe eine Rolle spielen. Bereits die Ästhetik, die Begrenzung auf wenige Schauplätze, die relativ statische Platzierung der Kamera außerhalb des Sets, die kein tiefes Eindringen in diese Welt erlaubt (vgl. Barker 2000, 177), die Konzentration auf das Zuhause und den Arbeitsplatz, das Milieu der dokumentierten Menschen, der durch die *laugh tracks* und die Szenenwechsel akzentuierte gleichbleibende Rhythmus – sie alle geben vor, dass in dieser Welt der Wandel keine große Rolle spielen wird und jedes Element, das dieses Setting verändert, als Störung empfunden werden muss.

Der in KING OF QUEENS dokumentierte Alltag steht in einer Analogie zu der Sitcomästhetik. Die von ästhetischen Neuerungen unberührte Sitcom dokumentiert einen Alltag, der möglichst unverändert bleiben soll. Aus diesem Grund hat die Sitcom auch immer die Tendenz dazu, Neue Medien mit Distanz und Skepsis zu behandeln, erfasst dabei aber auf besondere Weise die problematischen Aspekte des Prozesses der Mediatisierung. Sie begreift explizit, neben Medien als Mittler und als Sprachen einem der drei Merkmale des Mediatisierungsprozesses folgend, Medien als Umwelt (vgl. Lundby 2009, 112) und erfasst daher sehr gut die Habitualisierungsprozesse, die beispielsweise mit der Technologie des Telefons einhergehen – in diesem Fall explizit als einen lebenslangen Prozess, der Menschen so konditioniert, dass sie ihr Verhalten nicht mehr ändern können. Die Sitcom erfasst auch den Prozess der Konvergenz, des Zusammenschmelzens von Medien in einem Gerät, hier aber als eine Form prädigitaler Konvergenz, bei der die einfache Erweiterung eines Telefons durch einen Anrufbeantworter bereits unbewältigbare Probleme schafft. Diese Entwicklungen lassen sich eher mit dem Begriff der *Divergence* oder *De-Convergence* erfassen, mit dem deutlich gemacht werden soll, dass das Zusammenführen von Medienanwendungen auf einem Gerät nicht als Vereinfachung des Medienhandelns zu deuten ist. Tatsächlich gibt es statt des einen Übermediums, das alles kann, unzählige Mediengeräte, die ebenso viele neue Komplikationen schaffen, beispielsweise Synchronisierungsprobleme zwischen den unterschiedlichen Geräten (vgl. Van Dijk 2006, 204 ff.; vgl. Fagerjord/Storsul 2007, 21 f.).

Neue Medien werden in einer Sitcom wie KING OF QUEENS genutzt, aber ohne großen Enthusiasmus oder gar als handlungstragende Elemente wie in Formaten wie GOSSIP GIRL (The CW, 2007-2012) oder 24 (Fox, 2001-2010). Das Mobiltelefon wird in einer Folge thematisiert, in der Arthur sich sein erstes Gerät kauft, aber nur um die großen Erwartungen, die Mobilkommunikation schafft, zu enttäuschen (5;14). Seinen Kauf kommentiert er triumphal: »Welcome to the future kids, I am now the owner of a brand new cell phone. This little phone is gonna set me free. I could have a business meeting from the beach.« Später, in einem Starbucks-Café fügt er hinzu: »I've got my caramel coffee, my cell phone, I am part of the modern world.« Die Folge illustriert die einfache Erkenntnis, dass die Technologie selbst keine sozialen Beziehungen schafft, denn es ruft niemand an. So schafft das Mobiltelefon für Arthur nur ein starkes Gefühl des Ausgeschlossenseins.

Diese Episodenhandlung kulminiert in einer Montagesequenz, die alle Besucher des Cafés in Mobilfunkkommunikation verwickelt zeigt, verzerrt aber ihre Kommunikation durch die Fragmentierung in kurze Einstellungen und akzentuiert damit Arthurs Verlorenheit und seine Abscheu vor einer modernen Welt des konstanten Anschlusses, die umso stärker den konstanten Abschluss der Abgehängten zeigt. Dies ist ein seltener Fall einer offen auftretenden Stilisierung, die in Analogie zu einer mediatisierten Welt steht, die wenig gemein hat mit der Sitcom. Es ist nicht die Mobilkommunikation, die Kontakte schafft, sondern die sozialen Kontakte werden gebraucht, um die Mobilkommunikation im öffentlichen Raum mit Inhalten und Kon-

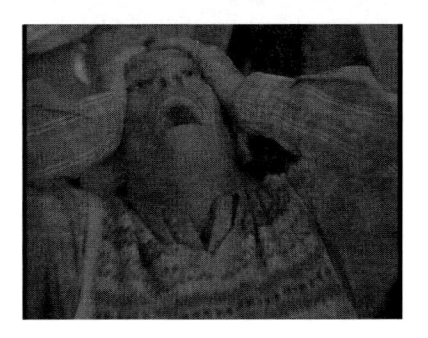

Abb. 74-77: Arthur im Café (KING OF QUEENS)

takten zu verknüpfen. Der Begriff *content* stellt ja heraus, dass Inhalte geschaffen werden müssen, um die Infrastruktur Neuer Medien aufrechterhalten zu können, die wiederum eine Umwelt hervorbringt, welche von den Menschen fordert, auch wenn sie sich in den geschützten, letzten Winkeln einer engen, statischen Sitcomwelt verstecken mögen, sich gegenüber dieser Umwelt zu verhalten.

In KING OF QUEENS finden sich neben dieser den Neuen Medien distanziert gegenüberstehenden Abbildung des Mediatisierungsprozesses zwei Tendenzen in der Auseinandersetzung mit ihm: zum einen eine Reflexion über Aspekte der Medialität im Allgemeinen, zum anderen partizipiert die Sitcom an einer Eigenschaft von Medien in der Transformation des Alltags. KING OF QUEENS erweckt durch seine Ästhetik den Eindruck, die Wirklichkeit (sozialer Interaktionen) und den Medienwandel zu dokumentieren, dabei auch darüber zu reflektieren, was Medien mit Menschen machen. So findet sich in der Episode »Vocal Discord« (8;02) mit einer Spracherkennungssoftware, die von Carrie für die Arbeit genutzt wird, ein für eine Sitcom erstaunlich neues Mediengerät. Es erscheint, ähnlich wie in der Darstellung von Computern in HOME IMPROVEMENT, eher marginalisiert und nicht als zentraler Träger des Inhalts, aber es wird dazu genutzt, um über einen Aspekt von Medialität nachzudenken. Die zufällige Aufzeichnung eines Streites zwischen Doug und Carrie bringt ihre Auseinandersetzung in Worte, die, ausgedruckt auf Papier, ihnen die Dimensionen ihrer Konflikte vor Augen führen. Das Medium baut eine Distanz ein, die Raum für Reflexionen lässt. Was für Carrie und Doug als Chance begriffen wird, ihr Verhalten zu überdenken und sie überlegen lässt, sich in eine Therapie zu begeben, ist gleichzeitig auch ein problematisches Moment der Überwachung, des um sich greifenden *data tracking*, das mit Internet und mobilen Medien verbunden ist.

Diese Dimension eines Nachdenkens über Medialität findet sich auch in einer der besten Episoden dieser Serie, in »Life Sentence« (4;07). Die Episode beschäftigt sich explizit mit der Möglichkeit der Überwachung, die für Cavell eine der zentralen ästhetischen und medialen Merkmale des Fernsehens darstellt. Das Fernsehen überwacht den Alltag als Schutz vor dem Ereignis des Unvorhergesehenen; Überwachung bietet hier eine Möglichkeit der Bewältigung eines von Ängsten bestimmten Lebens (Cavell 2001, 144). Die Sitcom überwacht, weil sie eine Verkörperung des Fernsehens zu sein scheint, weil sie vielen Merkmalen, die dem Fernsehen zugeordnet werden, wie Simultanität, Improvisation, *liveness*, Alltäglichkeit und Überwachung eine Bedeutung gibt. Die Episode illustriert nicht nur den televisuellen Aspekt der Überwachung, sie erkundet auch wie viele andere Episoden (und die Sitcom im Allgemeinen) die Möglichkeit der medialen Transformation des Alltags.

Das Format mag, weil es wenig Möglichkeiten der Modellierung des Bildes gibt, als relativ neutrale Form der Wiedergabe und Vermittlung gelten, tatsächlich verändert es natürlich immer auch das Überwachte, leitet unsere Aufmerksamkeit auf Aspekte des Alltags, die bisher unbekannt geblieben waren. Das ist eine mediale Dimension der Wiederentdeckung und Transformation des Alltags, die in der englischen Romantik bei Wordsworth als Anliegen, die Dinge des Alltags interessant erscheinen zu lassen (vgl. Cavell 1988, 32) oder im amerikanischen Transzendentalismus bei Ralph Waldo Emerson in dem Essay *The American Scholar* angesprochen wurde, als ein Interesse für die nebensächlichen Dinge des Alltags, die so naheliegen und doch häufig übersehen werden (Emerson 1888, 333). Dieser Bezug auf Alltäglichkeit taucht aber auch in filmtheoretischen Konzepten auf, so etwa im Begriff der *photogénie* der frühen französischen Filmtheorie (vgl. Epstein 1974, 137). Das Vermittelte und das Unvermittelte gehen hier als ein

Abb. 78: Der Überwachte (KING OF QUEENS 4;08)

Abb. 79: Die Überwacher (KING OF QUEENS 4;08)

Effekt der Mediatisierung eine interessante Verbindung ein: Mediatisierung hat hier auch eine Funktion der Offenlegung des Unsichtbaren und Unbeachteten.

Diese Offenlegung findet ihren Anlass in Arthur Spooners Herzerkrankung. Ohne sein Wissen wird eine Kamera in seinem Kellerraum installiert, die seinen Alltag überwacht. Die Bilder, die auf den häuslichen Fernsehen übermittelt werden, faszinieren seine Freunde, die zufällig auf den Kanal stoßen, auf dem diese Überwachungsbilder zu sehen sind. Sie nehmen Anteil an einem Alltag, der für sie ohne mediale Vermittlung uninteressant erschienen wäre. Der Verlust einer Socke in der Waschmaschine wird für die gebannten Betrachter Deacon, Spence und Danny zu einem faszinierenden Abenteuer. Auch wenn ästhetisch Überwachungsbilder und filmische Bilder unterschieden sind und es problematisch ist – Cavells Unterscheidung einer betrachteten Welt im Film und einer überwachten Welt im Fernsehen folgend (Cavell 1979; 2001) –, Fernsehbildern eine ähnliche Macht zur Verklärung des Alltags zuzuschreiben, scheint dieses Moment doch gelegentlich in den Bildern der Sitcom auf. Die Sitcom wird hier auch zu einem Format, das es ermöglicht, über den Effekt von Medien nachzudenken und damit dem Mediatisierungskonzept auch eine medienphilosophische Grundlage zu geben.

Interessant ist diese Episode auch, weil sie zu den wenigen gehört, die tatsächlich zeigen, was die Menschen im Fernsehen sehen. Sonst bleibt das Fernsehen in der Sitcom eine allgegenwärtige Leerstelle. Die Sitcom gibt die Dimensionen der Mediatisierung wieder, indem sie das Arrangement einer räumlichen, häuslichen medialen Anordnung vorführt und zeigt, wie stark die Positionierung der Menschen im Zuhause von der Positionierung des Fernsehers abhängt. Die Dominanz des Mediums Fernsehen gegenüber anderen, weniger fest positionierten Medien (Röser/Peil 2012, 158) ist ein Merkmal eines Mediatisierungsprozesses, bei dem die umgreifende Mobilisierung, Flexibilisierung und die Auflösung des Zuhauses mehr Behauptung als Realität bleibt. Die Sitcom mit ihren festen Einstellungen und ihrem statischen Setting spielt mit diesen stabilen Arrangements. In der Folge »Art House« (1;24) irritiert Doug seine Frau Carrie damit, einen bisher unbesetzten Platz im Wohnzimmer zu nutzen und es sich in diesem Sessel, der keinen Blick auf den Fernseher bietet, überaus gemütlich zu machen. Carrie reagiert gereizt auf diese spontane und trotzige Veränderung eines Settings, das Folge für Folge gleich bleibt und die Figuren auf dem Sofa vor dem Fernseher versammelt. Mit nicht-mobilen Geräten sind Medien immer auch Objekte, die den gleichen Status wie Möbelstücke einnehmen, die daher auch Elemente eines von dem Medium bestimmten Dispositivs darstellen und daher ebenso eine Medialität aufweisen.

Abb. 80: Sessel ohne Fernsehblick (KING OF QUEENS 1;24)

KING OF QUEENS ist neben vielen anderen Sitcoms oder sitcomartigen Formaten wie MARRIED... WITH CHILDREN (FOX, 1987-1997) oder THE SIMPSONS (FOX, 1989-) geradezu besessen vom Fernsehen. Die Ausrichtung auf einen vom Medienwandel weniger berührten Alltag, der auf die Abwehr von Irritationen ausgerichtet ist und sich in dieser Welt möglichst häuslich und bequem einzurichten versucht, ist natürlich nicht nur das Ergebnis einer Anordnung, die vorgibt, den Alltag abzubilden, sondern ist auch Teil einer Strategie des Fernsehens, die eigene Bedeutung nicht zu untergraben und die Menschen, die ›noch‹ das Medium nutzen, abzusichern. Die

Funktion des Fernsehens lässt sich mit Silverstone als der Versuch beschreiben, ontologische Sicherheit zu vermitteln, das Leben zu strukturieren und eine für die Menschen greifbare Wirklichkeit zu inszenieren (Silverstone 1994, 5 f.). Die Aufhebung dieser Ordnung und der Verlust der ontologischen Sicherheit hat dramatische Folgen. Doug regrediert zu einem Kind, das sich wimmernd in den Schlaf wiegt, als der Fernseher durch eine Unachtsamkeit kaputtgeht (6;10). Fernsehen ist Teil einer Medienumwelt, eines ökologischen Systems, das ohne diese Komponente kollabieren würde – so betrachtet die Sitcom das Fernsehen, einen Aspekt der Mediatisierung dokumentierend, aber ebenso auch Fernsehen und ein bestimmtes Medienverhalten naturalisierend.

Interessant ist bei diesem Umgang mit dem Fernsehen, dass hier von keiner Aktivierung des Zuschauers zu sprechen ist, die häufig im Diskurs der Neuen Medien angesprochen wird. Doug und Carrie machen nicht selbst Fernsehen, wenn sie in »Life Sentence« die Babycam ihres Freundes Deacon heimlich in Arthurs Wohnraum im Keller installieren und sein Leben filmen. Fernsehen ist hier Überwachungsinstrument, ist ähnlich wie das Fernsehen als System und Angebot der Sender eher Instanz und Institution. Die Sitcom reflektiert den Medienwandel und das Fernsehen eher als einen Prozess einer Verdopplung des institutionellen Rahmens. Wenn HOME IMPROVEMENT als Sitcom, die KING OF QUEENS etwa um ein Jahrzehnt vorausgeht, einen zutiefst auf das Fernsehen bezogenen Alltag dokumentiert und das Fernsehen hier sogar zu einem Medium der Alltagskommunikation wird, geschieht dies nicht über Bilder, die von den Menschen selbst produziert werden, sondern über die Institution eines (wenn auch marginalen) Senders und Programms. Dies ist auch ein Effekt des Eindringens des Fernsehens in den Alltag der Menschen. In den seltenen Fällen, in denen in KING OF QUEENS Fernsehbilder und nicht die Menschen vor dem Fernseher zu sehen sind, wird ähnlich wie bei THE MARY TYLER MOORE SHOW oder in HOME IMPROVEMENT ein sehr enger Referenzrahmen gesetzt: In »Roast Chicken« (3;02) zeigt Arthur Doug berühmte Beispiele für das *roasten*, Schmähreden berühmter Menschen auf andere berühmte Menschen. Die gewählte Schmährede stammt von der Hauptfigur aus THE JEFFERSONS (CBS, 1975-1985), einer bekannten Sitcom mit afroamerikanischen Figuren aus den 1970er Jahren. In einer anderen Folge erfährt Doug von Arthurs Vergangenheit als Komiker im Fernsehen, die Bilder zeigen Szenen aus Fernsehauftritten von Arthurs Darsteller Jerry Stiller in den 1970er Jahren. Die Sitcom will die Welt, auf die sie explizit verweist, immer sehr klein halten.

KING OF QUEENS wählt zwei Optionen bezüglich der Darstellung Neuer Medien: Im ersten Fall werden sie so beiläufig thematisiert, dass die Präsenz von Medien als Teil der Umwelt akzeptiert wird, sie aber immer noch ephemer bleiben. Die Platzierung des Notebooks in den Räumen der von der Sitcom porträtierten Familie Heffernan bleibt unbestimmt, es kann sich keinen festen Platz erobern, nicht die räumliche Anordnung verändern, es löst keine dramatischen Ereignisse aus. Es ist auch nur zum Teil ein Arbeitsgerät (ähnlich wie in HOME IMPROVEMENT für den weiblichen Part), der männliche Part versteht nicht damit umzugehen, zerstört es oder ist von ihm überfordert. Die zweite Option ist, explizit die Störungen anzusprechen, die durch Neue Medien ins Spiel kommen. Das betrifft banale Probleme, etwa die moralischen Probleme, mit denen Carrie zu kämpfen hat, als sie ein iPod Mini kauft, die telefonierende, arrogante Verkäuferin aber vergisst, es über den Scanner zu ziehen. Die Freude am Kauf dieses Gerätes wird ihr durch den dadurch eingehandelten Ärger mit einem Priester, der ihr Verhalten kritisiert, vollkommen verdorben (7;19). Es ist, als wäre schon der Wunsch, doch einer anderen, neuen Medienkultur anzugehören, etwas, was die Sitcom bestraft.

Auf eine ähnliche Weise wird Carries Ambition, in Manhattan und nicht in Queens zu leben bestraft und zum Auslöser der größten Krise, mit der das in dieser Sitcom porträtierte Ehepaar zu kämpfen hat. Der Wunsch, einer anderen (Medien-)Kultur anzugehören, ist in der Sitcom ein verhängnisvoller Wunsch. In der Folge »Net Prophets« (2;12) geraten auch Doug und Carrie in den Bann der New Economy und versprechen sich die Maximierung eines unverhofft ausgezahlten Bonus durch das Investieren in eine der Firmen, die Profit versprechen, obwohl unklar bleibt, was sie eigentlich anbieten. Die Effekte einer an Neue Medien gekoppelten, überhitzten Ökonomie finden auch auf der Ebene eines mediatisierten Bildes Ausdruck. Das willkürliche Auf und Ab des Kurses, das ihr Leben durcheinanderbringt, zeigt sich als Graph im Fernsehbild und illustriert Dougs Stimmungsschwankungen bei der Arbeit, von Euphorie über Wut bis zu tiefster Depression. Die Computerkultur schreibt sich dem Bild einer Sitcom ein, die sonst grundsätzlich darauf verzichtet, einen zu hohen Grad von Mediatisierung auf die Bildgestaltung zu offenbaren: Es sind seltene Fälle unmöglicher, hypermediatisierter Bilder, die in anderen Sitcoms, etwa in HOME IMPROVEMENT, viel häufiger, als verzierende Elemente, auftauchen.

Am stärksten offenbaren sich die Probleme einer neuen Medienkultur in der Folge »G'Night Stalker« (8;09), die einen überraschend elaborierten Mediengebrauch vorführt, allerdings ausgelagert auf die Neben- und Außenseiterfigur Spence, der aus Rache mit Computer, Internet und Mobiltelefon Doug vorspielt, eine Stalkerin zu haben. Die Folge offenbart Dougs mangelnde Medienkompetenz, aber sie zeigt auch, was passiert, wenn die kleine Welt der Sitcom mit neuen Kommunikationsmitteln an die Welt da draußen angebunden wird. Ein unaufhörlicher Strom von Nachrichten und der wiederkehrende Signalton, der die

E-Mails begleitet, werden zu einer Bedrohung, zumal der Inhalt der Nachrichten verrät, dass Doug überwacht wird. Vom Fernsehen in der Sitcom überwacht zu werden ist unproblematisch, die Überwachungsmöglichkeiten der Neuen Medien sind sofort mit jenen Grenzverletzungen verbunden, die Neuen Medien immer vorgeworfen werden.

Die Folge exemplifiziert auch die vielfältigen Aushandlungsprozesse, die mit virtuellen Möglichkeiten der Beziehungsführung verbunden sind. Sie stellt die ethische Frage danach, ob eine Verehrerin, die nur über E-Mails kommuniziert, und die sich am Ende tatsächlich als virtuelles Produkt von Medien herausstellt, tatsächlich ein Vergehen der Untreue bedeutet – sie stellt diese Fragen aber nahezu ein Jahrzehnt, nachdem die Arbeiten von Sherry Turkle diese neuen Beziehungsformen und die von ihnen aufgeworfenen Fragen thematisiert und verarbeitet haben (vgl. Turkle 2007 [2001]).

Die Auflösung des Sitcomdispositivs: Die theatrale Sitcom als mediatisiertes Format

Zwar wäre es falsch, KING OF QUEENS als einen der letzten Vertreter einer klassischen Sitcom zu bezeichnen, die den Alltag als stabilen Ort begreift, der sich gegen eine sich wandelnde Außenwelt richtet – in dem Bestreben, möglichst vielen Irritationen auszuweichen und die Welt so zu belassen, wie sie ist, geht auch eine Sitcom wie TWO AND A HALF MEN (CBS, 2003–2015) sehr weit, zumindest bis zu dem Zeitpunkt, an dem die alten Medien wie Werbung und Fernsehen verpflichtete Hauptfigur Charlie Harper durch das New-Media-Wunderkind Walden Schmidt ersetzt wird. Allerdings lässt sich seit KING OF QUEENS vermehrt eine Tendenz dazu feststellen, die Beschäftigung mit einer mediatisierten Lebenswelt nicht mehr an eine neutrale, beobachtende Ästhetik zu binden, sondern auch zu einem Gegenstand von Form und Stil einer Sitcom werden zu lassen. Dabei geht es nicht um den Kontrast zwischen einer *single-camera sitcom* und einer *multi-camera sitcom* – Formate wie SCRUBS haben völlig anders gelagerte Anliegen und es stellt sich in ihnen nicht die Frage, wie sie die Welt beobachten – sondern es geht tatsächlich eher um eine Modifikation der *multi-camera sitcom* und ihres Modus, die Welt zu betrachten. Dies bietet die Möglichkeit, eine im weitesten Sinne mit dem Mediatisierungsbegriff verbundene Unterscheidung zu treffen und Michael Frieds Kategorisierung von theatralen und nicht-theatralen Künsten auf die Sitcom anzuwenden. Theatrale Sitcoms sind dann die Vertreter dieses Formates, die ihr Medien-Sein nicht mehr zu verbergen trachten.

How I Met Your Mother (CBS, 2005-2014) wäre in diesem Schema eine theatrale Sitcom. Als eine als überaus innovativ betrachtete Sitcom der 2000er und 2010er Jahre tut sie zum Beispiel nur so, als wäre sie eine klassische Sitcom. Sie verzichtet auf Live-Publikum, orientiert sich beim Dreh aber immer noch einigermaßen am *multi-camera setup*. Die Kameras sind dementsprechend vorwiegend statisch, aber der Stil ließe sich in Abwandlung Bordwells und seines Versuchs, die Ästhetik des Blockbuster-Kinos seit den 1990er Jahren zu charakterisieren, als ›*intensified continuity*‹ bezeichnen (Bordwell 2002): Die Raumauffassung bleibt die Gleiche, nur die Schnitte und Bewegungen sind schneller. Bordwell argumentiert, dass im Kino zwar die Anzahl der Einstellungen wachse und die Einstellungslänge kürzer werde, ebenso dass es (durch die handlichen Steadycams) zu vielen Einstellungswechseln komme, aber grundsätzlich noch immer eine räumliche und zeitliche Orientierung gegeben sei (ibid.). Es stellt sich allerdings die Frage, ob Filme wie Enemy of the State (1998) oder Michael-Bay-Filme wie Armageddon (1998) einen ähnlichen Sinn für den Ort und die Zeit einer Handlung haben oder eine ähnliche Beziehung des Zuschauers zum Film ermöglichen wie im vom *continuity editing* bestimmten klassischen Kino. Auch wenn, wie bereits erwähnt, der Neoformalismus den Realismus- oder Glaubwürdigkeitseffekt eines bestimmten Kinos auch auf der Ebene der Geläufigkeit eines Stils verortet, ignoriert der Ansatz von Bordwell doch den Effekt einer besonderen Form der Welt- und Betrachterkonstituierung, die mit dem klassischen Hollywoodkino verbunden ist. Es ist ein Kino, das durch seine Schnitte und Einstellungswechsel die Medialität des Kinos in den Vordergrund rückt. Die Implikationen, die das Spüren eines Mediatisierungseffektes moderner Kinotechnologien haben kann, werden durch eine Auseinandersetzung mit Michael Frieds Begriff der Theatralität deutlich.

Der Kunstkritiker beschreibt in seinem berühmten Essay *Art and Objecthood* zur abstrakten Kunst der 1960er Jahre eine dem Mediatisierungseffekt verwandte Kategorie der theatralen Kunst: Was Fried als nicht-theatrale abstrakte Kunstwerke bezeichnet – er bezieht sich hier vor allem auf die serielle Malerei von Künstlern wie Frank Stella oder Jules Olitsky –, lenkt unsere Aufmerksamkeit nur auf das, was sich innerhalb des Bildrahmens befindet. Die Stärke abstrakter Kunst leite sich, so Fried, von ihrem Vermögen ab, keine Welt und Objekte abzubilden und dennoch zugleich eine Welt zu sein sowie Präsenz zu erzeugen (Fried 1998, 166). Theatrale Kunst dagegen, zu der Fried die aufkommende Konzeptkunst der 1960er Jahre von Vertretern wie Morris Lewis oder Donald Judd zählt, löst den Rahmen auf, thematisiert den Kontext des ausgestellten Kunstwerkes und ruft uns ein Betrachter-Dasein in Erinnerung, das in der Wahrnehmung nicht-theatraler Kunstwerke völlig ausgeblendet bleibt

(ibid., 153). Nicht-theatrale Kunst lässt sich also als Kunst verstehen, der es gelingt, ihre Medialität möglichst gut zu verbergen und sich dennoch nicht in ein Abbildverhältnis zur Wirklichkeit zu setzen.
Interessant ist der Ansatz von Michael Fried, weil er auch den Film zu einer nicht-theatralen Kunst zählt, als eine Kunst, die durch die Gegenwärtigkeit oder Selbstverständlichkeit der von ihr gezeigten Welt den Blick von der Mediäliät und der Hervorbringung dieser Welt ablenkt: Film ist eine auf natürliche Weise nicht-theatrale Kunst, die sich keine Fragen stellen muss, woher ihre Bilder kommen, weil sie durch den filmischen Automatismus auf natürliche Weise, ohne zu großen Eingriff des Menschen, hervorgebracht werden. Das sei der Grund dafür, warum alle Filme, auch schlechte Filme, als moderne Kunst erscheinen, die sich anders als die Malerei nicht in Frage stellen muss (ibid., 164). Fried bleibt hier unbestimmt, welche Art von Film diesen Effekt erzeugt. Cavell, der die filmphilosophischen Gedanken von *The World Viewed* auch im Dialog mit Michael Fried entwickelt, beschreibt nicht nur den Effekt dieser Welterzeugung genauer, sondern deutet an, dass er sich in besonderer Weise auf das populäre und das klassische Hollywoodkino bezieht. Das moderne Kino oder New Hollywood sind gerade deswegen als Krisenphänomene zu betrachten, weil sie eine unproblematische cinematische Präsenz in Frage stellen und die Medialität des Films betonen. Angelehnt an Frieds Auseinandersetzung mit dem Betrachter, aber ebenso auch an Bazins Begriff des filmischen Automatismus und die Bezeichnung von Film als die von der Abwesenheit des Menschen gekennzeichnete Kunst (Bazin 1994, 13), stellt Cavell die Besonderheit des Films heraus, ungesehenes Betrachten zu erlauben und die Gegenwärtigkeit der Welt bei der gleichzeitigen Abwesenheit des Betrachters zu sichern (Cavell 1979, 23).
Cavell und Fried operieren mit Begriffen der Kunstkritik und Interpretation und nehmen damit die Erfahrung der Betrachterin oder des Betrachters in den Blick und wie sich der Mediatisierungseffekt für sie oder ihn in der Wahrnehmung eines Films oder einer Sitcom abbildet. Ob die *intensified continuity* der *Blockbuster*-Kinoästhetik der späten 1990er Jahre tatsächlich denselben Sinn für Ort und Zeit hat und an die Subjektkonstitution des klassischen Hollywoodkinos anschließt, lässt sich schwer beantworten, aber es bleibt festzuhalten, dass diese Filme einen gewissen Mediatisierungseffekt aufdrängen: Wir sehen, dass es Filme sind, wir spüren die Technologie der endlos bewegbaren Kameras.
Während die im klassischen Stil gedrehte Sitcom auf gewisse Weise, wie bereits dargestellt, an das *continuity editing* des klassischen Kinos anschließt und eine geläufige Auflösung des televisuellen Raums findet, die aber als Hybrid von Theater und Fernsehen dennoch das Gefühl vermittelt, den Blick auf eine Büh-

Abb. 81: Unmögliche Bilder in How I Met Your Mother

ne auszurichten, überschreitet How I Met Your Mother auf andere Weise immer wieder eine Grenze, die den Mediatisierungseffekt der Sitcom selbst in den Vordergrund rückt und sie zu einer theatralen Sitcom macht: durch schnellere Schnitte, durch den Wechsel zwischen den Zeitebenen, der an Deleuzes Filmphilosophie und das Zeitbild erinnert (vgl. Deleuze 1991), durch eine nicht immer gelungene Erfassung der *reaction shots* der einzelnen Charaktere, durch den Einschub unmöglicher Bilder etc.

Der Mediatisierungseffekt ist nicht so deutlich wie etwa bei Scrubs als einer im *single-camera*-Modus gedrehte Sitcom, aber er drängt sich vor allem im Vergleich mit anderen *multi-camera sitcoms* auf. Während das thematisch verwandte Friends (NBC, 1994-2004) das die Medialität neutralisierende Überwachungsdispositiv der Sitcom noch fortsetzt, scheint die Bindung von How I Met Your Mother an junge Menschen und an ein junges Publikum auch eine Kopplung an eine neue Medienkultur zu bedeuten, sowohl hinsichtlich des Stils als auch der Themen. Mobiltelefone sind in dieser Welt allgegenwärtig, aber sie vermittelt auch durch die Bezugnahme auf unterschiedliche Zeiten und die Rückblendenstruktur eine Vorstellung von Konnektivität, der Auflösung von zeitlichen und räumlichen Restriktionen, die Manuel Castells als Kennzeichen einer von Neuen Medien geschaffenen Netzwerkgesellschaft bezeichnet (vgl. Castells 2001). So ist die neue Sitcom auch ein Symptom der Mediatisierung der Gesellschaft und der von ihr geprägten Wahrnehmung der Menschen. Der gesteigerte Mediengebrauch einer Gesellschaft, der Mediatisierungseffekt neuer Technologien, der auf die Zeit- und Raumvorstellungen der Menschen übergreift, führt schließlich dazu, dass auch die Sitcom selbst theatral wird, keine Neutralisierung des Betrachters erlaubt, und als mediatisiert erscheint. Gerade in seiner Zwischenstellung als *multi-camera sitcom* führt How I Met Your Mother exemplarisch vor, wie sich das Format der Sitcom und die Stellung des Fernsehens durch die Verbreitung von Medientechnologien verändert.

Der Mediatisierungseffekt der mockumentarischen Sitcom

Als eine *multi-camera sitcom* der *intensified continuity* bemüht sich How I Met Your Mother wenigstens noch darum, so zu tun, als würde sie an die klassische Sitcomästhetik anschließen. Die mockumentarische Sitcom Modern Family (ABC, 2009-) fällt zwar in das Genre der *single-camera sitcom*, aber durch ihren dokumentarischen Charakter steht sie dennoch in einer Beziehung zur klassischen Sitcom. Eine Reihe von Ersetzungen und Verschiebungen von Genremerkmalen prägen den Ansatz der mockumentarischen Sitcom. Die englische Originalversion von The Office (BBC, 2001-2003), das eine wichtige Grundlage für dieses Subgenre der Sitcom geschaffen hat, lässt sich als Verschiebung einer Performance von der Sitcom in den Alltag verstehen. Sie realisiert ein Wissen darüber, dass unser Leben offensichtlich von der Notwendigkeit zur Performance bestimmt ist, dass wir auf der Arbeit eine Person verkörpern, die ein bestimmtes Bild von sich zu vermitteln versucht. Aber sie nimmt auch den performativen Charakter neuen Medienhandels und die Notwendigkeit der Selbstinszenierung in Sozialen Netzwerken vorweg. Sie versetzt das Publikum der Sitcom in die Welt der Sitcom: Statt des *laugh track* haben wir die peinlich berührten Gesichter der Figuren, welche die ungeschickte Chef-Performance des Hauptcharakters David Brent begutachten. Brett Mills verwendet den Begriff der *comedy verité* um einen Sitcomtypus zu bezeichnen, der die dokumentarischen Techniken verwendet und sich auf den Affekt des Peinlichen konzentriert (Mills 2004, 72). Die Distanz, die die Sitcom durch ihren Kameraaufbau bietet, wird durch eine intensive Form von Unmittelbarkeit ersetzt, durch ein ohnmächtiges Gefühl des Fremdschämens, das jede Sicherung durch Ironie und Komik hinter sich lässt. Die Kamera überschreitet offensichtlich die Grenze und dringt in das Set ein, verspricht auch eine Unmittelbarkeit des Beobachtens und Verfolgens der Figuren.

Das dokumentarische Programm der *mockumentary sitcom* wird auch dadurch deutlich, dass MODERN FAMILY als erfolgreichster Vertreter des Genres in den 2010er Jahren mit dem Titel verspricht, eine Analyse der Lebensverhältnisse in der modernen Gesellschaft zu leisten. Allerdings bleibt sie in diesem Versprechen sehr stark der klassischen Sitcom verbunden, die in der Zusammenstellung immer neuer Figurenkonstellationen nahezu jede Form familiären Lebens, von Arbeitsorten und Beziehungsformen durchdekliniert hat. Was die Darstellung und Verkörperung des Mediatisierungsprozesses angeht, ist MODERN FAMILY in dreierlei Hinsicht interessant.

(1) Mediatisierung und Remediatisierung: Die Sitcom hat einen widersprüchlichen Mediatisierungseffekt. Sie folgt einem klar bestimmten Schema in der Aufstellung der Kameras und der Figuren; sie lässt die Figuren sichtbar agieren; die Darsteller verzichten darauf, durch *method acting* eine Figur so zu verkörpern, dass die Darstellung in den Hintergrund tritt; sie integriert Fehler, Zögern, angedeutete Interaktionen mit dem Publikum und anderen Figuren. Dennoch lässt sich dies nicht als offen agierende Mediatisierung betrachten, denn das Schema führt zur Geläufigkeit der Darstellung und macht ihre Parameter unsichtbar. Die Orientierung am *continuity editing* erzeugt einen ähnlichen Effekt der Orientierung an einem Handlungsraum. Die Distanz der festgelegten Kamerapositionen ist zugleich eine, die mit dem Dispositiv der Überwachung und damit mit einer Grundkonstante des Televisuellen Überschneidungen hat und die für sich (wenn auch eine problematische) Neutralität beansprucht. Die Sitcom ließe sich mit Bolter und Grusin als ein Format betrachten, das auf Unmittelbarkeit ausgerichtet ist. Allerdings sprechen Bolter und Grusin von einer »twin logic of remediation«, dem Zusammenspiel von Unmittelbarkeit und dem Hervortreten der Medialität und der Vervielfältigung der Medien: »Our culture wants both to multiply its media and to erase all traces of mediation: ideally, it wants to erase media in the very act of multiplying them« (Bolter/Grusin 2000, 5). Während das Medium immer auf *immediacy* zielt und verspricht, noch besser und noch unmittelbarer Zugang zur Wirklichkeit zu verschaffen, hat es gleichzeitig einen Hang zur *hypermediacy*, seine medialen Möglichkeiten stolz auszustellen und gerade in den Versuchen, besseren Zugang zur Wirklichkeit zu verschaffen, die Medialität in den Vordergrund zu rücken.

Die *mockumentary sitcom* scheint das genaue Gegenteil der klassischen Sitcom zu sein: Es gibt keine Interaktion mit dem Publikum, keinen *laugh track*, keine feste Position der Kamera. Sie dringt in das Set ein, verfolgt die Figuren, ver-

Abb. 82: Dokumentarische Kameratechniken in MODERN FAMILY

körpert den ›observational mode‹ des Dokumentarfilms, ein Begriff aus der Typologie von Bill Nichols, mit welcher der neue Dokumentarfilm des *direct cinema* oder des *cinéma verité* der 1950er und 1960er Jahre beschrieben werden soll (Nichols 2010, 156).
Andrea Seier macht in ihrer Arbeit zur Remediatisierung deutlich, dass gerade Kinofilme, die einer dokumentarischen Ästhetik folgen, mit dieser doppelten Logik gut erfasst werden können. Die Identität von Medien bestimmt sich sehr stark über die Form, wie sie ihre eigene Medialität inszenieren. Die Dogma-95-Filme wie IDIOTEN von Lars von Trier sind ein gutes Beispiel für diese Performativität der Medien, die sich mit dem Remediatisierungskonzept verbinden lässt. Sie lösen mit ihrem Ethos des Realismus und Minimalismus, das möglichst wenig medientechnologischen Eingriff bei der Produktion von Ton und Bildern und möglichst wenig Inszenierung fordert – in einer Überbietungslogik der Remediatisierung, bei der die Filme noch besseren Zugang zur Wirklichkeit bieten sollen – genau den gegenteiligen Effekt aus, die Aufmerksamkeit auf die Medialität des Films selbst zu richten. Die wackelnde Handkamera ist immer zugleich eine Kamera, die im Verfolgen der Figuren und in der fehlenden Rück-

sicht für die 180°-Achse zwar die Rückseiten der filmischen Wirklichkeit zeigt, aber auch als Kamera wahrgenommen wird und den Betrachter an die neuen, beweglichen Medientechnologien denken lässt: »Die Tendenz von Medien, sich selbst unsichtbar zu machen, macht zugleich auf sie aufmerksam« (Seier 2007, 71). Dieses Sichtbarwerden bezieht sich aber immer auch auf die Diskurse, die bestimmte Filme oder Fernsehserien begleiten. Das ultimative Unmittelbarkeitsversprechen der Dogma-95-Manifeste ist ein Aspekt der Materialität und Performativitätsmechanismen des Mediums, auch in Bezug auf die Konkurrenzmedien, die seine Identität festigen. Diese Filme sind, so könnte behauptet werden, theatral, weil die Auseinandersetzung mit den Bedingungen des Betrachtens dem Zuschauer nicht mehr erlaubt, unsichtbar zu bleiben.

Eine Sitcom wie MODERN FAMILY folgt dieser doppelten Logik also nicht nur hinsichtlich des Sichtbarwerdens der Medientechnologie in den hektischen Bewegungen der Kamera oder der direkten Adressierung des Zuschauers und der Vervielfältigung der Orte, zu denen die Sitcom Zugang bekommt. Sie folgt ihr auch in Bezug auf einen Diskurs, der die klassische Sitcomästhetik als unrealistisch oder weniger realistisch problematisiert oder beispielsweise die größere Qualität der mockumentarischen Sitcom als Kritik am Reality TV und als Neu-Konstitution eines wissenden Betrachters des Fernsehens identifiziert. Diese Gegenüberstellung klingt in Brett Mills Konzept der *comedy verité* an, wenn er darauf hinweist, dass dieses Format den kritischen Fernsehzuschauer braucht und es das problematische Format der Sitcom weiterentwickle (Mills 2004, 78). MODERN FAMILY lässt sich eher als Ausdruck des Versuchs der Identitätsbestimmung der Sitcom betrachten, als Reaktion auf die Ausdifferenzierung der Programme und der Fragmentierung der Publika. In diesem Sinne ist sie auch Ausdruck eines Mediatisierungsprozesses, der die Distribution von Programmen und die Identität des Fernsehens und seiner Zuschauer betrifft.

(2) Sitcoms wie MODERN FAMILY geben aber dem Mediatisierungsprozess auch auf der Ebene Ausdruck, dass sie ein Leben im Blick der Kamera beschreiben: Die Bewohner einer mit mobilen Medien und mit sozialen Medien ausgestatteten Kultur müssen immer damit rechnen, von einer Kamera gefilmt zu werden und für sie zu agieren. Hier kann die klassische Sitcom viel eher eine Exklusivität der Situation des Dokumentiertwerdens herausstellen, denn den Menschen der 1950er oder 1960er Jahre ist es sonst relativ selten passiert, dass ihr Alltag von einer oder mehreren Kameras dokumentiert wurde. Dass die Kamera in den Besitz derer übergeht, die von ihr repräsentiert werden, stellt eine massive Veränderung der Medienkultur dar. Dass es schwierig war, selbst Fernsehen zu machen, elektronische Kameratechnologien oder gar Möglichkeiten der Bildbearbeitung zu besitzen, findet in klassischen Sitcoms der 1970er Jah-

re darin Ausdruck, dass die Kamera zwar in den Blick der Sitcom geraten kann, aber immer nur als Kamera, welche die Instanz des Fernsehens verkörpert, wie z. B. in der Sitcom ALL IN THE FAMILY in der Episode, in der sich Archie Bunker seinen Auftritt im regionalen Fernsehen ansieht, oder in THE MARY TYLER MOORE SHOW, die die Kamera über die Arbeit in einer Fernsehredaktion thematisiert, ebenso in HOME IMPROVEMENT, das die Kamera nur mit Hilfe einer Fernsehshow in den Alltag einer Familie zu integrieren versteht. Diese Situation ändert sich durch die Verbreitung von Amateur-Videotechnologien in den 1980er Jahren, aber sie verändert noch nicht die Ästhetik des Programms: *Alf* filmt in der gleichnamigen Sitcom die Mitglieder seiner Gastfamilie mit einer Videokamera; die Bilder nehmen den Stil neuerer mockumentarischer Sitcoms vorweg, aber diese Neuerung der Sitcomästhetik bleibt nur dem Vorspann vorbehalten und hat keine Auswirkungen auf das Programm selbst.

Wenn die Sitcom als Genre betrachtet wird, das den Prozess der Mediatisierung begleitet, bilden MODERN FAMILY und verwandte Formen einen Zeitpunkt der Veralltäglichung der Repräsentation von Menschen durch mobile Medientechnologien ab. Sie bilden auch die Veralltäglichung des Wissens darüber ab, wie und dass wir repräsentiert werden. Es handelt sich aber eher um die Dokumentation einer Tatsache der Veränderung unserer Lebensformen, es ist nicht, wie häufig behauptet wird, ein kritisches Wissen, das etwa die Mechanismen der Repräsentation offenlegen würde.

(3) Interessant ist allerdings auch, dass die Sitcom, die das Wissen, von Medien überwacht zu werden, thematisiert, gleichzeitig auch eine Sitcom ist, welche die Allgegenwart von modernen Medientechnologien deutlich macht. Das Bewusstsein für eine anwesende, dokumentarische Kamera wird flankiert von Momenten, in denen die Figuren sich selber filmen. Der Anschluss an eine neue Sitcomästhetik bedeutet auch den Anschluss an ein von Neuen Medien geprägtes modernes Leben, das keine Zurückhaltung mehr gegenüber diesen Technologien kennt. Sie begreift die Sitcomwelt nicht mehr als Schutzraum oder Residuum gegenüber einer mediatisierten Welt. Die durch mobile Kameras erweiterte Räumlichkeit kann im Gegensatz zu den stabilen Raumkonstellationen nicht mehr diesen Schutz bieten. Die Nutzung von Smartphones und mobilen, kleinen Kameratechnologien ist daher ein wichtiges Element dieses Programms im Unterschied zu den klassischen Sitcoms und ihrem widerwilligen Gebrauch neuer Medien. So ist die Sitcom MODERN FAMILY weniger Ausdruck einer hyperreflexiven Vollendung der Sitcom, sondern eher Konsequenz eines Mediatisierungsprozesses, der die performativ erstellte mediale Identität der Sitcom betrifft, sich auf ein Leben bezieht, das im Bewusstsein gelebt wird, dem Blick einer Kamera ausgesetzt zu sein, und in dem Familien porträ-

tiert oder erforscht werden, in denen der Gebrauch moderner Medientechnologien selbstverständlich erscheint. Die Perspektive auf diese Entwicklungen ist allerdings nicht neutral, sie ist bereits mediatisiert; die Implikationen der Ästhetik und ihrer hypermedialen Effekte, welche die Medialität sichtbar werden lassen, setzen den Betrachter in ein anderes Verhältnis zur dargestellten Wirklichkeit als die Sitcom mit ihrer zwar schematischen, aber auch geläufigen und damit transparenten Ästhetik.

Die vollendete Domestizierung: THE BIG BANG THEORY

Die im klassischen Stil vor Live-Publikum gedrehte Sitcom kann als ein Dokument eines widerwilligen Mediengebrauchs betrachtet werden, kann, bei dem ›alte‹ oder ehemals neue Medien wie das Fernsehen als vollends domestiziert erscheinen, während Neue Medien noch keine neue Räumlichkeit konstituieren oder sich in der begrenzten, statischen Welt der Sitcom nicht einrichten und die Welt nicht auf sie ausrichten können. Die Sitcom ist gerade in ihrem voraussetzungsvollen Blick auf einen ›alltäglichen‹ Mediengebrauch ein guter Indikator dafür, den Abschluss des Prozesses der Domestizierung Neuer Medien festzustellen: Die seit 2007 laufende Sitcom THE BIG BANG THEORY ist anders als HOW I MET YOUR MOTHER oder MODERN FAMILY eine im klassischen Stil gedrehte Sitcom, die noch immer einen relativ statischen Blick auf die Bühnen des Alltags bietet, die von den Wohn- und Arbeitsräumen der jungen Naturwissenschaftler gebildet werden:
Die Kamera bleibt wie in den klassischen Sitcoms auf eine radikale Weise außen, alles Außergewöhnliche, das in der Sitcom vorkommt, findet sich (fast ausschließlich) auf der Ebene dessen, was geschieht oder gesagt wird. Kamera und Schnitt sind nicht daran beteiligt, bereits auf der Ebene des Stils diese Außergewöhnlichkeit zu verkörpern. Aber was das relativ neutrale Sitcom-Setup dokumentiert, ist eine vollends mediatisierte Welt, in der Computerscreens und eine Vielzahl mobiler Mediengeräte allgegenwärtig sind, in der die Freizeit mit Multi-Player Online-Rollenspielen verbracht wird, in der neue Existenzformen erprobt werden, die mit Neuen Medien möglich werden.
Zwei Dinge sind hier von besonderer Bedeutung: THE BIG BANG THEORY beschäftigt sich vor allem mit zwar neuen, aber bereits (im Kosmos der Figuren) veralltäglichten Formen virtueller Existenzen. Mit Elena Esposito ließen sich diese Erweiterungen des Raumes, der neue Möglichkeiten des Anwesend-Seins ermöglicht, nicht als die Simulation des Echten durch falsche Objekte betrachten, sondern es handelt sich eher um ›wahre virtuelle Objekte‹, die für sich selbst

und in keinem Ersetzungsverhältnis zur Wirklichkeit stehen (Esposito in Münker 2005, 247). THE BIG BANG THEORY illustriert sehr gut, warum der Begriff der *augmented reality* im Zuge des Mediatisierungsprozesses durch digitale Medien viel besser passt als derjenige der *virtual reality*, der häufig auf den Aspekt der Simulation reduziert wird. THE BIG BANG THEORY, deren Figuren im naturwissenschaftlichen Milieu verankert sind, ist eine der Sitcoms, die deutlich machen, warum sich das Format durch seine Begrenzung auf wenige Sets und die Anordnung der Beobachtungsapparate auch als Versuchsanordnung in einer laborartigen Szenerie betrachten lässt. Sie erforscht den Alltag der Nutzung Neuer Medien und stellt beispielsweise die Frage, wie weit die Liebe zu einem Medienobjekt wie dem iPhone gehen kann, wo die Grenzen einer Beziehung zu dessen Spracherkennungssoftware sind, und ob man mit dieser ein Date ausmachen kann (5;14).

In der Erprobung solcher Möglichkeiten bekommt die Sitcom bisweilen den Charakter einer Science-Fiction-Serie, deren Auseinandersetzung mit Mediatisierung meist als Projektionen des Mediengebrauchs auf die Zukunft erscheint. Das wird beispielsweise in einer Episode deutlich, in der Sheldon Cooper die Möglichkeit einer virtuellen Existenz erprobt, die es ihm ermöglicht, sein Zimmer nicht mehr zu verlassen. Er scheitert aber mit seiner Kombination aus einem einfachen, bewegungsfähigen Roboter, seinem grünen T-Shirt und einem auf ihm befestigten Notebook und der Präsenz über Videotelefonie, vor allem, weil er zu oft auf die Kollaboration echter oder anders Anwesender angewiesen ist (4;02).

Neben diesem Aspekt einer Erforschung des Medienalltags und neuer virtueller Existenzen, die zum Teil experimentellen Charakter haben, interessiert sich die Sitcom vor allem für die funktionierenden Erweiterungen, die mit Hilfe Neuer Medien möglich sind. Am deutlichsten wird das durch die Ko-Präsenz der Eltern von Raj durch Videotelefonie. Ähnlich wie in THE MARY TYLER MOORE SHOW, in der die Figur des Ted Baxter über den Fernsehbildschirm zu einem Mitspieler im Ensemble werden kann, reagieren die Figuren in dieser Sitcom auf die Präsenz der Eltern auf dem Notebook-Bildschirm so, als wären sie nur einfach andere Figuren. Der Fakt ihrer medialen Präsenz spielt keine Rolle. Ähnlich ist es mit Amy, die bei den Zusammenkünften der Freunde ebenfalls gelegentlich ausschließlich über Videotelefonie anwesend ist, deren Interaktion sich aber wenig von der sonst üblichen unterscheidet. Der Raum der Sitcom ist hier tatsächlich erweitert, dieses Mal befinden sich aber die Figuren im Besitz dessen, was den Raum virtuell erweitert. Die Räumlichkeit ist zugleich aufgebrochen und um neue Komponenten ergänzt, wird aber immer noch von einem multi-camera setup überwacht, das nicht wirklich in diesen Raum ein-

Abb. 83: Die Eltern von Raj im Videochat (THE BIG BANG THEORY 4;20)

dringt, während einzelne Bilder der Sitcom tatsächlich eine Grenze überschreiten, die von dem überwachten Bühnenareal gezeichnet wird.
Diese Modifizierung der Sitcom ist tatsächlich eine Reaktion auf den Mediatisierungsprozess, welche die Ästhetik anders als bei den mockumentarischen Sitcoms nur modifiziert, nicht radikal verändert. Dass die Screens mit der virtuell anwesenden Person in dieses Format der Sitcom passen, ist ein deutliches Anzeichen dafür, dass sie auch in unsere Welt passen und Teil unserer medialen Umwelt sind. Interessant ist auch, dass trotz der Omnipräsenz der neuen Medientechnologien in dieser Sitcom der Fernseher immer noch seinen Platz im häuslichen Arrangement für sich beansprucht und der Raum deutlich um ihn herum organisiert ist.
Die spezifische und häufig schon totgesagte Medialität der Sitcom ist ebenso hartnäckig wie das Mediengerät, das einen so wichtigen Platz in der Sitcomwelt einnimmt. In diesem Sinne dokumentiert die Sitcom einen Mediatisierungsprozess nicht als Teleologie oder Revolution, welche die alten Geräte verdrängen würde, sondern als indifferenten Prozess einer ständigen Erweiterung der Medienarrangements um neue Komponenten. Der Raum mag voll-

Abb. 84: Kopräsenz von Amy auf einem Smartphone-Display (THE BIG BANG THEORY 4;17)

gestellt sein mit neuen Mediengeräten und neuen Interaktionsformen, die die Bildschirmpräsenz von Figuren beinhalten, aber grundsätzlich ist es noch derselbe Raum, dieselbe Wirklichkeit und derselbe Blick, so zumindest als trotzige Behauptung eines Formates, das den Mediatisierungsprozess begleitet und sich ihm gleichzeitig, als widerwilliger Agent des Medienwandels, verweigert. So formuliert sich mit dieser Sitcom die (weder resignativ noch euphorisch vorgetragene) Erkenntnis, dass dies jetzt unsere Welt ist und dass wir nicht nur darin leben.

Die Sitcom offenbart hier am stärksten ihr Potential der Dokumentation des Medienwandels als relativ neutraler Agent. Ihr Akteurstatus zeigt sich allenfalls darin, als ein Genre mit spezieller Präferenz für bereits im Gebrauch befindliche Medien, noch deutlicher eine Normalität des Gebrauchs Neuer Medien heraus- und damit auch erst herzustellen. THE BIG BANG THEORY erscheint wie die unaufgeregte Feststellung und Zementierung der Tatsache eines dramatischen Medienwandels, der hier auch die Sitcom und damit auch das Fernsehen selbst erreicht und an das Medium Fragen stellt. Das Format lässt sich aber auch als ein weiteres Glied in einer Kette von Fernsehserien betrachten, welche in diesem Band auf ihre Rolle hinsichtlich des Medienwandels begutachtet wurden, die alle auf unseren Mediengebrauch eingewirkt und jene Wirklichkeit geschaffen haben, die vom Medium der Sitcom oder anderer Fernsehserien dann dokumentiert wird.

ANMERKUNGEN

01 ▸ Die Konfrontation mit außerirdischen Wesen wird in THE X-FILES in 5;13: »Patient X« ausdrücklich als ontologischer Schock tituliert. Vgl. zu dieser Thematik Schetsche/Engelbrecht (2008).
02 ▸ Im selben Sinne auch Christian-Smith/Cherland (1999, 497). Der Begriff der ›files‹ ist natürlich auch ein Standardbegriff im Feld der digitalen Medien geworden.
03 ▸ [http://www.theage.com.au/articles/2002/10/10/1034061299444.html]; Zugriff: 02.04.2014.
04 ▸ Kaye (1996) berichtet: »When I first visited the CineMedia site [...] – a site with many lists and links relating to film, TV, radio and new media – in October 1995, there were 24 listed sites for THE X-FILES. By early April 1996 there were 55 listed sites, and as of October 1996, there are over 160.« Zur Fan-Kultur von THE X-FILES siehe auch Wooley (2001).
05 ▸ Die ›Lone Gunmen‹ sind eine Gruppe von drei merkwürdigen Nerds (Bruce Harwood alias John Fitzgerald Byers, Dean Haglund alias Richard »Ringo« Langly und Tom Braidwood alias Melvin Frohike), ebenso bewandert in medientechnischen Fragen wie in Verschwörungstheorien, die mit Mulder befreundet sind und ihm immer wieder helfen. Es gab einen kurzzeitigen Spin-off von THE X-FILES, THE LONE GUNMEN, doch diese Serie konnte sich nicht etablieren, siehe [http://en.wikipedia.org/wiki/The_Lone_Gunmen]; Zugriff: 25.11.2015.
06 ▸ Zu einer kapitalismuskritischen Lektüre dieser Szene siehe Bertsch (1996).
07 ▸ William Gibson ist einer der bedeutendsten Autoren des sogenannten ›Cyberpunk‹, einer um Computertechnologien orientierten Form der Science-Fiction. 1984 erschien sein heute berühmtes Buch Neuromancer.
08 ▸ Denn die bloße Aussage, ich sei ich, wird in der Regel von Polizei, Banken etc. nur akzeptiert, wenn man einen Identitätsnachweis vorlegen kann. Dessen technisch aufwendige Nicht-Reproduzierbarkeit ist das mediale Apriori der angeblich intrinsischen Individualität der Person, vgl. Schröter (2010). Der Medienwandel zu den digitalen Medien verschiebt gerade die Bedingungen der technologischen Nicht-Reproduzierbarkeit. Vgl. zur Geschichte der Personalpapiere Torpey (2000).
09 ▸ In 4;01: »Herrenvolk« wird das noch gesteigert und radikalisiert dadurch, dass offenbar die ganze Bevölkerung mit Proteinen ›getaggt‹ wurde. Eine ›Operation Paperclip‹ hat übrigens wirklich stattgefunden, es handelte sich um die geheime Rekrutierung von Nazi-Wissenschaftlern durch die USA, siehe [http://de.wikipedia.org/wiki/Operation_Paperclip]; Zugriff: 25.11.2015.

10 ▸ Die Büroklammer bekam überdies im beginnenden Medienwandel zu den digitalen Medien eine neue wichtige Funktion, vgl. [http://de.wikipedia.org/wiki/Büroklammer]; Zugriff: 25.11.2015: »Benutzer früherer Macintosh-Rechner kennen die Büroklammer als wichtiges Hilfsmittel für den Auswurf von Disketten, wenn der per Software gesteuerte Auswurf mittels Servomotor nicht funktionierte. Bei heutigen PCs findet sich ein vergleichbares System für den Not-Auswurf von CDs. Hierbei muss ein dünner Draht in ein kleines Loch am Gerätegehäuse eingeführt werden, um den Datenträger auszuwerfen. Dieser Draht findet sich in Büros oft nur in Form von Büroklammern, die zu diesem Zweck aufgebogen werden.«

11 ▸ Der ganze Alien-Plot ist womöglich nur eine Inszenierung, um die eigentlich relevanten militärischen Geheimnisse zu tarnen – auch dies wird immer wieder thematisiert.

12 ▸ In 3;02: »Paper Clip« kommt ein DAT-Tape mit geheimen Daten vor, welches kopiergeschützt ist.

13 ▸ In 6;01: »The Beginning« versucht Mulder dann wiederum, die verbrannten Akten zu rekonstruieren.

14 ▸ Ebenso macht es Scully in 3;23: »Wetwired« nachdem sie durch technisch manipulierte Fernsehsignale in einen Zustand der Paranoia versetzt wurde; vgl. auch Cantor (2001, 152 f.). Siehe 6;20: »Three of a Kind«. Darin fragt Scully irgendwann entnervt einen der Lone Gunmen:

15 ▸ »Who is ›they‹?«

16 ▸ In 3;23: »Wetwired« wird das Fernsehen als Technologie der Manipulation dargestellt; vgl. auch Burns (2001, 217).

17 ▸ Die offene Form von Mystery ist aber auch ein Problem: Zwar stimuliert die Offenheit zunächst jede Menge Kommunikation, doch irgendwann begreifen die Zuschauer, dass die Wahrheit, die da draußen ist, für immer dort bleiben wird und es im Grunde keine Antwort und narrative Schließung geben kann, da das schon dem Namen des Genres ›Mystery‹ zuwiderläuft (am Ende von 3;20: »Jose Chung's From Outer Space« wird das explizit). Daher neigen (zumindest auch serial und nicht ausschließlich episodisch organisierte) Mystery-Serien zur Ermüdung, was man ebenso an TWIN PEAKS wie an THE X-FILES (vgl. Vitaris/Coyle 2002), aber auch an LOST (USA 2004-2010) sehen konnte – und was zu schrecklich herbeikonstruierten und unbefriedigenden finalen Episoden führt (siehe 9;19 und 9;20: »The Truth 1 & 2«). Dieses Schicksal blieb TWIN PEAKS nur durch die abrupte Absetzung erspart. Episode 7;22: »Requiem« von THE X-FILES war wohl ursprünglich als finale Episode gedacht, da Chris Carter die Absetzung der Serie erwartete, daher greift sie viele Elemente der ersten Episode, also des Pilotfilms, wieder auf – das wäre ein besseres Ende gewesen.

18 ▸ Vgl. Davis (2009, viii) über THE X-FILES: »The 1990s saw the full emergence of computer use and the Internet, following an era of extensive television viewing, and a corresponding decline in use of printed media. If McLuhan's thesis has validity, viewing media in pixels instead of print should have an effect on the perspective and the worldview of the user. To this observer at least, it appeared that a major lack of trust in formerly respected authority developed. Books were either not read, or, if they were, not trusted. At the same time, there

was an explosion of information in the ethereal cyberworld. People no longer knew what or whom to believe. So a television series dealing with those very issues of belief and authority struck a responsive chord.« Interessanterweise ist der Verfasser dieser Zeilen, William B. Davis, genau der Mann, 19▸der in THE X-FILES den ›Cancerman‹ spielt.

19▸In einem anderen Interview bestreitet Chris Carter aber, wirklich Ideen aus dem Netz genutzt zu haben: »I listen to what their criticisms are – what they like, what they don't like – and I take those things all to heart and I incorporate them. But there are no ideas that I've taken off the Internet, no direction I've taken off the Internet, although there's plenty of help I could have gotten from the fans online about how to take the season finale – which was a cliff hanger – how to finish it, how to follow up, how to end that story.« [http://www.eatthecorn.com/itw/1995/08/]; Zugriff: 02.04.2014. Im Houston Chronicle, Juli 1995, soll Carter bemerkt haben: »Producers used to wait for fan mail. Now there's instant communication. I use it as a quality-control measure. [...] I'm blessed. It's just a wonderful coincidence that THE X-FILES rose up when the Internet's popularity was just blooming. Here's an audience that's smart, computer-literate and computer-learned, and they like the show. They take advantage of this new tool, and so do I, to feel the pulse of my audience – every day, if there's time.« [http://webspace.webring.com/people/lx/xphiles_for_mulder/Article_Internet.htm]; Zugriff: 25.11.2015.

20▸[http://x-files.wikia.com/wiki/Main_Page]; Zugriff: 25.11.2015.

21▸Auch in diesem gilt: The Truth is out there – die ökonomische Wahrheit des Fernsehens ist außen, auf dem Markt.

22▸Vgl. [http://mentalfloss.com/article/52646/7-things-we-should-thank-x-files]; Zugriff: 25.11.2015: »Online fan communities were still in their infancy when THE X-FILES began its run, but the simultaneous rise of both the show and the internet itself resulted in the series becoming one of the earliest to develop a large online following willing to spend countless hours discussing the show, speculating about future stories, and even creating their own original content related to the series. This fortunate alignment of project, fandom, and medium was embraced by THE X-FILES creators, and led to many message-board users seeing their names pop up in episodes or acknowledged in other ways by the writers. In one particular example of the show's creators nurturing the online community, a May 2001 episode introduced a character named Leyla Harrison – the name of a popular author of THE X-FILES fan-fiction who had recently died. This interaction between fans and a project's creators soon became the model for subsequent series looking to connect with their online fanbase.«

23▸Immerhin hat Fukuyama (1992) kurz vor Beginn der Ausstrahlung von THE X-FILES das Ende der Geschichte ausgerufen und den (neo)liberal-demokratischen Kapitalismus zum endgültigen Sieger der Geschichte erklärt.

24▸Das könnte auch ein Grund für die Popularität diverser ›Eso‹-Moden sein.

25▸Vgl. aus der umfangreichen Literatur Galison (1997, Kapitel 3); Regener (1999) oder die einschlägigen Beiträge aus Geimer (2002a); vgl. Seibel (2005, 116) zu THE X-FILES: »[B]oth the audience and the agents gain their knowledge through media.«

26 ▶ Vgl. Nickell (1994, Kapitel 7) generell zur Photographie des Paranormalen; zu UFOs siehe auch Bullot (1992); Schmid (1996); Mayer (2008) und den Ausstellungskatalog Mueller (2006); zur Geschichte der UFO-Subkultur siehe Keel (1975) und Bartholomew (1991); siehe die UFO-Photographien schon in 1;02: »Deep Throat«.

27 ▶ Der Vorspann bleibt nicht in allen Staffeln gleich, gelegentlich wird der Schriftzug »The Truth is out there« abgewandelt, in Staffel 8 wird der Vorspann leicht und in Staffel 9 stark verändert, s. u.

28 ▶ Wie bereits Michelangelo Antonionis BLOW UP (GB 1966) gezeigt hatte.

29 ▶ Vgl. Barthes (1990, 21 ff.), der darauf hinweist, dass sich photographische Bedeutung zunächst und zumeist über schriftliche Begleittexte bildet.

30 ▶ In 4;17: »Tempus Fugit« kommt es angesichts eines mysteriösen Flugzeugabsturzes mal wieder zu einer der legendären Diskussionen zwischen Mulder und Scully – als sich Scully wie gewohnt auf die Fakten stützen will (»Mulder, why can't you accept the facts?«), entfährt es Mulder: »There are no facts«.

31 ▶ Zusätzlich wird am Ende der Episode nochmals die Rolle bildlicher Spuren (oder doch zumindest der Zeugenschaft) für die Existenz thematisiert: Gerade haben sich Mulder und Scully abgewendet, schauen nicht mehr hin – da taucht das Monstrum aus dem See auf. Es ist da – es hat nur nie jemand ein Photo (oder einen Film) davon machen können, also existiert es nicht.

32 ▶ Was wiederum eine enge Verbindung von Tod und Photographie thematisiert, vgl. Bazin (1975) und Barthes (1989). Diese Verbindung ist zumal bei Barthes eng mit den memorialen Funktionen der Familienphotographie verknüpft, siehe dazu 6;11: »Two Fathers« und den ersten X-Files-Kinofilm THE X-FILES: FIGHT THE FUTURE (USA 1998, Rob Bowman).

33 ▶ Vgl. Geimer 2002b zu dieser Problematik – Spuren können als Störungen missverstanden werden; es können aber auch Störungen die Spuren unlesbar machen bzw. fälschlicherweise für Spuren gehalten werden.

34 ▶ In 7;22: »Requiem« hat Mulder Ärger mit dem Finanzcontrolling des FBI. Der Kontrolleur bemerkt – wie um auf den Medienwandel anzuspielen – »As you know, the times we're living in, the world is changing fast«, insbesondere hinsichtlich der Tatsache, dass Mulder wesentlich »information gathering« betreibe, was er doch viel kostengünstiger über das Internet tun könnte (»Something, it seems to me, you can easily do on the internet«). Auf Mulders Einwand hin, er könne seinen Job nicht von einem Büro aus machen, wendet der Kontrolleur ein, auch die Raumfahrt würde heute aus Büros gemacht, da es zu teuer sei, Menschen in das All zu befördern. Dies spielt auf einen weiteren wichtigen Punkt des Medienwandels an – nämlich die Verdrängung von Arbeit durch digitale Technologien; vgl. Brynjolfsson/McAfee (2011); Lohhoff/Trenkle (2011).

35 ▶ Zu beliebigen Computerproblemen kann man im Internet Foren und Ähnliches finden, in denen mehr oder weniger hilfreiche Vorschläge gemacht werden.

36 ▸ Es ist vielleicht kein Zufall, dass Folge 7;10 selbst im Original »Sein und Zeit« heißt.
37 ▸ Wohl eine Anspielung auf das berühmte Oregon-UFO, vgl. Vance (1973).
38 ▸ Vgl. auch 4;16: »Unrequited«, in der es um einen Vietnam-Veteranen geht, der sich immer wieder unsichtbar machen kann.
39 ▸ Problematisch, weil in der Personalisierung potentiell antisemitische Subtexte lauern können; vgl. auch Cantor (2001, 150 f.).
40 ▸ In Zusammenhang mit dem oben erwähnten Thema Diskursverknappung durch Verschleierung können Menschen Medien in einem ganz basalen Sinne sein, den ja auch Sybille Krämer in letzter Zeit erneut thematisiert hat, nämlich als Bote. In diesem Sinne sind die Informanten Deep Throat ([http://en.wikipedia.org/wiki/Deep_Throat_(The_X-Files)]; Zugriff: 02.04.2014) oder Mr X ([http://en.wikipedia.org/wiki/X_(The_X_Files)]; Zugriff: 02.04.2014), diejenigen, die Löcher in das Verknappungsregime reißen und Mulder Informationen zukommen lassen, die auf anderen medialen Kanälen nicht zu erlangen sind. Um diese Löcher zu stopfen, müssen »they« die Informanten töten, was mit Deep Throat denn auch bald geschieht (1;24: »The Erlenmayer Flask«).
41 ▸ [http://www.gadflyonline.com/05-06-02/book-gilligan.html]; Zugriff: 01.04.2014.
42 ▸ So stellt sich in 3;01: »The Blessing Way« heraus, dass auch Scully ein geheimnisvolles Implantat unklarer Funktion eingepflanzt wurde, ein Thema, das in 3;10: »731« wieder aufgegriffen wird.
43 ▸ Eine Episode mit einer viel beachteten und formal sehr ungewöhnlichen Konstruktion (lange Plansequenzen und Split Screen) ist 6;03: »Triangle«.
44 ▸ [http://en.wikipedia.org/wiki/Alien_autopsy#The_Santilli_film]; Zugriff: 01.04.2014.
45 ▸ Oben wurde der Verweis auf den Watergate-Skandal und dessen Repräsentation im Fernsehen bereits thematisiert.
46 ▸ Nach THE X-FILES entstanden eine ganze Reihe eindeutig davon inspirierter Fernsehserien, z. B. THE OUTER LIMITS (Showtime/Sci Fi 1995-2002) und LOST (ABC, 2004-2010).
47 ▸ Wie es schon in der Pilotfolge heißt: »Cops is about real people and real crime.«
48 ▸ Zusätzlich ist der Verweis auf Öl auch eine Anspielung auf den Kampf um Ressourcen, d. h. auf ökonomische Macht.
49 ▸ Vgl. hierzu etwa Thomas M. Dischs The Dreams Our Stuff is Made Of: How Science-Fiction Conquered the World (1998) oder auch die Website technovelgy.com für eine umfangreiche Auflistung von Erfindungen, die mutmaßlich durch Science-Fiction-Erzählungen beeinflusst wurden.
50 ▸ Dieses Kapitel konzentriert sich auf das Medium Fernsehen sowie das Format der Serie. Obgleich immer wieder auch Science-Fiction-Literatur, -Filme oder -Computerspiele als Vergleichsfolie herangezogen werden und sich bestimmte Tendenzen der Entwicklung des Genres – mit entsprechend unterschiedlichen Gewichtungen und zeitlichen Verschiebungen – auch in einem transmedialen Medienverbund abzeichnen, wird die Perspektive auf ein ›Genre im Wandel‹ weitgehend auf die Science-Fiction-Fernsehserie beschränkt bleiben.

51▸Obgleich Stephensons Behauptung, den Begriff in dieser Form der Verwendung erfunden zu haben (vgl. Stephenson 1994 [1992], 533), diskussionswürdig erscheint, da bereits die Spieler-Figuren in ULTIMA IV (1985) und im Online-Rollenspiel HABITAT (1986) als Avatare bezeichnet wurden (vgl. Morningstar/Farmer 1991; Bartels 2007, 69; Waggoner 2009, 185).

52▸Dementsprechend konzentriert sich Jiré Emine Gözen in ihrer lesenswerten Studie Cyberpunk Science-Fiction weniger auf die ›technischen Errungenschaften‹, sondern auf die Interdependenzen von Cyberpunk und Medientheorie: »So ist es interessant zu sehen, dass sich in vielen Werken des literarischen Cyberpunk Denkansätze der modernen Medientheorien wiederfinden. Gedanken des kanadischen Medientheoretikers Marshall McLuhan oder des französischen Medienphilosophen Jean Baudrillard tauchen in Cyberpunk-Erzählungen auf und erfahren in ihrer künstlerischen Umsetzung eine Interpretation« (Gözen 2012, 10).

53▸Dies mag insbesondere für das »Erfolgs-Desaster« Internet (Barabási 2003) gelten, das Hans-Dieter Hellige einmal treffend als »unvollständige Systemlösung« (Hellige 2007, 125) bezeichnet hat.

54▸Allerdings konnten weder STAR TREK: DEEP SPACE NINE (div., 1993-1999) noch STAR TREK: VOYAGER (UPN, 1995-2001) an den enormen Erfolg von THE NEXT GENERATION anknüpfen. Ein viertes Spin-Off, STAR TREK: ENTERPRISE (UPN, 2001-2005), wurde bereits nach vier Staffeln beendet und markiert den vorläufigen Endpunkt des Star Trek-TV-Universums. Zwar zeichnet sich ab, dass die ›Wiederbelebung‹ der Star Trek-Franchise im Kino (2009 und 2013) sehr erfolgreich verläuft, allerdings scheint sich diese Renaissance des Science-Fiction-Genres bislang nicht auf das Fernsehen zu übertragen.

55▸Z. B. FIREFLY (Fox, 2002).

56▸Z. B. FARSCAPE (Nine Network/Sci-Fi, 1999-2004) oder die STARGATE-Reihe (div., 1997-2011).

57▸Z. B. DEFIANCE (Syfy, 2013-).

58▸Z. B. TAKEN (Sci-Fi, 2002) als utopische und FALLING SKIES (TNT, 2011-) als dystopische Variante.

59▸Für einen Überblick zur Quality-TV-Diskussion vgl. Blanchet (2011). Vgl. weiterführend McCabe/Akass (2007); Meteling/Otto/Schabacher (2010) sowie Blanchet et al (2011).

60▸[tvbythenumbers.zap2it.com/2009/08/11/battlestar-galactica-sells-more-dvds-than-dollhouse-true-blood-still-biting/24544/]; Zugriff: 01.06.2014. Vgl. hierzu auch Blanchet 2011, 52-55.

61▸BATTLESTAR GALACTICA (1;10) und PETER PAN (USA 1953).

62▸Vgl. hierzu insbesondere die durch den Serienschöpfer Ronald D. Moore angestoßene Diskussion zu einer »Naturalistic Science-Fiction« [http://en.battlestarwiki.org/wiki/Naturalistic_science_fiction]; Zugriff: 01.06.2014. »I think high-tech ships with touch screens and talking computers have been done to death and also tend to take human beings out of the dramatic equation [...] I wanted this show to be about the characters, not about the technology they use« (Moore, zit. n. Bassom 2005, 18). Vgl. außerdem Pank/Caro (2009, 204): »The design and overall mise-en-scène of the series have an undeniable link to the now.«

63▸Es sei hier nur am Rande auf die viel diskutierte Funktion von Verfremdungseffekten im Science-Fiction-Genre verweisen, die insbesondere in Darko Suvins berühmten Schriften im Mittelpunkt steht: »The aliens – utopians, monsters, or simply differing strangers – are a mirror to man just as the differing country is a mirror for his world. But the mirror is not only a reflecting one, it is also a transforming one« (Suvin 2005 [1968], 25). Vgl. auch Samuel Delany: »Science-Fiction is not about the future; it uses the future as a narrative convention to present significant distortions of the present« (Delany 2005, 291).

64▸»Galactica's deliberate retro-future design [...] actually permeates and helps to define the overarching philosophy and attitude of the series. Battlestar Galactica has taken a visual approach that was previously considered indicative of low-budget and poor-*Quality Television* – the overused and overfamiliar gravel quarries of the original Doctor Who (1963-1989) and Blake's 7 (1978-1981) – and given it a positive slant« (Pank/Caro 2009, 201).

65▸Vgl. hierzu auch die weiterführende Diskussion von Pank/Caro zum Set Design von BATTLESTAR GALACTICA: »Another level of realism can be found in what Scott Bukatman, when discussing Blade Runner, described as a ›fractal environment‹. In defiance of the limitations (of a television series' budget), Galactica demonstrates an extensive level of detail, with a riot of realistically rendered costumes and mechanically plausible features. Unlike Star Trek or the original Battlestar Galactica (1978-1979), the audience is not held at arm's length to admire the glistening surfaces polished displays. Indeed, in the reimagined Battlestar Galactica, the audience receives a sense of detail all the way down to the particles of rust, blobs of grease, and grains of dirt found adorning the squeaky hinged doors. Of course, Battlestar Galactica is by no means the first moving image Science-Fiction text to call upon the aesthetic of rusting and brokendown technology. Star Wars (1977) popularized the ›battered freighter‹ look, itself drawing on the trend (from a visual if not a narrative angle) toward a decaying dystopian aesthetic of the mid-seventies, which was a reaction to the gleaming high-tech cleanliness of the sixties, typified by Star Trek, 2001: A Space Odyssey or the many Gerry Anderson television series« (Pank/Caro 2009, 204).

66▸Johnson verweist zudem darauf, dass dieses paradoxe Spiel mit medientechnologischen Zeitlinien im BATTLESTAR GALACTICA-›Prequel‹ CAPRICA (2010) – im Grunde zeitlich konsequent – weitergeführt wurde: »This strategy persisted in the development of Caprica, wherein the producers pushed the retro aesthetic even further into the past, costuming its characters in styles of the 1950s« (Johnson 2013, 136).

67▸Je spekulativer Science Fiction wird, desto schwieriger gestaltet sich zudem die Abgrenzung zur Fantasy – denn bei Technologien »die außerhalb des geltenden wissenschaftlichen Paradigmas liegen, verflüchtigt sich letztlich auch die Grenze zur Magie« (Spiegel 2007, 46).

68▸Die Hintergrundgeschichte oder vielmehr der Ausgangspunkt der Serie ist in der 1978er und der 2003er-Version identisch – der Genozid durch die Zylonen. Daneben gibt es einige grundlegende narrative Änderungen sowie verschiedene Re- und Neu-Designs der Raumschiffe, Städte und Zylonen. Doch sind Parallelen stets deutlich erkennbar. Die besonders in Fankreisen hitzig diskutierte Frage, wie und ob die fiktionalen Zeitlinien beider Serien zusammenhängen, ließ die Neuauflage bis zur letzten Folge (4;24) offen. Während in der Vorgänger-Serie die Galactica schließlich ›unsere Erde‹ (bzw. die Erde der 1980er Jahre) findet, bliebt in der 2003er Version die Zeit, in der die Serie spielt, zunächst unspezifiziert. Erst in den letzten Szenen der Serie erfährt der Zuschauer, dass die Handlung ca. 150.000 Jahre in der Vergangenheit angesiedelt ist und dass die Überlebenden der Galactica-Flotte zu den Urahnen der Menschheit wurden. Somit lässt sich eine direkte Verbindung der Zeitlinien beider Serien narrativ letztlich nicht plausibilisieren. Bezeichnend erscheint die späte Auflösung einer möglichen narrativen Verknüpfung beider Serien aber nichtsdestotrotz.

69 ▸ Vgl. [http://darthmojo.wordpress.com/2008/05/12/bsg-vfx-anatomy-of-a-cylon/] sowie [http://www.pierre-drolet-sci-fi-museum.com/cylon-centurion]; Zugriff: 01.06.2014.

70 ▸ Das Motiv der stetigen Wiederholung spiegelt sich u. a. in der Zerstörung der menschlichen Kolonien wider, aber auch in Form der Reinkarnation(en) der zwölf menschlichen Zylonenmodelle. Vgl. hierzu ausführlich Woschech (2012).

71 ▸ Vgl. hierzu auch Pierre Lévys viel zitierten Ansatz: »Technische Erfindungen erweisen sich als chaotisches Gewimmel von Basteleien, Neuverwendungen, prekären Verfestigungen operativer Anordnungen« (Lévy 1998, 943).

72 ▸ FUTURAMA: »When Aliens Attack« (2;03).

73 ▸ ... was von Fry mit Referenz zum Science-Fiction-Klassiker 2001: A SPACE ODYSSEY (1968) mit »My God. It's full of Ads.« kommentiert wird.

74 ▸ Eine Programmauswahl findet sich unter: [http://www.theinfosphere.org/Television]; Zugriff: 01.06.2014.

75 ▸ Vgl. hierzu etwa Evans: »Even in the late 1990s, when recording devices and digital multichannel technology was radicalizing the television landscape, the concept of television as a medium retained a level of stability. It involved a certain group of companies creating a certain kind of content and delivering that content via a television set and broadcasting apparatus to their audience. Now, none of those things are stable« (2011, 175).

76 ▸ Vgl. hierzu weiterführend Schanze (2009).

77 ▸ Vgl. [http://www.wired.com/entertainment/hollywood/magazine/15-12/ff_futurama?currentPage=all]; Zugriff: 01.06.2014. Allerdings war trotz dieser Wiederbelebung und fortwährendem Engagement der Fan-Community der Geschichte von Futurama kein Happy End vergönnt. 2013 wurde die Serie (erneut) abgesetzt.

78 ▸ [http://www.comedycentral.com/shows/futurama/index.jhtml]; Zugriff: 01.06.2014.

79 ▸ Das Schicksal der gescheiterten Computerspiel-Adaption FUTURAMA (2000) erscheint dabei geradezu symptomatisch für die transmedialen Strategien der Serie. Da das Spiel für seine generischen Spiel-Abschnitte kritisiert, aber für seine Story gelobt wurde, entschieden sich die Produzenten für eine ›Wiederveröffentlichung‹ – diesmal jedoch als DVD-Bonusmaterial als FUTURAMA: THE LOST ADVENTURE (2003) in Form einer ›normalen‹ Serienepisode, die aus den Zwischensequenzen des Spiels zusammengesetzt wurde. Vgl.

[http://en.wikipedia.org/wiki/Futurama_(video_game)]; Zugriff: 01.06.2014.
80▸[http://en.battlestarwiki.org/wiki/List_of_Podcasts]; Zugriff: 01.06.2014.
81▸Damit ist die Struktur der Serienwelt FUTURAMAS vergleichbar mit einer bestimmten »A-Temporalität«, die Oliver Fahle (2010) für die Zeitlogik von THE SIMPSONS identifiziert: »Die Figuren bewegen sich durchaus in der Zeit [...], doch ihre Figuralität ist dem zeitlichen Verlauf enthoben. Jede Folge spielt in der gleichen Gegenwart, im gleichen Springfield, in den gleichen Räumen und dies seit über zwanzig Jahren« (ibid., 240). Während Fahle jedoch zu dem Ergebnis kommt, dass das Fernsehen im Zuge seiner aktuellen Wandlung die »Simpsons langsam aber sicher hinter sich zurücklässt« (ibid., 236), soll hier im Folgenden argumentiert werden, dass eine solche a-temporale Struktur in FUTURAMA gerade als (selbst-) bewusster – und vielleicht gar ›zeitgemäßer‹ – Gegenpol zur neuen »Dynamisierung von Zeit im Zentrum der Serienästhetik« (ibid., 231) funktioniert.
82▸Vgl. hierzu insbesondere auch (aus einer anderen Genre-Perspektive) Herbert Schwaabs Überlegungen zur ›statischen‹ Serialität der Sitcom (2010, 363-379). »[Das Sitcom-Genre] ist vielmehr eher die Fortsetzung nachrangiger, serieller Unterhaltungsformate des klassischen Kinos und kennt daher keine tiefergehende Verwandlung seiner Charaktere, sondern nur die Bestätigung des Status quo. Aus diesem Grund hat die Sitcom kein Verständnis für die Veränderbarkeit der Welt, weil sie auch kein Verständnis für ein Ende ihrer Erzählung hat.« (ibid., 364). Dazu auch ausführlich Kap. 6 dieses Buches.
83▸Und so wäre etwa auch im Fall von LOST, dem Transmedia-Storytelling-Prototypen, kritisch zu fragen, warum die Serienwelt selbst kaum neue Medien thematisiert und vor allem, warum sich »die Komplexität [von Lost] mit Hilfe eines tradierten und relativ konservativen Wertesystems reduzieren [lässt] – eine Reduktion, die nach dem Feuerwerk an Rätseln und Mysteriösem zwar enttäuschen mag, aber doch eben Sinn stiftet« (Schmöller 2011, 39; vgl. hierzu auch Sedlmayr 2011) – doch dieses Phänomen des neuen alten Fernsehens wäre gesondert zu untersuchen (vgl. Beil/Schwaab/Wentz 2016).
84▸[http://www.sueddeutsche.de/digital/patentstreit-zwischen-samsung-und-apple-als-stanley-kubrick-das-ipad-erfand-1.1134513]; Zugriff: 01.06.2014.
85▸[http://www.sueddeutsche.de/news/wirtschaft/internet-bericht-apple-und-samsung-sprechen-wieder-in-patentstreit-dpa.urn-newsml-dpa-com-20090101-140519-99-03696]; Zugriff: 01.06.2014. Apple und Samsung haben sich mittlerweile darauf geeinigt, alle Streitigkeiten außerhalb der USA ruhen zu lassen.
86▸Dieses Phänomen ist nicht nur im Bereich der Science-Fiction-Serie besonders ausgeprägt, sondern insbesondere auch innerhalb der Computerspielkultur in Form des sogenannten Retro Gamings zu finden (Taylor/Whalen 2008; Camper 2009; Felzmann 2010).
87▸lostpedia.com
88▸lostuniversity.org, bei Drucklegung nicht mehr verfügbar
89▸In einer späteren Staffel graduieren sie, einige gehen aufs College oder beginnen zu »arbeiten«.

90 ▸ Jedenfalls nicht bis zum Ende der letzten Staffel.

91 ▸ Dem folgten zahlreiche weitere Eigenproduktionen von ORANGE IS THE NEW BLACK (Netflix, 2013-) über MARCO POLO (Netflix, 2014-) bis BLOODLINE (Netflix, 2015-) und SENSE8 (Netflix, 2015-)

92 ▸ In signifikanter Abweichung vom deutschen Fernsehsystem existieren in den USA eine Vielzahl an lokalen oder regionalen Fernsehstationen, die sogenannten *affiliates*, die durch Syndikation an die großen *networks* (ABC, NBC, etc.) gebunden sind und deren Sendungen in Wiederholungen, gelegentlich auch in Erstausstrahlung verbreiten dürfen. Bekanntestes Beispiel dürfte wohl STAR TREK: THE ORIGINAL SERIES (NBC 1966-1969) sein: Die Serie erlangte erst durch ihre Wiederholungen auf lokalen Stationen ihren Status als Kult-Serie, wohingegen sie von NBC aufgrund schwacher Einschaltquoten abgesetzt worden war. Umgekehrt gelangen die affiliates insbesondere anlässlich von Breaking News zeitweise zu Bekanntheit, wenn die networks für ihr Hauptprogramm auf live-Berichte der lokalen Stationen zurückgreifen, so bspw. während des 11. September 2001.

93 ▸ Netflix' Schritt in die Produktion eigener Serien dürfte, so kann betriebswirtschaftlich spekuliert werden, damit zusammenhängen, dass das Unternehmen in Anbetracht der Konkurrenzsituation steigende Lizenzierungsgebühren erwartet und die planbaren Kosten der Eigenproduktion die Kontingenz der zukünftigen Syndikationskosten einhegen sollen.

94 ▸ Wie bei den meisten Organisationen, die mit Big Data hantieren – von CERN über die NASA und Amazon bis zur NSA – stellt weniger die Sammlung, sondern vielmehr die Auswertung dieser Daten auch Netflix nach eigenen Angaben vor große Herausforderungen (vgl. King 2012).

95 ▸ Diese Formierung eines Interessenssubjektes, dessen Bedeutung bereits Foucault (2006, S. 373 ff.) für die Genese der (neo-)liberalen Gouvernementalität herausgearbeitet hat, ruft dabei wohl zwangsläufig auch humanistische Negativkonnotationen auf, so bspw. in der Figur des Zuschauers als durch seine gegen ihn gewendeten Interessen gesteuerte Puppe (vgl. Leonard 2013).

96 ▸ Die erste Episode ist nur mit »Chapter One«, die zweite mit »Chapter Two« usw. betitelt. Dies trägt auch dem Umstand Rechnung, dass die britische Mini-Serie gleichen Namens, auf der HOUSE OF CARDS basiert, selbst wiederum einen Roman von Michael Dobbs zur Vorlage hat.

▸97 Übertragen auf deutsche Verhältnisse ist diese Position am ehesten vergleichbar mit der Funktion eines parlamentarischen Geschäftsführers: Der *whip* ist öffentlich bei Weitem nicht so exponiert wie die Fraktionsführer (*majority und minority leader* in den USA), sondern wirkt vor allem nach innen auf die Partei ein, koordiniert also die verschiedenen Flügel und Fraktionen innerhalb der Partei, damit diese bei Abstimmungen geschlossen auftritt.

▸98 Als vom Volk gewählte Vertreter verkörpern wohl alle Delegierten auf besondere Art und Weise ein Auftragshandeln, welches konstitutives Element repräsentativer Demokratie ist, zugleich aber auch allen Vorwürfen, insbesondere demjenigen der Untreue gegenüber dem

Auftraggeber, begegnet, denen alle Agenten potentiell ausgesetzt sind.

▶99 Das White House Correspondents' Dinner ist institutionell nur schwer mit seinem deutschen Pendant – dem Bundespresseball – vergleichbar. Veranstaltet von der White House Correspondents' Association stellt die Veranstaltung, die vom Kongress-Sender C-Span übertragen wird, inzwischen traditionell die Verbindungen zwischen Hollywood und Washington aus. Neben einer Unterhaltungseinlage eines Talkshowhosts, die in Anwesenheit der Handlungsträger zumeist sowohl Politik als auch Medien aufs Korn nimmt, wird dabei insbesondere vom Präsidenten die selbst-ironische Thematisierung seines Handelns erwartet. Diese metareflexive Thematisierung der Verwobenheit von politischem und medialem System wird vereinzelt als Akt der Fraternisierung beschrieben, der die Mediatisierung des Politischen eher selbstgefällig fortschreibe denn selbstkritisch beleuchte (vgl. Rich 2007). Eben diese Kritik wird in House OF CARDS selbst wiederum von Zoe Barnes vorgebracht, als sie eine Beförderung zur Korrespondentin im White House ausschlägt (1;04: »Chapter 4«).

100▶So anhand eines Radiointerviews von Peter Russo in 1;10: »Chapter 10« oder wenn Zoe Barnes ihren Twitter-Account überprüft (1;04), um die (positiven wie negativen) Reaktionen auf die von ihr veröffentlichte und an sie adressierte sexistische Bemerkung ihres Chefredakteurs zu überwachen.

101▶Nicht zufällig hängt der vorläufige Erfolg von Underwoods die erste Staffel umspannenden Intrigen in der letzten Folge just dann am seidenen Faden, wenn er sein Mobiltelefon zu Hause lässt, um joggen zu gehen und so einen Anruf verpasst, der ihn – so wird zumindest suggeriert – die Vize-Präsidentschaft kosten könnte.

102▶Diese entspricht dann allerdings in den wenigsten Fällen den jeweiligen Szenenkameras, so dass allein die perspektivische Positionierung den entstehenden Verfremdungseffekt abmildert.

103▶Die eingesetzte Technik der für den Vorspann verantwortlichen Produktionsfirma District 7 Media ist ein Motion Control System, das eine sehr langsame Kamerafahrt auf einer horizontalen Schiene automatisch steuert. Durch den Zeitraffer entsteht dann der Eindruck einer Kamerabewegung in Normalzeit (vgl. [http://www.alexandrosmaragos.com/2013/02/andrew-geraci-interview.html]; Zugriff: 25.11.2015).

104▶Geld ist aber immerhin die dritte Form des Kontrollverlustes – und zwar eines systematischen. Denn Geld, vor allem Spendengeld, wird benötigt, um Zeugen zu bestechen, Wahlkämpfe und Kampagnen zu finanzieren und Allianzen zu schmieden. In der Angewiesenheit auf Spendengelder bindet sich die politisch-mediale Logik somit nochmal an ein Außen, nämlich die Mikrorationalitäten des Ökonomischen, die – wie im Falle des fiktiven Energiekonzerns Sancorp oder des Präsidentenberaters Raymond Tusk, der Underwood nur für die Vizepräsidentschaft vorschlägt, weil dieser sich verpflichtet, sich für Tusks wirtschaftliche Interessen einzusetzen (vgl. 1;13: »Chapter 13«) – ebenfalls fortlaufende Adaptionen Underwoods erfordern. Dementsprechend ist die hier vorgebrachte Distanzierung vom Ökonomischen allenfalls eine rhetorische Selbstaufwertung.

105 ▸ [http://www.heritage.org/events/2006/06/24-and-americas-image-in-fighting-terrorism-fact-fiction-or-does-it-matter]; Zugrff: gesehen am 12.8.2013.

106 ▸ Slavoj Žižek (2006) etwa, gewohnt polemisch, spricht von den »Himmlers of Hollywood«: The depraved heroes of 24 are the Himmlers of Hollywood. In: The Guardian, 10.01.2006, [http://www.guardian.co.uk/media/2006/jan/10/usnews.comment]; Zugriff: 12.08.2013, auch unter folgendem Titel erschienen: Jack Bauer and the Ethics of Urgency. In: In these Times, 27.01.2006, [http://inthesetimes.com/article/2481/jack_bauer_and_the_ethics_of_urgency/]; Zugriff: 12.08.2013.

Bibliographie

Literaturverzeichnis

Abramson, Albert (2001) Die Geschichte des Fernsehens. München: Fink.

Abresch, Sebastian / Beil, Benjamin / Griesbach, Anja (Hrsg.) (2009) Prosumenten-Kulturen (= Massenmedien und Kommunikation, Bd. 172/173). Siegen: universi.

Adelmann, Ralf / Hesse, Jan O. / Keilbach, Judith / Stauff, Markus / Thiele, Matthias (Hrsg.) (2001) Grundlagentexte zur Fernsehwissenschaft. Theorie – Geschichte – Analyse. Konstanz: UVK.

Adelmann, Ralf / Stauff, Markus (2006) Ästhetiken der Re-Visualisierung. Zur Selbststilisierung des Fernsehens. In: Fahle/Engell 2006, S. 55-76.

Adorno, Theodor W (1962) Prolog zum Fernsehen. In: Eingriffe. Neun kritische Modelle. Hgg. v. Theodor W. Adorno. Frankfurt a.M.: Suhrkamp, S. 69-80.

Agar, Jon (2003) The Government Machine: A Revolutionary History of the Computer. Cambridge: MIT Press.

Alvarado, R.C (2011) Science-Fiction as Myth. Cultural Logic in Gibson's Neuromancer. In: Ferro/Swedin 2011, S. 205-213.

Anders, Günther (1956) Die Welt als Phantom und Matrize. Philosophische Betrachtungen über Rundfunk und Fernsehen. In: ders.: Die Antiquiertheit des Menschen, Bd. 2: Über die Seele im Zeitalter der zweiten industriellen Revolution. München: Beck, S. 98-195.

Arp, Robert / Koepsell, David R (Hrsg.) (2012) The Philosophy of Breaking Bad: Badder Living Through Chemistry. New York: Open Court.

Askwith, Ivan (2003) A Matrix in Every Medium. Anime, Video Games, Movies: The Synergistic Storytelling Frenzy of the Wachowski Brothers is Like Nothing We've Seen Before. In: Salon.com, 12.05.2003. Online: [http://www.salon.com/2003/05/12/matrix_universe/]; Zugriff: 27.02.2015.

Askwith, Ivan (2007) Television 2.0 – Reconceptualizing TV as an Engagement Medium. Master Thesis, MIT. Online: [cmsw.mit.edu/television-2-0-tv-as-an-engagement-medium/]; Zugriff: 27.02.2015.

Badley, Linda (1996) The Rebirth of the Clinic. The Body as Alien in The X-Files. In: Lavery/Hague/Cartwright 1996a, S. 148-167.

Bailey, Steve (2005) Media Audiences and Identity. Self-Construction in the Fan Experience. Basingstoke u. a.: Palgrave Macmillan.

Baldwin, Roberto (2012) Netflix Gambles on Big Data to Become the HBO of Streaming. In: Wired.com, 29.11.2012. Online: [http://www.wired.com/gadgetlab/2012/11/netflix-data-gamble/]; Zugriff: 02.08.2013.

Barabási, Albert-László (2003) Linked. How Everything Is Connected to Everything Else and What It Means. New York: Plume.

Barker, David (2000) Television Production Techniques as Communication. In: Television. The Critical View (6. Aufl.). Hgg. v. Horace Newcomb. Oxford/New York: Oxford University Press, S. 169-182.

Barnouw, Eric (1990) Tube of Plenty. The Evolution of American Television. New York: Oxford Univ. Press.

Bartels, Klaus (2007) Vom Elephant Land bis Second Life. Eine Archäologie des Computerspiels als Raumprothese. In: Computer/Spiel/Räume. Materialien zur Einführung in die Computer Game Studies (= Hamburger Hefte zur Medienkultur 5). Hgg. v. Klaus Bartels & Jan-Noël Thon, S. 61-81.

Barthes, Roland (1989) Die helle Kammer. Bemerkung zur Photographie. Frankfurt a.M.: Suhrkamp.

Barthes, Roland (1990) Der entgegenkommende und der stumpfe Sinn. Frankfurt a.M.: Suhrkamp.

Bartholomew, Robert E (1991) The Quest for Transcendence. An Ethnography of UFOs in America. In: The Anthropology of Consciousness 2,1/2, S. 1-12.

Bassom, David (2005) Battlestar Galactica: The Official Companion. London: Titan Books.

Baughman, James L (1990) The Weakest Chain and the Strongest Link: The American Broadcasting Company and the Motion Picture Industry 1952-1960. In: Hollywood in the Age of Television. Hgg. v. Tino Balio. New York: Routledge, S. 91-115.

Bazin, André (1975) Ontologie des photographischen Bildes. In: ders.: Was ist Kino? Köln: DuMont Schauberg, S. 21-27.

Bazin, André (1994) Qu'est-ce que le cinéma? Paris: Les Editions du Cerf.

Beil, Benjamin / Engell, Lorenz / Schröter, Jens / Schwaab, Herbert / Wentz, Daniela (2012) Die Fernsehserie als Reflexion und Projektion des medialen Wandels. In: Krotz/Hepp 2012, S. 197-223.

Beil, Benjamin / Schwaab, Herbert / Wentz, Daniela (Hrsg.) (2016) Lost in Media. Münster: LIT (im Erscheinen).

Bellon, Joe (1999) The Strange Discourse of The X-Files: What it Is, What it Does, and What is at Stake. In: Critical Studies in Mass Communication 16,2, S. 136-154.

Bennett, James / Strange, Niki (Hrsg.) (2011) Television as Digital Media. Durham u. a.: Duke Univ. Press.

Bennett, Jane (2010) Vibrant Matter: A Political Ecology of Things. New York: Duke University Press.

Berkun, Scott (2007) The Myths of Innovation. Sebastopol: O'Reilly & Associates.

Bertsch, Charlie (1996) Secrets of the X-Files. Online: [http://bad.eserver.org/issues/1996/28/bertsch.html]; Zugriff: 18.09.2013.

Bertsch, Charlie (1998) ›The Personal is the Paranormal‹. Professional Labor on The X-Files. In: American Studies 39,2, S. 107-127.

Bippus, Elke (2003): Serielle Verfahren. Pop Art, Minimal Art, Conceptual Art und Postmininalismus. Berlin: Dietrich Reimer.

Blanchet, Robert (2011) Quality-TV. Eine kurze Einführung in die Geschichte und Ästhetik neuer amerikanischer Fernsehserien. In: Blanchet et al. 2011, S. 37-70.

Blanchet, Robert / Köhler, Kristina / Smid, Tereza / Zutavern, Julia (Hrsg.) (2011) Serielle Formen. Von den frühen Film-Serials zu aktuellen Quality-TV- und Onlineserien. Marburg: Schüren.

Blättler, Christine (Hrsg.) (2010) Kunst der Serie. Die Serie in den Künsten. München: Fink.

Blumenberg, Hans (1957) Licht als Metapher der Wahrheit. Im Vorfeld der philosophischen Begriffsbildung. In: Studium Generale 10,10, S. 432-447.

Boddy, William (1993) Fifties Television. The Industry and Its Critics. Chicago: Univ. of Illinois Press.

Bolter, Jay D. / Grusin, Richard (2000) Remediation. Understanding New Media. Cambridge/London: MIT Press.

Booker, M. Keith (2002) Strange TV. Innovative Television Series from the Twilight Zone to The X-Files. Westport: Greenwood Press.

Booker, M. Keith (2004) Science-Fiction Television. Westport u. a.: Praeger.

Booker, M. Keith (2006) Drawn to Television. Prime-time Animation. From The Flintstones to Family Guy. Westport u. a.: Praeger.

Bordwell, David / Staiger, Janet / Thompson, Kristin (1985) Classical Hollywood Cinema. Film, Style and Mode of Production to 1960. New York: Columbia University Press.

Bordwell, David (1986) Classical Hollywood Cinema: Narrational Principles and Procedures. In: Rosen 1986, S. 17-34.

Bordwell, David (2002) Intensified Continuity. Visual Style in Contemporary American Film. In: Film Quarterly 55,3, S. 16-28.

Bourdieu, Pierre (1979) Die feinen Unterschiede. Kritik der gesellschaftlichen Urteilskraft. Frankfurt a.M.: Suhrkamp.

Bourdieu, Pierre (1998) Über das Fernsehen. Frankfurt a.M.: Suhrkamp.

Böhn, Andreas / Möser, Kurt (Hrsg.) (2010) Techniknostalgie und Retrotechnologie. Karlsruhe: KIT Scientific Publishing.

Braun, Ludwig (1991) Wie Ovid sich die Fama gedacht hat (Met. 12, 39-63). In: Hermes 119,1, S. 116-119.

Braungart, Lars (2012) Das Konzept Emma Peel. Marburg: Ludwig.

Breidbach, Olaf (2005) Bilder des Wissens. Zur Kulturgeschichte der wissenschaftlichen Wahrnehmung. München: Fink.

Brokoff, Jürgen / Fohrmann, Jürgen / Pompe, Hedwig / Weingart, Brigitte (Hrsg.) (2008) Die Kommunikation der Gerüchte. Göttingen: Wallstein.

Brooker, Will (2004) Living on Dawson's Creek. Teen Viewers, Cultural Convergence, and Television Overflow. In: International Journal of Cultural Studies 4,4, S. 456-472.

Brooker, Will (2009) Television Out of Time: Watching Cult Shows on Download. In: Pearson 2009, S. 51-72.

Brown, Robert S (2005) Cheers. Searching for the Ideal Public Sphere in the Ideal Public House. In: The Sitcom Reader. America Viewed and Skewed. Hgg. v. Mary M. Dalton & Laura R. Linder. Albany: State University of New York Press, S. 253-260.

Bröckling, Ulrich (2007) Das unternehmerische Selbst. Soziologie einer Subjektivierungsform. Frankfurt a.M.: Suhrkamp.

Bruhn, Manfred / Wunderlich, Werner (Hrsg.) (2004) Medium Gerücht. Studien zur Theorie und Praxis einer kollektiven Kommunikationsform. Bern u. a.: Haupt Verlag.

Brunsdon, Charlotte (2010) Bingeing on Box-Sets: The National and the Digital in Television Crime Drama. In: Relocating Television. Television in the Digital Context. Hgg. v. Jostein Gripsrud. New York: Routledge, S. 63-75.

Brynjolfsson, Erik / McAfee, Andrew (2011) Race Against the Machine. How the Digital Revolution is Accelerating Innovation, Driving Productivity and Irreversibly Transforming Employment and the Economy. Digital Frontier Press.

Bullot, Erik (1992) Himmlische Objekte. Untersuchungen über Fliegende Untertassen. In: Photogeschichte 12,45/46, S. 133-142.

Burns, Christy (2001) Erasure. Alienation, Paranoia, and the Loss of Memory in The X-Files. In: Camera Obscura 15,3, S. 195-224.

Buschauer, Regine / Willis, Katharine S (Hrsg.) (2013) Locative Media. Medialität und Räumlichkeit. Multidisziplinäre Perspektiven zur Verortung der Medien/Multidisciplinary Perspectives on Media and Locality. Bielefeld: transcript.

Buxton, David (1990) From ›The Avengers‹ To ›Miami Vice‹: Form and Ideology in Television Series. Manchester: Manchester University Press.

Buxton, David (2010) Les séries télévisées. Forme, idéologie et mode du production. Paris: L'Harmattan.

Bühl, Walter (2000) Das kollektive Unbewusste in der postmodernen Gesellschaft. Konstanz: UVK.

Caldwell, John T (1995) Televisuality. Style, Crisis, and Authority in American Television. Brunswick N.J.: Rutgers University Press.

Caldwell, John T (2004) Convergence Television. Aggregating Form and Repurposing Content in the Culture of Conglomeration. In: Spigel/Olsson 2004, S. 41-74.

Campbell, John Edward (2001) Alien(ating) Ideology and the American Media: Apprehending the Alien Image in Television Through The X-Files. In: International Journal of Cultural Studies 4,3, S. 327-347.

Camper, Brett (2009) Retro Reflexivity. La-Mulana, an 8-Bit Period Piece. In: The Video Game Theory Reader 2. Hgg. v. Bernard Perron & Mark J. P. Wolf. London u. a.: Routledge, S. 169-195.

Cantor, Muriel G. / Pingree, Suzanne (1983) The Soap Opera. London: SAGE.

Cantor, Paul A (2001) Gilligan Unbound. Pop Culture in the Age of Globalization. Lanham et al.: Rowman and Littlefield.

Cantor, Paul A (o.J.): Anybody can Rule. In: gadflyonline.com, Online: [http://www.gadflyonline.com/05-06-02/book-gilligan.html]; Zugriff: 02.04.2014.

Carini, Susan M (2003) Love's Labours Almost Lost. Managing Crisis During the Reign of I Love Lucy. In: Cinema Journal 43,1, S. 44-63.

Case, Mike (2013) House of SIM Cards. In: medium.com, 13.06.2013. Online: [https://medium.com/i-m-h-o/e9dbffd94d08]; Zugriff: 29.08.2013.

Casetti, Francesco / Odin, Roger (2001) Vom Paläo- zum Neo-Fernsehen. Ein semiopragmatischer Ansatz. In: Adelmann et al. 2001, S.311-333.

Castells, Manuel (2001) Der Aufstieg der Netzwerkgesellschaft I: Das Informationszeitalter. Opladen: Leske + Budrich.

Cavell, Stanley (1979) The World Viewed. Reflections on the Ontology of Film. Cambridge/London: Harvard University Press.

Cavell, Stanley (1988) In Quest of the Ordinary. Lines of Skepticism and Romanticism. Chicago/London: University of Chicago Press.

Cavell, Stanley (2001): Die Tatsache des Fernsehens. In: Adelmann et al. 2001, S. 125-164.

Christian-Smith, Linda / Cherland, Meredith (1999) An Open Letter to our Readers: X-Changes on The X-Files. In: Journal of Adolescent & Adult Literacy 42,6, S. 495-500.

Creeber, Glen (2011): Online-Serien: Intime Begegnung der dritten Art. In: Blanchet et al (2011), S. 377-396.

Creeber, Glen / Hills, Matt (2007) TVIII. Into, or Towards, a New Television Age? In: New Review of Film and Television Studies 5,1 (Special Issue: TVIII), S. 1-4.

Cuneo, Joshua (2011) ›Hello, Computer‹: The Interplay of Star Trek and Modern Computing. In: Ferro/Swedin 2011, S. 131-147.

Cuntz, Michael (2011) Kommentar. In: Zeitschrift für Medien- und Kulturforschung 2,1, S.83-92.

Cuntz, Michael (2013) Gehen, schalten, falten. Produktive Räume und Medienlogik in The West Wing. In: Maeder/Wentz 2013a, S. 31-52.

Davis, Rachel Leibrock (1996) The X-Phile Facts. Online: [http://www.metroactive.com/papers/metro/07.25.96/xfiles-9630.html]; Zugriff: 18.09.2013.

Davis, William B (2009) Foreword. In: Kowalski 2009, S. vii-xii.

Dawson, Max (2007) Little Players, Big Shows: Format, Narration, and Style on Television's New Smaller Screens. In: Convergence: The International Journal of Research into New Media Technologies 13,3, S. 231-250.

Dean, Jodi (1998) Aliens in America. Conspiracy Cultures from Outerspace to Cyberspace. Ithaca: Cornell University Press.

Delany, Samuel R (2005) Some Presumptuous Approaches to Science-Fiction. In: Gunn/Candelaria 2005, S. 289-300.

Deleuze, Gilles (1988) Spinoza. Praktische Philosophie. Berlin: Merve.

Deleuze, Gilles (1989) Das Bewegungs-Bild. Kino 1. Frankfurt a.M.: Suhrkamp.

Deleuze, Gilles (1991) Das Zeit-Bild. Kino 2. Frankfurt a.M.: Suhrkamp.

Deleuze, Gilles (1993a) Unterhandlungen 1972-1990. Frankfurt a.M.: Suhrkamp.

Deleuze, Gilles (1993b) Postskriptum über die Kontrollgesellschaften. In: Deleuze 1993a, S. 254-262.

Deleuze, Gilles (1993c) Logik des Sinns. Frankfurt a.M.: Suhrkamp.

Deleuze, Gilles (2007) Differenz und Wiederholung. 3. Aufl. München: Fink.

De Certeau, Michel (1988) Die Kunst des Handelns. Berlin: Merve.

Dias-Branco, Sérgio (2010) Sci-Fi Ghettos. Battlestar Galactica and Genre Aesthetics. In: Battlestar Galactica. Investigating Flesh, Spirit, and Steel. Hgg. v. Roz Kaveney & Jennifer Stoy. London: I.B. Tauris, S. 185-198.

Diderot, Denis (1964) Paradox über den Schauspieler. Frankfurt a.M.: Insel.

Diederichsen, Diedrich (2012) The Sopranos. Berlin: Diaphanes.

Dika, Vera (2003) Recycled Culture in Contemporary Art and Film. The Uses of Nostalgia. Cambridge: Cambridge Univ. Press.

Disch, Thomas M (1998) The Dreams Our Stuff is Made Of: How Science-Fiction Conquered the World. New York u. a.: Free Press.

Di Justo, Patrick / Grazier, Kevin (2010) The Science of Battlestar Galactica. Hoboken: John Wiley & Sons.

Doane, Mary Ann (1986) The Voice in the Cinema: The Articulation of Body and Space. In: Rosen 1986, S. 335-348.

Dreher, Christoph / Lang, Christine (2013) Breaking Down Breaking Bad. Dramaturgie und Ästhetik einer Fernsehserie. München: Fink.

Eberl, Jason T (Hrsg.) (2008) Battlestar Galactica and Philosophy. Knowledge Here Begins Out There. Malden, MA: Blackwell.

Eco, Umberto (1985) TV: La transparence perdue. In: ders.: La Guerre du faux. Paris: Grasset, S. 141-158.

Eco, Umberto (1988) Die Welten der Science-Fiction. In: Über Spiegel und andere Phänomene. Hgg. v. Umberto Eco & Burkhart Kroeber. München/Wien: Hanser, S. 214-222.

Eco, Umberto (1989) Serialität im Universum der Kunst und der Massenmedien. In: ders.: Im Labyrinth der Zeichen. Texte zu Kunst und Zeichen. Leipzig: Reclam, S. 301-324.

Einstein, Albert (2009) Über die spezielle und die allgemeine Relativitätstheorie (24. Aufl.). Berlin: Springer.

Eisenbud, Jule (1975) GedankenPhotographie. Die PSI-Aufnahmen des Ted Serios. Freiburg im Breisgau: Aurum.

Ellis, John (2002) Fernsehen als kulturelle Form. In: Adelmann et al. 2001, S. 44-73.

Emerson, Ralph Waldo (1888) The American Scholar. In: Selected Writings of Ralph Waldo Emerson. London: Walter Scott, S. 316-335.

Engell, Lorenz (2003): Tasten, Wählen, Denken. Genese und Funktion einer philosophischen Apparatur. In: Medienphilosophie. Beiträge zur Klärung eines Begriffs. Hgg. v. Stefan Münker, Alexander Roesler & Mike Sandbothe. Frankfurt a.M.: Fischer, S. 55-77.

Engell, Lorenz (2004) Zeit und Zeichen, Welt und Wahl. Das amerikanische Fernsehen und der Kalte Krieg. In: 1950. Wendemarke der Mediengeschichte. Hgg. v. Lorenz Engell, Bernhard Siegert & Joseph Vogl. Weimar: Verl. d. Bauhaus-Universität (= Archiv für Mediengeschichte, 4), S. 231-249.

Engell, Lorenz (2006) Das Ende des Fernsehens. In: Fahle/Engell 2006, S. 137-156.

Engell, Lorenz (2007) Ich sind die anderen. Individualität im Zeitalter digitaler Massenmedien. In: Gedanken zu den Medien und ihrer Ordnung. Festschrift für Dr. Victor Henle (= Schriftenreihe des Instituts für Europäisches Medienrecht, Bd. 35). Baden-Baden: Nomos, S.211-224.

Engell, Lorenz (2008) Film und Fama. Citizen Kane. In: Brokoff et al. 2008, S. 322-337.

Engell, Lorenz (2011) Erinnern/Vergessen. Serien als operatives Gedächtnis des Fernsehens. In: Blanchet et al. 2011, S. 115-133.

Engell, Lorenz (2013a) Zur Chemie des Bildes. Bemerkungen über »Breaking Bad«. In: Bildwerte. Visualität in der Digitalen Medienkultur. Hgg. v. Gundolf S. Freyermuth & Lisa Gotto (= Bild und Bit, Studien zur Digitalen Medienkultur, Bd. 1). Bielefeld: transcript, S.195-206.

Engell, Lorenz (2013b) Über den Agenten. Bemerkungen zu einer populären Figur der Dia-Medialität. In: Paradoxalität des Medialen. Hgg. v. Jan-Henrik Möller, Jörg Sternagel & Lenore Hipper. München: Fink, S. 41-58.

Engell, Lorenz (2013c) Zeitagenten und Agentenzeit. Uhrenhandeln in Christiane Marclays »The Clock«. In: Körper des Denkens. Neue Positionen der Medienphilosophie. Hgg. v. Lorenz Engell, Frank Hartmann & Christiane Voss. München: Fink, S. 305-317.

Engell, Lorenz (2015) Agentur. In: Essays zur Film-Philosophie. Hgg. v. Lorenz Engell, Oliver Fahle, Vinzenz Hediger & Christiane Voss. München: Wilhelm Fink, S. 17-62.

Engell, Lorenz / Englert, Carina Jasmin / Kempken, Natascha / Maeder, Dominik / Reichertz, Jo / Schröter, Jens / Wentz, Daniela (2014) Das Fernsehen als Akteur und Agent. In: Die Mediatisierung sozialer Welten. Synergien empirischer Forschung. Hgg. v. Friedrich Krotz, Cathrin Despotovic & Merle-Marie Kruse. Wiesbaden: Springer VS, S.145-164.

Epstein, Jean (1974) Écrits sur le cinéma. Bd. 1. Paris: Éditions Seghers

Ernst, Wolfgang (2003) Im Namen von Geschichte. Sammeln – Speichern – Er/Zählen. Infrastrukturelle Konfigurationen des deutschen Gedächtnisses. München: Fink.

Eschkötter, Daniel (2012) The Wire. Berlin: Diaphanes.

Evans, Elizabeth (2011) Transmedia Television. Audiences, New Media and Daily Life. New York u. a.: Routledge.

Fagerjord, Anders / Storsul, Tanja (2007) Questioning Convergence. In: Ambivalence Towards Convergence. Digitalization and Media change. Hgg. v. Tanja Storsul & Dagny Stuedahl. Göteborg: Nordicom, S. 19-31.

Fahle, Oliver (2010) Die Simpsons und der Fernseher. In: Meteling/Otto/Schabacher 2010, S. 231-242.

Fahle, Oliver (2012) Im Diesseits der Narration. Zur Ästhetik der Fernsehserie. In: Kelleter 2012, S. 169-181.

Fahle, Oliver / Engell, Lorenz (Hrsg.) (2006) Philosophie des Fernsehens. München: Fink.

Felzmann, Sebastian (2010) Playing Yesterday: Mediennostalgie und Videospiele. In: Böhn/Möser 2010, S. 197-215.

Ferro, David L. / Swedin, Eric G (Hrsg) (2011) Science-Fiction and Computing. Essays on Interlinked Domains. NC u. a.: McFarland.

Feuer, Jane (1983) The Concept of Live Television: Ontology as Ideology. In: Regarding Television. Critical Approaches – An Anthology. Hgg. v. E. Ann Kaplan, Frederick: American Film Institute, S. 12-22.

Feuer, Jane (1992) Genre Study and Television. In: Channels of Discourse, Reassembled. Television and Contemporary Criticism. Hgg. v. Robert C. Allen. London/ New York: Routledge, S. 138-160.

Feuer, Jane / Kerr, Paul / Vahimagi, Tise (Hrsg.) (1984) MTM 'Quality Television'. London: Bfi Publishing.

Fiske, John (1993) Power Plays, Power Works. London: Verso.

Foucault, Michel (1974) Dies ist keine Pfeife. München: Hanser.

Foucault, Michel (1978) Dispositive der Macht. Über Sexualität, Wissen und Wahrheit. Berlin: Merve.

Foucault, Michel (2006) Die Geburt der Biopolitik. Geschichte der Gouvernementalität II, Vorlesung am Collège de France 1978-1979. Frankfurt a.M.: Suhrkamp.

Fried, Michael (1998) Art and Objecthood. Essays and Reviews. Chicago: The University of Chicago Press.

Fröhlich, Vincent (2015) Der Cliffhanger und die serielle Narration. Analyse einer transmedialen Erzähltechnik. Bielefeld: transcript.

Fuchs, Peter (1997) Adressabilität als Grundbegriff der soziologischen Systemtheorie. In: Soziale Systeme 3,1, S. 57-80.

Fukuyama, Francis (1992) Das Ende der Geschichte. Wo stehen wir? München: Kindler.

Galison, Peter (1997) Image and Logic. A Material Culture of Microphysics. Chicago, IL: Chicago Press.

Gall, Dorothee (2008) Monstrum horrendum ingens. Konzeptionen der fama in der griechischen und römischen Literatur. In: Brokoff et al. 2008, S. 24-43.

Geimer, Peter (Hrsg.) (2002a) Ordnungen der Sichtbarkeit. Photographie in Kunst, Wissenschaft und Technologie. Frankfurt a.M.: Suhrkamp.

Geimer, Peter (2002b) Was ist kein Bild? Zur Störung der Verweisung. In: ders. 2002a, S. 313-341.

Gell, Alfred (1998) Art and Agency. An Anthropological Theory. Oxford: Clarendon Press.

Geraghty, Lincoln (2009a) ›Welcome to the World of Tomorrow!‹ Animating Science-Fictions of the Past and Present in Futurama. In: Geraghty 2009b, S. 149-164.

Geraghty, Lincoln (2009b) Channeling the Future. Essays on Science-Fiction and Fantasy Television. Lanham u. a.: Scarecrow.

Gibson, William (1982) Burning Chrome. In: Omni Magazine, Juli 1982, S. 72-77.

Gibson, William (2000) [1988] Mona Lisa Overdrive. In: Die Neuromancer Trilogie. München: Wilhelm Heine, S. 661-1000.

Glaubitz, Nicola / Schröter, Jens (2008) Surrealistische und surreale Elemente in Twin Peaks. In: Surrealismus im Film. Hgg. von Michael Lommel, Isabel Maurer-Queipo & Volker Roloff. Bielefeld: transcript, S. 281-300.

Gözen, Jiré Emine (2012) Cyberpunk Science-Fiction. Literarische Fiktionen und Medientheorie. Bielefeld: transcript.

Graham, Allison (1996) »Are You Now or Have You Ever Been?« Conspiracy Theory and the X-Files. In: Lavery/Hague/Cartwright 1996a, S. 52-62.

Gramelsberger, Gabriele (2010) Computerexperimente. Zum Wandel der Wissenschaft im Zeitalter des Computers. Bielfeld: transcript.

Grampp, Sven / Ruchatz, Jens (2014) Die Enden der Fernsehserie (= Hefte zur Medienkulturforschung 2/2014) Hamburg: avinus.

Greenfield, Adam (2006) Everyware. The Dawning Age of Ubiquitous Computing. Berkeley, CA: New Riders.

Grote, David (1983) The End of Comedy. The Sitcom and the Comedic Tradition. Hamden: Anchon Books.

Gunn, James / Candelaria, Matthew (Hrsg.) (2005) Speculations on Speculation. Theories of Science-Fiction. Lanham u. a.: Scarecrow.

Haderer, Christian / Bachschwöll, Wolfgang (1996) Kultserien im Fernsehen. München: Heyne.

Hahn, Marcus / Schüttpelz, Erhard (Hrsg.) (2009) Trancemedien und Neue Medien um 1900. Ein anderer Blick auf die Moderne. Bielefeld: transcript.

Haigh, Thomas (2011) Technology's Other Storytellers. Science-Fiction as History of Technology. In: Ferro/Swedin 2011, S. 13-37.

Haines, Richard F (1987) Analysis of a UFO Photograph. In: Journal of Scientific Exploration 1,2, S. 129-147.

Haralovich, Mary Beth (1992) Sitcoms and Suburbs: Positioning the 1950s Homemaker. In: Private Screenings. Television and the Female Consumer. Hgg. v. Lynn Spigel & Denise Mann. Minneapolis/London: University of Minnesota Press, S. 111-141.

Harris, Derrick (2012) Netflix analyzes a lot of data about your viewing habits. In: Gigaom.com, 14.06.2012. Online: [https://gigaom.com/2012/06/14/netflix-analyzes-a-lot-of-data-about-your-viewing-habits/]; Zugriff: 03.08.2013.

Hartley, John (1992) Tele-ology. Studies in Television. London/New York: Routledge.

Haupts, Tobias (2010) Die neuen Großen Erzählungen. Spacecenter Babylon 5 und die Science-Fiction im Fernsehen. In: Meteling/Otto/Schabacher 2010, S. 95-109.

Hellige, Hans Dieter (2007) Die Geschichte des Internet als Lernprozess. In: Informatik und Gesellschaft. Verflechtungen und Perspektiven. Hgg. v. Hans-Jörg Kreowski. Münster: LIT, S. 121-170.

Hill, Timothy G (2009) Terror, Torture, and 24: Does Jack Bauer Raise Your Personal »Threat Level«? Online: [http://www.doane.edu/sites/default/files/media/DOCUMENTS/PDFs/24%20Study.pdf] Zugriff: 25.02.2013.

Hilmes, Michelle (Hrsg.) (2003) The Television History Book. London: BFI.

Hilmes, Michelle (2011) Only Connect. A Cultural History of Broadcasting in the United States. Boston, MA u. a.: Wadsworth.

Hinterwaldner, Inge (2010) Das systemische Bild. Ikonizität im Rahmen computerbasierter Echtzeitsimulationen. München: Fink.

Hjavard, Stig (2009) Soft Individualism. Media and the Changing Social Character. In: Lundby 2009, S.159-177.

Hoffmann, Niklas / Raab, Klaus (2013): Ein Kult für alle Fälle. Die ultimativen Serien der Achtziger. Frankfurt a.M.: Suhrkamp.

Hofstadter, Richard (1971) The Paranoid Style in American Politics. In: The Fear of Conspiracy. Images of Un-American Subversion from the Revolution to the Present. Hgg. v. David Brion Davis. Ithaca, NY: Cornell Univ. Press, S. 2-22.

Horn, Eva (2007) Der geheime Krieg. Verrat, Spionage und moderne Fiktion. Frankfurt a.M.: Fischer.

Hurst, Matthias (2001) Im Spannungsfeld der Aufklärung. Von Schillers Geis-terseher zur Serie The X-Files. Rationalismus und Irrationalismus in Literatur, Film und Fernsehen 1789-1999. Heidelberg: Winter.

Jahn-Sudmann, Andreas / Kelleter, Frank (2012) Die Dynamik serieller Überbietung. Amerikanische Fernsehserien und das Konzept des Quality-TV. In: Kelleter 2012, S. 205-224.
Jameson, Fredric (1984) Postmodernism, or The Cultural Logic of Late Capitalism. In: New Left Review, 146, S. 55-93.
Jameson, Fredric (1994) Surrealismus ohne das Unbewusste. In: Philosophische Ansichten der Kultur der Moderne. Hgg. v. Andreas Kuhlmann. Frankfurt a. M.: Fischer.
Jay, Martin (1993) Downcast Eyes. The Denigration of Vision in Twentieth-Century Thought. Berkely, CA: University of California Press.
Jenkins, Henry (2006) Convergence Culture. Where Old and New Media Col-lide. New York: New York Univ. Press.
Johns, Adrian (1998) The Nature of the Book. Print and Knowledge in the Mak-ing. Chicago/London: University of Chicago Press.
Johnson, Catherine (2005) Quality Cult Television: The X-Files and Television History. In: The Contemporary Television Series. Hgg. v. Michael Hammond & Lucy Mazdon. Edinburgh: Edinburgh University Press, S. 57-71.
Johnson, Derek (2013) Media Franchising. Creative License and Collaboration in the Culture Industries. New York: NYU Press.
Jones, Gerard (1992) Honey, I'm Home! Sitcoms: Selling the American Dream. New York: St. Martins Press.
Kanfer, Stefan (2003) Ball of Fire. The Tumultous Life and Comic Art of Lucille Ball. New York: Vintage Books.
Kapferer, Jean-Noël (1997) Gerüchte. Das älteste Massenmedium der Welt. Berlin: Aufbau Taschenbuch Verlag.
Karnowski, Veronika (2008) Das Mobiltelefon im Spiegel fiktionaler Fernsehserien. Symbolische Modelle der Handyaneignung. Wiesbaden: VS, Verlag für Sozialwissenschaften.
Kassung, Christian (2009) Die Unordnung der Dinge. Eine Wissens- und Mediengeschichte des Unfalls. Bielefeld: transcript.
Katz, Elihu / Lazarsfeld, Paul (1955) Personal Influence: The Part Played by People in the Flow of Mass Communication. Glancoue, Ill.: Free Press.
Kaveney, Roz / Stoy, Jennifer (Hrsg.) (2010) Battlestar Galactica. Investigating Flesh, Spirit, and Steel. London: I.B. Tauris.
Kaye, Miranda (1996) Is the Truth Out There? Boundaries, The X-Files and the World Wide Web. Online: [http://www.otago.ac.nz/deepsouth/vol2no3/mirand.html]; Zugriff: 18.09.2013.
Keel, John (1975) The Flying Saucer Subculture. In: Journal of Popular Culture 8,4, S. 871-896.
Kelleter, Frank (Hrsg.) (2012) Populäre Serialität: Narration – Evolution – Distinktion. Bielefeld: transcript.

Kellner, Douglas (1999) The X-Files and the Aesthetics and Politics of Postmodern Pop. In: The Journal of Aesthetics and Art Criticism 57,2, S. 161-175.

King, Rachel (2012) Panel: Netflix, StubHub, IBM execs discuss value of big data. In: ZDNet.com, 10.8.2012. Online: [http://www.zdnet.com/panel-netflix-stubhub-ibm-execs-discuss-value-of-big-data-7000002470/]; Zugriff: 03.08.2013.

Kinney, Katherine (2001) The X-Files and the Borders of the Post-Cold War World. In: Journal of Film and Video 53,4, S. 54-71.

Kirchmann, Kay (2004) Das Gerücht und die Medien. Medientheoretische Annäherungen an einen Sondertypus der informellen Kommunikation. In: Medium Gerücht. Studien zu Theorie und Praxis einer kollektiven Kommunikationsform. Hgg. v. Manfred Bruhn & Werner Wunderlich. Bern/Stuttgart/Wien 2004, S. 67-83

Kirchmann, Kay (2006): Philosophie der Möglichkeiten. Das Fernsehen als konjunktivisches Erzählmedium. In: Fahle/Engell 2006, S. 157-172.

Kittler, Friedrich A (1993) Synergie von Mensch und Maschine. In: Kunst machen. Gespräche über die Produktion von Bildern. Hgg. von Florian Rötzer & Sarah Rogenhofer. Leipzig: Reclam, S. 83-102.

Knörer, Ekkehard (2013) Battlestar Galactica. Zürich/Berlin: diaphanes.

Koch, Gertrud (2015) Breaking Bad. Zürich: diaphanes.

Koch, Lars (2008) ›It will get even worse‹. Zur Ökologie der Angst in der US-amerikanischen Serie 24. In: Was bisher geschah. Serielles Erzählen im zeitgenössischen amerikanischen Fernsehen. Hgg. v. Sascha Seiler. Köln: Schnitt – der Filmverlag, S. 98-115.

Kompare, Derek (2005) Rerun Nation: How Repeats Invented American Television. New York: Routledge.

Kompare, Derek (2006) Publishing Flow. DVD Box Sets and the Reconception of Television. In: Television and New Media 7,4, S. 335-360.

Kowalski, Dean A (Hrsg.) (2009) The Philosophy of The X-Files. Kentucky: University Press of Kentucky.

Kowalski, Dean A. / Kreider, Evan (2009) The Many Tales of »Jose Chung«. In: Kowalski 2009, S. 209-229.

Krause, Marcus (2014) »An Amorphous Series Detailling Society's Ills«. Probleme der Aufklärung im Zeitalter des premium cable television. In: The Wire. Analysen zur Kulturdiagnostik populärer Medien. Hgg. v. Jörn Ahrend, Michael Cuntz, Lars Koch, Marcus Krause & Philipp Schulte. Wiesbaden: Springer VS, S. 51-80.

Krause, Markus / Meteling, Arno / Stauff, Markus (2011) Einleitung. In: The Parallax View. Zur Mediologie der Verschwörung. Hgg. von Markus Krause, Arno Meteling & Markus Stauff. München: Fink 2011, S. 9-42.

Krotz, Friedrich (2007) Mediatisierung. Fallstudien zum Wandel der Kommunikation. Wiesbaden: VS Verlag für Sozialwissenschaften.

Krotz, Friedrich / Hepp, Andreas (Hrsg.) (2012) Mediatisierte Welten. Forschungsfelder und Beschreibungsansätze. Wiesbaden: VS Verlag.

Kümmel, Albert / Scholz, Leander / Schumacher, Eckhard (Hrsg.) (2004) Einführung in die Geschichte der Medien. Paderborn: Fink.

Laplanche, Jean / Pontalis, Jean-Bertrand (1973) Das Vokabular der Psychoanalyse. Frankfurt a.M.: Suhrkamp.

Latour, Bruno (1987) Science in Action. How to Follow Scientists and Engineers Through Society. Milton Keynes: Open Univ. Press.

Latour, Bruno (2002) Die Hoffnung der Pandora. Untersuchungen zur Wirklichkeit der Wissenschaft. Frankfurt a.M.: Suhrkamp.

Latour, Bruno (2008) Wir sind nie modern gewesen. Versuch einer symmetrischen Anthropologie. Frankfurt a.M.: Suhrkamp.

Lavery, David (2008) The Island's Greatest Mystery. Is Lost Science-Fiction? In: The Essential Science-Fiction Television Reader. Hgg. v. J. P. Telotte. Lexington: University Press of Kentucky, S. 283-245.

Lavery, David / Hague, Angela / Cartwright, Marla (Hrsg.) (1996a) Deny All Knowledge. Reading The X-Files. Syracuse, NY: Syracuse University Press.

Lavery, David / Hague, Angela / Cartwright, Marla (1996b) Introduction. In: Lavery/Hague/Cartwright 1996a, S. 1-21.

Lentz, Kirsten Marthe (2000) Quality versus Relevance. Feminism, Race, and the Politics of the Sign in 1970s Television. In: Camera Obscura 15,1 Press, S. 45-93.

Leonard, Andrew (2013) How Netflix is Turning Viewers into Puppets. In: Salon.com, 01.02.2013. Online: [http://www.salon.com/2013/02/01/how_netflix_is_turning_viewers_into_puppets/]; Zugriff: 03.08.2013.

Leverette, Marc / Ott, Brian L. / Buckley, Cara Louise (Hrsg.) (2007) It's Not TV. Watching HBO in the Post-Television Era. London: Routledge.

Lévy, Pierre (1998) Die Erfindung des Computers. In: Elemente einer Geschichte der Wissenschaften. Hgg. v. Michel Serres. Frankfurt a.M.: Suhrkamp, S. 905-944.

Lewis, John E. Lewis / Stempel, Penny (1993) Cult TV. The Essential Critical Guide. London: Pavillion.

Lohhoff, Ernst / Trenkle, Norbert (2011) Die große Entwertung. Warum Spekulation und Staatsverschuldung nicht die Ursache der Krise sind. Münster: Unrast.

Lotz, Amanda D (2007) The Television Will Be Revolutionized. New York: New York Univ. Press.

Lovink, Geert (2011) Anonymität und die Krise des multiplen Selbst. In: Generation Facebook. Über das Leben im Social Net. Hgg. v. Oliver Leistert & Theo Röhle. Bielefeld: transcript, S. 183-198.

Lowry, Brian (1996) Trust No One. The Official Guide to The X-Files. New York: HarperPrism.

Luhmann, Niklas (1984) Soziale Systeme. Grundriß einer allgemeinen Theorie. Frankfurt a.M.: Suhrkamp.

Luhmann, Niklas (1992) Beobachtungen der Moderne. Opladen: Westdt. Verlag.

Luhmann, Niklas (1995) Die Realität der Massenmedien. Opladen: Westdt. Verlag.

Lundby, Knut (2009) Media Logic. Looking for Social Interaction. In: Mediatization. Concept, Changes, Consequences. Hgg. v. Knut Lundby. New York: Lang, S.102-119.

Maeder, Dominik (2013) Transmodalität transmedialer Expansion. Die TV-Serie zwischen Fernsehen und Online-Medien. In: Maeder/Wentz 2013a, 105-126.

Maeder, Dominik / Wentz, Daniela (Hrsg.) (2013a) Navigationen. Zeitschrift für Medien- und Kulturwissenschaften 1/2013: Der Medienwandel der Serie. Siegen: universi.

Maeder, Dominik / Wentz, Daniela (2013b) Einleitung. Der Medienwandel der Serie. In: Maeder/Wentz 2013a, S. 7-12.

Marshall, P. David (2009) Screens. Television's Dispersed Broadcast. In: Television Studies After TV. Understanding Television in the Post- Broadcast Era. Hgg. v. Graeme Turner & Jinna Tay. New York/London: Routledge, S. 42-50.

Marvin, Carolyn (1990) When Old Technologies Were New. Thinking About Electric Communication in the Late Nineteenth Century. New York: Oxford University Press.

Mayer, Gerhard (2008) UFOs in den Massenmedien – Anatomie einer Thematisierung. In: Von Menschen und Außerirdischen. Transterrestrische Begegnungen im Spiegel der Kulturwissenschaft. Hgg. von Michael Schetsche & Martin Engelbrecht. Bielefeld: transcript S. 105-132.

Mayer, Jane (2007) Whatever it Takes. The Politics of the Man Behind 24. In: The New Yorker, 19.02.2007. Online: [http://www.newyorker.com/reporting/2007/02/19/070219fa_fact_mayer]; Zugriff: 25.02.2013.

McCabe, Janet / Akass, Kim (Hrsg.) (2007) Quality TV. Contemporary American Television and Beyond. London/New York: I.B. Tauris.

McLuhan, Marshall (1964) Understanding Media. The Extensions of Man. New York: McGraw Hill.

McPherson, Tara (1993) Disregarding Romance and Refashioning Feminity. Getting Down and Dirty with the Designing Women. In: Camera Obscura 11,2, S. 102-123.

Merleau-Ponty, Maurice (1986) Das Sichtbare und das Unsichtbare. Gefolgt von Arbeitsnotizen. München: Fink.

Meteling, Arno / Otto, Isabell / Schabacher, Gabriele (Hrsg.) (2010) ›Previously on...‹. Zur Ästhetik der Zeitlichkeit neuerer TV-Serien. München: Fink.

Miller, Fred D. / Smith, Nicholas D (1982) Introduction: The Philosophical Appeal of Science-Fiction. In: Philosophers Look at Science-Fiction. Hgg. v. Nicholas D. Smith. Chicago: Nelson-Hall, S. 1-19.

Miller, Liz Shannon (2013) Binge-viewing Netflix's House of Cards: I Just Had a Very Long Day of Drama. In: PaidContent.org, 01.02.2013. Online: [http://paidcontent.org/2013/02/01/

binge-viewing-netflixs-house-of-cards-i-just-had-a-very-long-day-of-drama/]; Zugriff: 02.08.2013.

Mills, Brett (2004) Comedy Verité: Contemporary Sitcom Form. In: Screen 45,1, S. 63-78.

Mitchell, W. J. T. (2004) What Do Pictures Want? The Lives and Loves of Images. Chicago, Ill.: University of Chicago Press.

Mittell, Jason (2003) The ›Classic Network System‹ in the US. In: Hilmes 2003, S. 44-49.

Mittell, Jason (2006) Narrative Complexity in Contemporary American Television. In: The Velvet Light Trap 58, S. 29-40.

Mittell, Jason (2009) All in the Game: The Wire, Serial Storytelling and Procedural Logic. In: Third Person: Authoring and Exploring Vast Narratives. Hgg. v. Pat Harrigan & Noah Wardrip-Fruin. Cambridge: MIT Press, S. 429-438.

Mittell, Jason (2011) Serial Boxes. DVD Editionen und der kulturelle Wert amerikanischer Fernsehserien. In: Blanchet et al. 2011, S. 133-152.

Morningstar, Chip / Farmer, F. Randall (1991) The Lessons of Lucasfilm's Habitat. In: Cyberspace. First Steps. Hgg. v. Michael Benedikt. Cambridge, MA: MIT Press, S. 273-302.

Morsch, Thomas (2010) Repräsentation, Allegorie, Ekstase – Phantasien des Politischen in aktuellen Fernsehserien / Representation, Allegory, Ecstasy - Fantasies of the Political in Contemporary Television Series. In: Autorenserien. Die Neuerfindung des Fernsehens / Auteur Series. The Re-invention of Television. Hgg. v. Christoph Dreher. Stuttgart: merz&solitude, S. 199-249.

Morshed, Adnan (2004) The Aesthetics of Ascension in Norman Bel Geddes's Futurama. In: Journal of the Society of Architectural Historians 63,1, S. 74-99.

Möser, Kurt (2010) Fortdauer und Wiederkehr des Alten in der Technik. In: Böhn/Möser 2010, S. 17-40.

Mueller, Daniel (2006) UFO. Ein unsichtbares Phänomen und seine Bilder. Ausstellungskatalog. Biel: Ed. Haus am Gern.

Murphy, Graham J. / Vint, Sherryl (2010) Beyond Cyberpunk. New Critical Perspectives. New York u. a.: Routledge.

Murray, Matthew (2003) Establishment of the US Television Networks. In: Hilmes 2003, S. 35-39.

Münker, Stefan (2005) Virtualität. In: Grundbegriffe der Medientheorie. Hgg. v. Alexander Roesler & Bernd Stiegler. Paderborn: Wilhelm Fink Verlag, S. 244-250.

Neubauer, Hans-Joachim (1998) Fama. Eine Geschichte des Gerüchts. Berlin: Berlin Verlag.

Newcomb, Horace M. / Hirsch, Paul M (2009) Fernsehen als kulturelles Forum. Neue Perspektiven für die Medienforschung. In: Texte zur Theorie und Geschichte des Fernsehens. Hrsg. v. Michael Grisko. Stuttgart: Reclam, S. 182-197.

Newman, Michael Z (2006) From Beats to Arcs: Toward a Poetics of Television Narrative. In: The Velvet Light Trap 58, S.16-28.

Nicholas, Kyle (2006) Post TV. The Future of Television. In: Tele-Visions. An Introduction to Studying Television. Hgg. v. Glen Creeber. London: BFI Publ., S. 153-168.

Nichols, Bill (2010) Introduction to Documentary. Bloomington: Indiana University Press.

Nickell, Joe (1994) Camera Clues. A Handbook for Photographic Investigation. Lexington: University Press of Kentucky.

Niemeyer, Katharina / Wentz, Daniela (2016) The Island Of The Day After: The Television Series LOST and the Post-9/11-Era. In: Beil/Schwaab/Wentz (2016), im Erscheinen.

Olek, Daniela (2011) Lost und die Zukunft des Fernsehens. Die Veränderung des seriellen Erzählens im Zeitalter von Media Convergence. Stuttgart: ibidem.

Otto, Isabell (2010) Countdown der Krankheit. House M.D. und die Blicke in den Körper. In: Meteling/Otto/Schabacher 2010, S. 243-258.

Otto, Isabell (2013) Die Fernsehserie jenseits des Fernsehens. ARTE und die Web-Serie Addicts. In: Maeder/Wentz 2013a, S. 127-141.

Ovid (1979) Metamorphosen. In deutsche Hexameter übertragen und mit dem Text hgg. v. Erich Rösch (8. Auflage). München: Heimeran Verlag.

Palm, Goedart (2004) CyberMedienWirklichkeit. Virtuelle Welterschließungen. Hannover: Heise.

Pane, Salvatore (2010) The Changing Definition of Overflow In the Age of Broadband Internet: How Lost Changed the Way We Look at Media and Cultural Convergence. Online: [salvatore-pane.com/2010/04/26/the-changing-definition-of-overflow-in-the-age-of-broadband-internet-how-lost-changed-the-way-we-look-at-media-and-cultural-convergence/]; Zugriff: 01.06.2014.

Pank, Dylan / Caro, John (2009) ›Haven't you heard? They look like us now!‹ Realism and Metaphor in the New Battlestar Galactica. In: Geraghty 2009b, S. 199-215.

Parks, Lisa (2002) Cracking Open the Set. Television Repair and Tinkering with Gender. In: Small Screens, Big Ideas. Television in the 1950s. Hgg. v. Janet Thumin. London: I.B. Tauris, S. 223-243.

Parks, Lisa (2004) Flexible Microcasting: Gender, Generation and Television-Internet Convergence. In: Spigel/Olsson 2004, S. 133-162.

Passoth, Jan-Hendrik / Wehner, Josef (Hrsg.) (2013) Quoten, Kurven und Profile. Zur Vermessung der sozialen Welt. Wiesbaden: Springer.

Pearson, Roberta (2007) Lost in Transition. From Post-Network to Post-Televi-sion. In: Quality TV. Contemporary American Television and Beyond. Hgg. v. Janet McCabe & Kim Akass. London u. a.: Tauris, S. 239-256.

Pearson, Roberta (Hrsg.) (2009) Reading Lost. Perspectives on a Hit Television Show. London u. a.: Tauris.

Peterson, Mark C. E (2009) The Truth is Out There. Abduction, Aliens and Alienation. In: Kowalski 2009, S. 17-36.

Piepiorka, Christine (2011) Lost in Narration. Narrativ komplexe Serienformate in einem transmedialen Umfeld. Stuttgart: ibidem.

Poniewozik, James (2007) The Evolution of Jack Bauer. In: Time.com, 14.01.2007. Online: [http://www.time.com/time/magazine/article/0,9171,1576853,00.html]; Zugriff: 26.02.3013.

Potter, Tiffany / Marshall, C. W (Hrsg.) (2008a) Cylons in America. Critical Studies in Battlestar Galactica. New York: Continuum.

Potter, Tiffany / Marshall, C. W (2008b) ›I See the Patterns.‹ Battlestar Galactica and the Things That Matter. In: Potter/Marshall 2008a, S. 1-10.

Regener, Susanne (1999) Photographische Erfassung. Zur Geschichte medialer Konstruktionen des Kriminellen. München: Wilhelm Fink.

Reichertz, Jo (2006) Das Fernsehen als Akteur. In: Medien der Gesellschaft – Gesellschaft der Medien. Hgg. v. Andreas Ziemann. Konstanz: UVK, S. 231-246.

Rhodes, Gary D (Hrsg.) (2006) Docufictions. Essays on the Intersection of Doc-umentary and Fictional Filmmaking. Jefferson, NC: McFarland.

Rich, Frank (2007) All the President's Press. In: nytimes.com, 29.04.2007. Online: [http://select.nytimes.com/2007/04/29/opinion/29rich.html?_r=3&pagewanted=1&]; Zugriff: 04.08.2007.

Roberts, Adam (2000) Science-Fiction. New York u. a.: Routledge

Roberts, Adam (2006) The History of Science-Fiction. Basingstoke u. a.: Palgrave Macmillan.

Rogers, Mark C. / Epstein, Michael / Reeves, Jimmy L (2002) The Sopranos as HBO Brand Equity. The Art of Commerce in the Age of Digital Reproduction. In: This Thing of Ours. Investigating The Sopranos. Hgg. v. David Lavery. New York: Columbia University Press, S. 42-57.

Rosen, Philip (Hrsg.) (1986): Narrative, Apparatus, Ideology: A Film Theorie Reader. New York: Columbia University Press.

Rosol, Christoph (2007) RFID. Vom Ursprung einer (all)gegenwärtigen Kulturtechnologie. Berlin: Kadmos.

Roth, Daniel (2009) Netflix Everywhere: Sorry Cable, You're History. In: Wired.com, 21.09.2009. Online: [http://www.wired.com/techbiz/it/magazine/17-10/ff_netflix?currentPage=all]; Zugriff: 03.08.2013.

Rothöhler, Simon (2012) The West Wing. Berlin: Diaphanes.

Röser, Jutta / Peil, Corinna (2012) Das Zuhause als mediatisierte Welt im Wandel. Fallstudien und Befunde zur Domestizierung des Internets als Mediatisierungsprozess. In: Krotz/Hepp 2012, S. 137-163.

Schabacher, Gabriele (2016) Recapping Strategies. Lost and the Parodic Reduction of a Complex Television Series. In: Beil/Schwaab/Wentz (2016).

Schanze, Helmut (2009) Die Macht des Fernsehens – Leit- und/oder Dominanzmedium? In: Leitmedien. Konzepte – Relevanz – Geschichte, Bd. 2. Hgg. v. Daniel Müller, Annemone Ligensa & Peter Gendolla. Bielefeld: transcript, S. 53-68.

Schetsche, Michael / Engelbrecht, Martin (Hrsg.) (2008) Von Menschen und Außerirdischen. Transterrestrische Begegnungen im Spiegel der Kulturwissenschaft. Bielefeld: transcript.

Schiller, Dan (1999) Digital Capitalism. Networking the Global Market System. Cambridge, MA: The MIT Press.

Schmid, Joachim (1996) Enigmatische Dokumente. Photographien von unidentifizierten Flugobjekten. In: Photogeschichte 16,61, S. 60-66.

Schmid, Theodor (2004) 49 Köpfe. Die Grimassen-Serie des Franz Xaver Messerschmidt. Diss., Zürich: Universität Zürich.

Schmöller, Verena (2011) Further Instructions. Zum seriellen Erzählen. In: Schmöller/Kühn 2011, S. 19-41.

Schmöller, Verena / Kühn, Marion (Hrsg.) (2011) Durch das Labyrinth von Lost. Die US-Fernsehserie aus kultur- und medienwissenschaftlicher Perspektive. Marburg: Schüren.

Schneider, Irmela (2010) Medien der Serienforschung. In: Meteling/Otto/Schabacher 2010, S. 41-60.

Schröter, Jens (2000) Lara Croft – Funktionen eines virtuellen Stars. In: TV-Trash. The TV Show I Love to Hate (Schriftenreihe der GFF). Hgg. von Ulrike Bergemann & Hartmut Winkler. Marburg: Schüren, S. 123-144.

Schröter, Jens (2004) Das Ende der Welt. Analoge vs. Digitale Bilder – mehr und weniger Realität? In: Analog/Digital – Opposition oder Kontinuum? Beiträge zu Theorie und Geschichte einer Unterscheidung. Hgg. von Jens Schröter & Alexander Böhnke. Bielefeld: transcript, S. 335-354.

Schröter, Jens (2005a) 1956, 1953, 1965 – Überlegungen zur Archäologie elektronischen Löschens. In: Spannungswechsel. Mediale Zäsuren zwischen den Medienumbrüchen. Hgg. von Nanette Rißler-Pipka & Isa Maurer-Queipo. Bielefeld: transcript, S. 99-123.

Schröter, Jens (2005b) Von Wissen/Unterhaltung zu offiziellem/populärem Wissen. In: Zeitschrift für Germanistik, Neue Folge XV,1, S. 96-108.

Schröter, Jens (2010) Das Zeitalter der technischen Nicht-Reproduzierbarkeit. In: Navigationen. Zeitschrift für Medien- und Kulturwissenschaften 10,1: Kulturen des Kopierschutzes 1, S. 9-36. Hgg. von Jens Schröter u. a. Siegen: unversi.

Schröter, Jens (2012) Verdrahtet. The Wire und der Kampf um die Medien. Berlin: Bertz und Fischer.

Schröter, Jens (2013) Gestaltung und Referenz in der analogen und digitalen Photographie. In: Long Lost Friends. Wechselbeziehung zwischen Design-, Medien- und Wissenschaftsforschung. Hgg. von Claudia Mareis & Christof Windgätter. Berlin: diaphanes, S. 63-76.

Schröter, Jens / Stiglegger, Marcus (Hrsg.) (2011) High Definition Cinema (= Navigationen, Zeitschrift für Medien- und Kulturwissenschaften 11,1). Siegen: universi.

Schwaab, Herbert (2010) Erfahrung des Gewöhnlichen. Stanley Carvells Filmphilosophie als Theorie der Populärkultur. Münster: LIT.

Schwaab, Herbert (2013) Transmedialität und Mediatisierung. Formen und Motive der Expansion serieller Welten und neuer Medienobjekte. In: Maeder/Wentz 2013a, S. 85-104.

Schwaab, Herbert (2016) Mystery Prime-Time Soap. Therapy, Affect and (Trans-)Mediality in Lost. In: Beil/Schwaab/Wentz 2016.

Sconce, Jeffrey (2000) Haunted Media. Electronic Presence from Telegraphy to Television. Durham & London: Duke University Press.

Sedlmayr, Gerold (2011) What They Died For. Die Mythopoetik von Lost. In: Schmöller/ Kühn 2011, S. 202-222.

Seibel, Klaudia (2005) This is Not Happening: The Multi-layered Ontology of The X-Files. In: Narrative Strategies in Television Series. Hgg. von Gaby Allrath & Marion Gymnich. Houndsmills, Basingstoke, Hampshire: Palgrave Macmillan, S. 114-131.

Seier, Andrea (2007) Remediatisierung. Die performative Konstitution von Gender und Medien. Münster u. a.: LIT Verlag.

Seier, Andrea (2013) Von der Intermedialität zur Intermaterialität. Akteur-Netzwerk-Theorie als ›Übersetzung‹ post-essentialistischer Medienwissenschaft. In: Zeitschrift für Medien- und Kulturforschung 4,2, S.149-166.

Siegert, Bernhard (2012) Doors: On the Materiality of the Symbolic. In: Grey Room 47, S. 6-23.

Silver, David (2000) Looking Backwards, Looking Forwards. Cyberculture Studies 1990-2000. In: Web.studies: Rewiring Media Studies for the Digital Age. Hgg. v. David Gauntlett. Oxford: Oxford Univ. Press, S. 19-30.

Silverstone, Roger (1994) Television and Everyday Life. London/New York: Routledge.

Simondon, Gilbert (2011) Die Existenzweise technischer Objekte (Einleitung). In: Zeitschrift für Medien- und Kulturforschung 1,2011, S. 75-82.

Simondon, Gilbert (2012) Die Existenzweise technischer Objekte. Zürich: Diaphanes.

Sparks, Glenn G (1998) Does Television News About UFOs Affect Viewers' UFO Beliefs? An Experimental Investigation. In: Communication Quarterly 3, S. 284-294.

Spiegel, Simon (2007) Die Konstitution des Wunderbaren. Zu einer Poetik des Science-Fiction Films. Marburg: Schüren.

Spiegel, Simon (2016) The Big Genre Mystery: The Mystery Genre. In: Beil/Schwaab/Wentz 2016.

Spigel, Lynn (2001) Fernsehen im Kreis der Familie. Der populäre Empfang eines neuen Mediums. In: Adelmann et al. 2001, S. 214-252.

Spigel, Lynn / Olsson, Jan (2004) Television after TV. Essays on a Medium in Transition. Durham u. a.: Duke Univ. Press.

Sprengler, Christine (2009) Screening Nostalgia. Populuxe Props and Technicolor Aesthetics in Contemporary American Film. New York u. a.: Berghahn Books.

Stauff, Markus (2005) ›Das neue Fernsehen‹. Machtanalyse, Gouvernementalität und digitale Medien. Münster: LIT.

Staun, Harald (2013) Genau das, was wir wollen. In: faz.net, 29.07.2013. Online: [http://www.faz.net/aktuell/feuilleton/medien/so-funktioniert-netflix-genau-das-was-wir-wollen-12308510.html]; Zugriff: 03.08.2013

Steiff, Josef / Tamplin, Tristan D (Hrsg.) (2008) Battlestar Galactica and Philosophy. Mission Accomplished or Mission Frakked Up? Chicago: Open Court.

Steinmüller, Karl-Heinz (1993) Versuch über den Cyberspace. Spekulative Bemerkungen zu einer neuen Technik. In: Wirklichkeitsmaschinen. Cyberspace und die Folgen. Hgg. von Karl-Heinz Steinmüller. Weinheim/Basel: Beltz, S. 129-148.

Stephenson, Neal (1994) [1992] Snow Crash. München: Goldmann.

Stichweh, Rudolf (2001) Adresse und Lokalisierung in einem globalen Kommunikationssystem. In: Die Adresse des Mediums. Hgg. v. Stefan Andrioupoulos, Gabriele Schabacher & Eckhard Schumacher. Köln: DuMont, S. 25-33.

Stipp, Horst (2009) Verdrängt Online-Sehen die Fernsehnutzung? Zehn aktuelle Medientrends in den USA. In: Media Perspektiven 5, S. 226-232.

Strömbäck, Jesper (2008) Four Phases of Mediatization: An Analysis of the Mediatization of Politics. In: The International Journal of Press/Politics 13,3, S. 228-246.

Sutherland, Ivan (1966) The Ultimate Display. In: Proceedings of the Interna-tional Federation of Information Processing Congress 1965, Jg. 2, S. 506-508.

Suvin, Darko (1979) Metamorphoses of Science-Fiction. New Haven u. a.: Yale Univ. Press.

Suvin, Darko (2005) [1968] Estrangement and Cognition. In: Gunn/Candelaria 2005, S. 23-36.

Sykora, Katharina (1983) Das Phänomen des Seriellen in der Kunst. Aspekte einer künstlerischen Methode von Monet bis zur amerikanischen Pop Art. Würzburg: Königshausen & Neumann.

Taylor, Laurie N. / Whalen, Zach (Hrsg.) (2008) Playing the Past. History and Nostalgia in Video Games. Nashville: Vanderbilt Univ. Press.

Terranova, Tiziana (2004) Network Culture. Politics for the Information Age. London: Pluto Press.

Theison, Philipp (2012) Die kommende Dichtung. Geschichte des literarischen Orakels 1450-2050. München: Wilhelm Fink.

Torpey, John (2000) The Invention of the Passport. Cambridge: Cambridge University Press.

Turkle, Sherry (2007) [2001] Ich bin Wir? In: Neue Medien. Texte zur digitalen Kultur und Kommunikation. Hgg. v. Karin Bruns & Ramon Reichert. Bielefeld: transcript, S. 505-523.

Turner, Greame / Tay, Jinna (Hrsg.) (2009) Television Studies after TV. Understanding Television in the Post-Broadcast Era. New York/London: Routledge.

Uricchio, William (2001) Medien, Simultaneität, Konvergenz. Kultur und Technologie im Zeitalter von Intermedialität. In: Adelmann et al. 2001, S. 281-310.

Uricchio, William (2004) Television's Next Generation. Technology/Interface Culture/ Flow. In: Spigel/Olsson 2004, S. 231-261.

Uricchio, William (2009) The Future of a Medium Once Known as Television. In: The YouTube Reader. Hgg. v. Pelle Snikkars & Patrick Vonderau. London: Wallflower Press, S. 24-39.

Vance, Adrian (1973) UFOs and »The Oregon Photo« – Using Photography to Tackle a Mystery. In: Peterson's Photographic Magazine (January), S. 35-37.

Van Dijk, Jan (2006) The Network Society (2. Aufl.). London, Thousand Oaks, New Delhi: Sage.

Veblen, Thorstein (2011) [1899] Theorie der feinen Leute. Frankfurt a.M.: Fischer.

Vergil (1979) Aeneis. In Zusammenarbeit mit Maria Götte (4. verb. Aufl.). Hgg. u. übers. v. Johannes Götte. München: Heimeran Verlag.

Vismann, Cornelia (2001) Akten. Medientechnik und Recht. Frankfurt a.M.: Fischer.

Vitaris, Paula / Coyle, Dan (2002) X'd Out. The Age of Mulder and Scully Ends with the Ultimate Mystery: What Went Wrong? In: Cinefantastique 34,2, S. 38-41.

Voss, Christiane (2010) Auf dem Weg zu einer Medienphilosophie anthropomedialer Relationen. In: Zeitschrift für Medien- und Kulturforschung 2,2010, S. 169-184.

Waggoner, Zach (2009) My Avatar, My Self. Identity in Video Roleplaying Games. Jefferson, NC u. a.: McFarland.

Waldenfels, Bernhard (1998) Ein menschlicher Traum für Wachende. Zur Natürlichkeit und Künstlichkeit der Erfahrung. In: Grenzen der Normalisierung. Studien zur Phänomenologie des Fremden 2. Bernhard Waldenfels. Frankfurt a.M.: Suhrkamp, S. 196-213.

Wentz, Daniela (2009) Das neue Fernsehen und die Historizität des Dispositivs. In: Die Medien und das Neue (21. Film- und Fernsehwissenschaftliches Kolloquium). Hgg. v. André Wendler & Daniela Wentz. Marburg: Schüren, S. 151-164.

Wentz, Daniela (2014) Bilderfolgen. Diagrammatologie der Fernsehserie. Weimar: Phil. Diss.

Wetzel, Linda (2005) Types and Tokens. On Abstract Objects. Cambridge: MIT Press.

White, Patrick J (1991): The Complete Mission: Impossible Dossier. New York: Avon Books.

Wieder, Irwin (1993) The Willamette Pass Oregon UFO Photo Revisited: An Explanation. In: Journal of Scientific Exploration 7,2, S. 173-198.

Wiesing, Lambert (2008) Was sind Medien? In: Was ist ein Medium? Hgg. v. Stefan Münker & Alexander Roesler. Frankfurt a.M.: Suhrkamp, S. 235-248.

Wikipedia (2014) Mystery. Online: [http://de.wikipedia.org/wiki/Mystery]; Zugriff: 24.03.2014.

Wildermuth, Mark (1999) The Edge of Chaos: Structural Conspiracy and Epis-temology in The X-Files. In: Journal of Popular Film and Television 26,4, S. 146-157.

Williams, Raymond (1974) Television. Technology and Cultural Form. London: Routledge

Winkler, Hartmut (2006) Nicht handeln. Versuch einer Wiederaufwertung des Couch Potatoe angesichts der Provokation des Interaktiv Digitalen. In: Fahle/Engell 2006, S. 93-101.

Wojcik, Daniel (2009) Spirits, Apparitions, and Traditions of Supernatural Photography. In: Visual Resources: An International Journal of Documentation 25,1, S. 109-136.

Wooley, Christina A (2001) Visible Fandom: Reading The X-Files through X-Philes. In: Journal of Film and Video 53,4, S. 29-53.

Woolley, Benjamin (1994) Die Wirklichkeit der virtuellen Welten. Basel: Birkhäuser.

Woschech, Anke (2012) ›Bright, shiny futures are overrated anyway.‹ Zum Wandel von Technik- und Geschichtssemantiken in Battlestar Galactica. In: Fremde Welten. Wege und Räume der Fantastik im 21. Jahrhundert. Hgg. v. Lars Schmeink & Hans-Harald Müller. Berlin: DeGruyter, S. 237-260.

Wulff, Hans Jürgen (1995) Flow. Kaleidoskopische Formen des Fern-Sehens. In: montage a/v 4,2, S. 21-42.

Yoo, John (2006) War by Other Means: An Insider's Account of the War on Terror. New York: Atlantic Monthly Press.

Žižek, Slavoj (2006) The Depraved Heroes of 24 are the Himmlers of Hollywood. In: The Guardian, 10.01.2006. Online: [http://www.guardian.co.uk/media/2006/jan/10/usnews.comment]; Zugriff: 12.08.2013.

Serienverzeichnis

24 (Fox, 2001-2010)
Addicts (Arte, 2010)
ALF (NBC, 1986-1990)
All in the Family (CBS, 1971-1979)
Ally McBeal (Fox, 1997-2002)
Amos 'n Andy (CBS, 1951-1953)
Babylon 5 (PTEN/TNT, 1993-1998)
Battlestar Galactica (ABC, 1978-1979)
Battlestar Galactica (Sci-Fi, 2003-2009)
Bewitched (ABC, 1964-1972)
Bloodline (Netflix, 2015-)
Bonanza (NBC, 1959-1973)
Breaking Bad (AMC, 2008-2013)
Captain Video and His Video Rangers (DuMont, 1949-1955)
Cheers (NBC, 1982-1993)
Cops (Fox/Spike, 1989-)
Crossing Jordan (NBC, 2001-2007)
CSI: Crime Scene Investigation (CBS, 2000-)
Dallas (CBS, 1978-1991)
Defiance (Syfy, 2013-)
Department S (ATV, 1969-1970)
Designing Women (CBS, 1986-1993)
Dynasty (ABC, 1981-1989)
Ellen (ABC, 1994-1998)
Falling Skies (TNT, 2011-)
Farscape (Nine Network/Sci-Fi, 1999-2003)
Father Knows Best (CBS/NBC, 1954-1960)
Firefly (Fox, 2002)
FlashForward (ABC, 2009-2010)
Friends (NBC, 1994-2004)
Fringe (Fox, 2008-2013)
Futurama (Fox/Comedy Central, 1999-2003/2008-2013)
Galactica 1980 (ABC, 1980)
Gilmore Girls (The WB/the CW, 2000-2007)
Gossip Girl (The CW, 2007-2012)
Happy Days (ABC, 1974-1984)

Hart To Hart (ABC, 1979-1984)
Haven (Syfy, 2010-)
Heroes (NBC, 2006-2010)
Home Improvement (ABC, 1991-1999)
House (Fox, 2004-2012)
House of Cards (BBC, 1990)
House of Cards (Netflix, 2013-)
How I Met Your Mother (CBS, 2005-2014)
I Dream of Jeannie (ABC, 1965-1970)
I Love Lucy (CBS, 1951-1957)
I Spy (NBC, 1965-1968)
Jason King (ITC, 1971-1972)
King of Queens (CBS, 1998-2007)
Laverne & Shirley (ABC, 1976-1983)
Lie To Me (Fox, 2009-2011)
Lilyhammer (NRK1/Netflix, 2012-)
Lost (ABC, 2004-2010)
Lou Grant (CBS, 1977-1982)
MacGyver (ABC, 1985-1992)
Magnum, P.I (CBS, 1980-1988)
Malcolm in the Middle (Fox, 2000-2006)
Marco Polo (Netflix, 2014-)
Married... With Children (Fox, 1987-1997)
Mary Hartman, Mary Hartman (div., 1976-1977)
Miami Vice (NBC/USAN, 1984-1989)
Mission: Impossible (CBS, 1966-1973)
Modern Family (ABC, 2009-)
Moonlighting (ABC, 1985-1989)
Murphy Brown (CBS, 1988-1998)
Orange Is the New Black (Netflix, 2013-)
Parker Lewis Can't Lose (Fox, 1990-1993)
Phyllis (CBS, 1975-1977)
Rhoda (CBS, 1974-1978)
Scrubs (NBC/ABC, 2001-2010)
Sense8 (Netflix, 2015-)
Sherlock (BBC, 2010-)
Soap (ABC, 1977-1981)
Star Trek (NBC, 1966-1969)
Star Trek: Deep Space Nine (div., 1993-1999)

Star Trek: Enterprise (UPN, 2001-2005)
Star Trek: The Next Generation (div., 1987-1994)
Star Trek: Voyager (UPN, 1995-2001)
Taken (Sci-Fi, 2002)
The Adventures of Brisco County, Jr (Fox, 1993-1994)
The Avengers (ITV/ABC/Thames, 1961-1969)
The Beverly Hillbillies (CBS, 1962-1971)
The Big Bang Theory (CBS, 2007-)
The FBI (ABC, 1965-1974)
The Flintstones (ABC, 1960-1966)
The George Burns and Gracie Allen Show (CBS, 1950-1958)
The Honeymooners (CBS, 1955-1956)
The Jack Benny Program (CBS/NBC, 1950-1965)
The Jackie Gleason Show (DuMont/CBS, 1950-1957)
The Jeffersons (CBS, 1975-1985)
The Jetsons (ABC/div., 1962-1987)
The Man from U.N.C.L.E (NBC, 1964-1968)
The Mary Tyler Moore Show (CBS, 1970-1977)
The Office (BBC, 2001-2003)
The Outer Limits (Showtime/Sci-Fi, 1995-2002)
The Simpsons (Fox, 1989-)
The Sopranos (HBO, 1999-2007)
The Twilight Zone (CBS, 1959-1964; 1985-987; UPN, 2002-2003)
The West Wing (NBC, 1999-2006)
The Wire (HBO, 2002-2008)
The X-Files (Fox, 1993-2002)
Twin Peaks (ABC, 1990-1991)
Two and a Half Men (CBS, 2003-2015)

AUTORENVERZEICHNIS

Benjamin Beil ist Juniorprofessor am Institut für Medienkultur und Theater der Universität zu Köln. Zu seinen Forschungsschwerpunkten gehören u.a. Game Studies, Partizipative Medienkulturen und Transmedialität. Ausgewählte Publikationen: Avatarbilder. Zur Bildlichkeit des zeitgenössischen Computerspiels, Bielefeld 2012; als Mitherausgeber New Game Plus. Perspektiven der Game Studies. Genres – Künste – Diskurse, Bielefeld: transcript 2014.

Lorenz Engell ist Professor für Medienphilosophie an der Bauhaus-Universität Weimar und Direktor des Internationalen Kollegs für Kulturtechnikforschung und Medienphilosophie (IKKM). Er forscht u.a. zur Philosophie des Bewegten Bildes, Theorie der kinematographischen Agenturen und medialen Historiographien. Ausgewählte Publikationen: Fernsehtheorie zur Einführung, Hamburg 2012; als Mitherausgeber Mediale Anthropologie, München 2015.

Dominik Maeder ist wissenschaftlicher Mitarbeiter in der Abteilung Medienwissenschaft der Rheinischen Friedrich-Wilhelms-Universität Bonn. Er forscht zu Serialität in Fernsehen, Computerspiel und Netz. Ausgewählte Publikationen: als Herausgeber (mit Daniela Wentz) das Themenheft Der Medienwandel der Serie (Navigationen. Zeitschrift für Medien- und Kulturwissenschaften, Siegen 2013); als Mitautor (mit Daniela Wentz) »Digital Seriality as Structure and Process« in: Eludamos. Journal for Computer Game Culture 8(1): 2014, S. 129-149.

Jens Schröter ist Professor für Medienkulturwissenschaft an der Rheinischen Friedrich-Wilhelms-Universität Bonn. Zu seinen Forschungsschwerpunkten gehören u.a. Theorie und Geschichte digitaler Medien, Intermedialität, 3D, Medientheorie und Wertkritik sowie Auditive Kulturen. Ausgewählte Publikationen: 3D. History, Theory and Aesthetics of the Technical-transplane Image, New York u.a. 2014; als Herausgeber Handbuch Medienwissenschaft, Stuttgart 2014.

Herbert Schwaab ist Akademischer Rat am Institut für Information und Medien, Sprache und Kultur der Universität Regensburg. Er forscht zur Fernsehtheorie und -geschichte, zur Fernsehserie, insbesondere zur Sitcom, zum Film sowie zum Heavy Metal. Ausgewählte Publikationen: Erfahrung des Gewöhnlichen. Stanley Cavells Filmphilosophie als Theorie der Populärkultur, Münster 2010; als Mitherausgeber: Metal Matters. Heavy Metal als Kultur und Welt, Münster 2011.

Daniela Wentz ist wissenschaftliche Mitarbeiterin am Internationalen Kolleg für Kulturtechnikforschung und Medienphilosophie (IKKM) der Bauhaus-Universität Weimar. Zu ihren Forschungsgebieten gehören Diagrammatik, Theorie und Ästhetik der Fernsehserie sowie Bildprozesse im Netz. Ausgewählte Veröffentlichungen: Bilderfolgen. Diagrammatologie der Fernsehserie, München 2016 (i.V.); »Nostalgia is not what it used to be. Serial nostalgia and nostalgic series«, in: Katharina Niemeyer (Hg.): Media and Nostalgia: Yearning for the Past, the Present and the Future. London 2014, S. 129-138.

DANKSAGUNG

Wir danken Elisabeth Walke für die Konkordanz,
Nina Adams für den Satz und das Coverdesign,
Rosemarie Klein für das Lektorat.

DFG Schwerpunktprogramm 1505
Mediatisierte Welten

Medien´Welten
Braunschweiger Schriften zur Medienkultur

Markus Stauff: ›Das neue Fernsehen‹. Machteffekte einer heterogenen Kulturtechnologie.

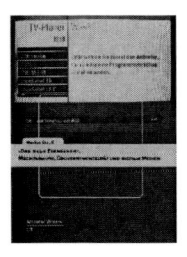

Die Studie zielt auf eine Untersuchuchung der Macht- und Subjekteffekte, die mit den gegenwärtigen Veränderungen des Fernsehens – vor allem dem Prozess der Digitalisierung – einhergehen. Die heterogenen Entwicklungen und Versprechungen werden dabei nicht als Übergangsphänomene, sondern als produktive Mechanismen verstanden, die Fernsehen zu einer Kulturtechnologie des Neoliberalismus machen: Die ZuschauerInnen werden dabei als Subjekte einer gleichermaßen rationalisierten wie intensivierten Mediennutzung modelliert. Theoretisch setzt die Arbeit dem repressiven Medienbegiff, der unter anderem bei Cultural Studies, Technik- und Apparatustheorien dominiert, Foucaults Modell der Gouvernementalität entgegen, um zu zeigen, dass die Vervielfältigung der technischen und inhaltlichen›Optionen keine Befreiung, sondern eine Regierungstechnologie ist.
2006, 304 Seiten, 24.90 EUR, br., ISBN 3-8258-7802-3

Andrea Seier: Remediatisierung.
Die performative Konstitution von Gender und Medien

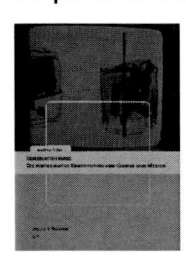

Wie lassen sich Medien und Medienspezifik bestimmen, wenn davon auszugehen ist, dass sie ihren epistemologischen Bestimmungen nicht vorgängig sind? Dass sie ihre Wirksamkeit auch und gerade in kulturellen Praktiken entfalten, die sie nachträglich als vorgängig erscheinen lassen? Im Zentrum der vorliegenden Auseinandersetzung mit dieser Fragestellung steht das Konzept der Remediatisierung. Medien konstituieren sich demnach in unabschließbaren Wiederholungsprozessen, in denen sie andere Medien imitieren, überbieten oder anderweitig wiederholend aufgreifen. Ihre Spezifik ist am besten in der Art und Weise zu erkennen, in der sie andere Medien zitieren. Der Blick verschiebt sich von gegebenen Medien auf heterogene Prozesse der Remediatisierung, die die Grenzen einzelner Medien ebenso konstituieren wie unterwandern. Ein solcher Medienbegriff erscheint auch für das Verhältnis von Gender und Medien produktiv.

2007, 176 S., 19.90 EUR, br., ISBN 978-3-8258-0234-7

Herbert Schwaab: Erfahrung des Gewöhnlichen.
Stanley Cavells Filmphilosophie als Theorie der Populärkultur

Auf dem Gebiet der Filmphilosophie hat sich Stanley Cavell eine herausragende Stellung verschafft. »Erfahrung des Gewöhnlichen« führt in Cavells Philosophie und vor allem in seine Auseinandersetzung mit den Komödien und Melodramen des klassischen Hollywoodkinos ein. Die Arbeit erweitert jedoch den filmphilosophischen Ansatz Cavells und seine Beschäftigung mit dem Begriff des Gewöhnlichen zu einer Theorie des Populären. Diese Theorie dient nicht nur zu einer kritischen Reflexion der Medien- und Kulturwissenschaft, sondern stellt auch die Grundlage exemplarischer Lesarten aktueller Fernsehserien wie ER, Gilmore Girls oder King of Queens dar, die Filmphilosophie und Fernsehwissenschaft zusammenführen.

2010, 464 S., 39,90 Eur, br, ISBN 978-3-643-10985-9

Ralf Adelmann
Visualität und Kontrolle. Studien zur Ästhetik des Fernsehens

Satellitenbilder, digitale Animationen, Handyvideos, Überwachungsaufnahmen usw. – das aktuelle Fernsehen bündelt die unterschiedlichsten Bildtypen in seiner variablen Ästhetik. Wie kaum ein anderes Medium präsentiert sich Fernsehen als ein Amalgam technischer Bildproduktion und heterogener visueller Stile. Im Mittelpunkt der hier versammelten Studien stehen deshalb die televisuellen Praxen der Kontrolle und die (un)spezifische Visualität des Fernsehens. In der Gesamtschau ergibt sich eine Skizze der ästhetischen Übergangsphasen des Fernsehens in den letzten Jahren. Die in diesem Buch versammelten Analysen zu Visualität und Kontrolle beleuchten dabei eine Ästhetik des Fernsehens, in der immer gesellschaftliche Dimensionen mitverhandelt werden..

2016, 192 S., 29.90 EUR, br., ISBN 978-3-643-13237-6

Ulrike Bergermann: Leere Fächer. Gründungsdiskurse in Kybernetik und Medienwissenschaft

Hat jedes wissenschaftliche Fach ein Objekt, muss eine Disziplin einen Gegenstand haben? Wie organisieren sich Wissenschaften um neue Themen, Dinge oder Konzepte herum? Was bei etablierten Disziplinen zum Alltag gehört, das Ein- und Umarbeiten neuer Ideen, stellte zur Mitte und zum Ende des 20. Jahrhunderts die Frage nach dem Neuen fundamentaler. Kybernetik und Medienwissenschaft wollen neue Wissensformationen bilden, Theorie und Praxis verschränken, digitale Medien und Universalmaschinen modellhaft adressieren, Spezialisierung von Wissenschaften und universale Paradigmen zusammenbringen. Sie vereinen Abstraktion und Anwendung, Formalismen für alle Realitäten, versprechen echte Interdisziplinarität. Beiden ist ein Problem gemeinsam – sie suchen ein Modell für Übertragung, Kontrolle und Rückkoppelung. Übertragung kann man nicht haben, man kann sie entwerfen, beschreiben, betreiben, aber nicht sehen. Sie funktioniert nicht ohne Leerstelle zwischen den Sendern/Empfängern, Aktanten, Protagonisten. Gerade diese Leerstellen wurden ungeheuer attraktiv, ihre Unschärfe produktiv, sie schrieben Wissenschaftsgeschichte. Mit Hilfe eines Umwegs über Lektüren von ›theory‹ und ›Comparative Studies‹ fragt das Buch: Wie erklären Einführungen in die Kybernetik oder in Medienwissenschaft ihr neues Feld? Wie schreiben sie Fachgeschichte? Wie hat sich die Medienwissenschaft selbst auf die Kybernetik bezogen? Löst ein leeres Zentrum Begehren aus? Ist Medienwissenschaft um 2000 ein privilegierter Ort für das Durcharbeiten solcher Fragen – nach den Bedingungsgefügen von Apparaten, Wissensformen und Institutionalisierungen? Und hätten, gelegentlich, *gender*, *race* oder *class* etwas damit zu tun?

2016, 528 S., 34.90 EUR, ISBN 978-3-643-12933-8

Weitere Informationen unter:
http://nuetzliche-bilder.de/category/medien-welten/
http://www.lit-verlag.de/reihe/mewe